暨南知识产权管理文库

专利等同原则与技术进步

DOCTRINE OF EQUIVALENTS IN PATENT &
TECHNOLOGICAL ADVANCEMENT

郑志柱 ◎ 著

暨南大学出版社
JINAN UNIVERSITY PRESS

中国·广州

图书在版编目（CIP）数据

专利等同原则与技术进步/郑志柱著 . —广州：暨南大学出版社，2019. 1
（2019. 10 重印）
（暨南知识产权管理文库）
ISBN 978 - 7 - 5668 - 2563 - 6

Ⅰ. ①专…　Ⅱ. ①郑…　Ⅲ. ①知识产权—文集　Ⅳ. ①D913 - 53

中国版本图书馆 CIP 数据核字（2019）第 020468 号

专利等同原则与技术进步
ZHUANLI DENGTONG YUANZE YU JISHU JINBU
著者：郑志柱

出 版 人：徐义雄
策划编辑：李　战
责任编辑：亢东昌
责任校对：陈皓琳
责任印制：汤慧君　周一丹

出版发行：暨南大学出版社（510630）
电　　话：总编室（8620）85221601
　　　　　营销部（8620）85225284　85228291　85228292（邮购）
传　　真：（8620）85221583（办公室）　85223774（营销部）
网　　址：http：//www. jnupress. com
排　　版：广州市天河星辰文化发展部照排中心
印　　刷：佛山市浩文彩色印刷有限公司
开　　本：787mm × 1092mm　1/16
印　　张：12. 5
字　　数：227 千
版　　次：2019 年 1 月第 1 版
印　　次：2019 年 10 月第 2 次
定　　价：42. 00 元

序一

　　我院资深法官郑志柱同志将自己的博士学位论文整理扩充后公开出版，请我作序。我认真翻阅了其文，深感作者对等同侵权判定问题的研究既深且广，成果丰硕。但对此问题，我这里不想作过多的专业评价，只想谈一谈个人的一些粗浅的认识和感受。

　　作为一名资深知产法官，郑志柱同志从事知产审判工作已有18年。他在长期的司法实践中，既注重依法公正处理案件，又注重深入钻研理论业务，不断提升自己的综合能力和司法水平。特别是在紧张的工作之余，又去高校攻读博士学位，系统钻研最前沿理论知识，其间付出的艰辛努力，常人肯定无法感受得到。作为一名新时代法律人，特别是新时代知识产权法律人，我觉得，只有像郑志柱同志这样，敢于克服困难、勇攀高峰、不断向前，才能够成为精英法律人才，才能为我国知识产权事业的发展贡献出更多的光和热！

　　进入新时代，知识产权法律事业肩负着新的历史使命，责任重大，任务艰巨。它既肩负着推进创新驱动发展战略深入实施、加快建设创新型国家的重任，也肩负着促进社会主义文化繁荣发展、服务国内国际两个大局等重任。要不断推进知识产权法律事业的发展，关键在人，核心在于培养更多更优秀的高层次知识产权专门人才。特别是要大力推进知识产权法律人才的正规化、专业化、职业化、国际化建设，努力打造一支政治坚定、顾全大局、精通法律、熟悉技术，并具有国际视野的知识产权法律人才队伍。"创新是第一动力"，"人才是第一资源"。郑志柱同志以实际行动践行着这一要求，始终坚持不懈求学深造，不断提升自身的专业化水平，值得所有知产法律人学习。也希望越来越多的年轻人投身到知产事业中来，不断钻研业务知识，逐步成为栋梁之材，撑起中国知产事业的天地。

进入新时代，知识产权法律事业迎来了新的春天。今年4月10日，习近平总书记在博鳌亚洲论坛2018年年会开幕式主旨演讲中深刻指出，"加强知识产权保护是完善产权保护制度最重要的内容，也是提高中国经济竞争力最大的激励"。习总书记把知识产权保护提升到了前所未有的高度，发出了知识产权保护的时代最强音。因此，可以说，当前知识产权审判工作正处于一个大有可为的历史机遇期，这为我们知产事业的发展、为各位知产法律人的人生奋斗，无疑提供了日益广阔的空间和舞台。希望各位知产法律同仁能够牢牢抓住难得的机遇，坚定理想信念，扎根司法实践，在推进知产事业、破解保护难题、深化改革创新中贡献聪明才智，书写人生重彩华章。

进入新时代，知识产权审判工作更要有新气象、新作为。今年2月中央"两办"下发了《关于加强知识产权审判领域改革创新若干问题的意见》，对完善知识产权诉讼制度、加强知识产权审判队伍建设、推进知识产权审判体系和审判能力现代化等进行了顶层设计和重点规划，描绘了新时代人民法院知识产权司法事业发展的宏伟蓝图，吹响了深化知识产权审判领域改革创新、全力开创知产审判工作新局面的"冲锋号"。作为全国知产审判改革先锋的我们广州知识产权法院，要深入落实中央部署要求，积极顺应新形势，深刻把握新要求，深入推进"建现代法院""育精英法官""办精品案件"三大工程建设，全力破解知产诉讼举证难、周期长、赔偿低"三大难题"，不断开创全院工作新局面，当好知产审判排头兵。当然，要实现这一目标，需要全院各位同事的顽强拼搏、艰苦奋斗、无私奉献，需要涌现出更多更优秀的郑志柱式的同志。

最后，祝贺本书付梓出版！也希望本书能为每一位读者带去应有的启发和收益。

广州知识产权法院党组书记、院长

王海清

2018年8月8日

序二

　　欣闻郑博士大作付梓在即，倍感欣慰；拙笔为其作序，亦深表荣幸。

　　郑博士大作脱胎于我指导完成的博士学位论文，历经八年沉淀，一朝羽化成蝶。其中甘苦，不足为外人道也。然而虽说"文章千古事，得失寸心知"，本书对于有志于研究专利法的学界同仁，仍将大有裨益。本书重新阐释了专利制度的社会功能、等同原则适用及其与技术进步的正相关关系，对更好的理解专利制度运行及司法政策的关系，有独特贡献。

　　众所周知，权利要求是专利权的边界。权利人初步定义了这一边界，而司法者则负责解读该边界。很显然，司法者拥有一锤定音的权力。问题是，他该如何解读这一边界呢？不同于作品的"保护表达，而不保护思想"；作为文本的权利要求，其保护的并不是表达，而是背后的专利技术思想。这就需要司法者穿透字面的表达，直索专利技术思想的本质，并根据专利技术思想的本质进一步区分权利要求书中相同相类似的不同表达，进而确定权利范围。这个过程谈何容易！而等同原则便是寻找专利权利范围之间边界的最基本原则，它为司法者提供了溯及思想的方法，为专利权边界的解读设定了一个判断是否等同、怎样认定等同的标准。郑博士浸淫专利司法审批实践多年，深知等同原则在专利侵权案件适用中的痛点；本书无疑是学界研究等同原则宝贵的第一手资料。

值得注意的是，郑博士跳出了法律规范分析的旧套，大胆提出了技术进步水平与等同原则之间的关联性假设，遵循经济学和管理学的研究范式，通过比较研究，兼顾宏观微观，揭示了微观原则适用中的宏观定位，读来令人眼前一亮。事实上，权利人的利益与后续发明人的利益之间的关系，一直都是专利法所着重关注的焦点——只有这个问题解决了，才能实现"激励创新，促进传播"，实现社会利益的最大化。因此，等同原则的适用并不仅是一个静态的微观法律适用的司法技术层面的问题，更是一个随着宏观政策动态调整、演变的过程。在某些时期、某些领域，需要限制该标准的适用：以专利权人边界的退让，换取后续发明人的自由空间；而在某些时期、某些领域，又需要鼓励该标准的适用，扩张专利权的边界，以收激励之效。个中因素，千变万化；不离其宗的，是对于社会整体利益的追求。本书很好地阐释了这一点，读罢令人掩卷深思。

归根结底，专利制度是一个动态利益平衡的对价机制。

暨南大学知识产权研究院院长、博士生导师

2018 年 9 月 10 日

目　录

序一 ·· 1

序二 ·· 1

引　言 ·· 1

    第一节　课题背景与问题 ··· 1

    第二节　研究方法与体例 ··· 3

    第三节　研究结论与创新 ··· 6

第一章　课题背景文献 ··· 8

    第一节　知识产权、专利法律制度与专利等同原则文献 ············· 8

    第二节　制度经济学理论与技术进步文献 ························· 16

第二章　专利等同原则的规范要素 ······································· 27

    第一节　专利保护范围与侵权形态 ······························· 27

    第二节　美国专利法中的等同原则 ······························· 31

    第三节　德国、日本专利法中的等同原则 ························· 46

    第四节　中国专利法中的等同原则 ······························· 55

    第五节　专利等同原则规范要素的比较法研究 ····················· 64

    小　结 ··· 69

第三章　技术进步与制度变迁视野中的专利等同原则 ··············· 70

    第一节　法哲学和制度经济学中的专利等同原则 ················· 70

    第二节　技术进步、制度变迁与观念建构的基础理论 ············· 81

    第三节　专利等同原则在技术进步轨道中的产权效率 ············· 91

    小　结 ·· 102

第四章　专利等同原则与技术进步的互动性 ················ 103

　第一节　专利等同原则与技术进步互动模型 ············· 103

　第二节　专利等同原则与专利高度的关联性 ············· 106

　第三节　专利等同原则与产业技术进步的关联性 ··········· 110

　第四节　专利等同原则与一国总体技术进步水平的关联性 ······ 116

　第五节　美国专利法中等同原则与技术进步的互动性 ········ 117

　第六节　德国专利法中等同原则与技术进步的互动性 ········ 129

　第七节　日本专利法中等同原则与技术进步的互动性 ········ 133

　小　结 ·· 140

第五章　中国专利法中等同原则与技术进步互动性的考察与展望

·· 141

　第一节　追赶型现代化中的专利法律移植和等同原则发展 ····· 141

　第二节　"经济奇迹"中的技术进步水平 ················ 148

　第三节　"经济奇迹"中的知识产权保护状况 ············· 156

　第四节　专利等同原则与技术进步互动性的考察和展望 ······· 165

　小　结 ·· 178

参考文献 ·· 179

后记　在"思"与"爱"之间 ························ 190

引　言

第一节　课题背景与问题

专利权是如何得以授予并受到保护的？对于实用新型专利和发明专利而言①，一项技术入禀专利授权机构后，只有具备实用性、创造性和新颖性（专利的"三性"），才有可能被授予专利权。这种具备专利"三性"的技术，是实现了进步或者创新的技术，是相当于社会技术总量的增值部分，因而得到专利授权。一旦得到授权，申请人便取得了排他性的独占权利，任何人未经专利权人许可而实施该项技术，均将被法院判定构成侵害，负侵权责任。对专利权的侵害，可能是实施了与专利一模一样的技术，也可能是实施了与专利"似非而是"的技术。无论是前者还是后者，相对于已授权的专利技术，都没有实现技术进步或者创新，没有对社会技

---

① 根据我国专利法，专利包括发明、实用新型和外观设计三种，外观设计的保护范围是以表现在公报上的图形设计来确定的，是否纳入保护范围以是否相同或相近似为标准；发明、实用新型的保护范围则以文字表述为原则，是否纳入保护范围以是否相同或等同为标准，因此，在讨论等同原则时，实际上仅涉及发明、实用新型专利，本书中"专利"一词也仅指该两种专利。关于专利的种类，美国、日本等国分为这三类。不过，在德国等欧洲国家，外观设计被称为工业设计，它和实用新型均另有专门立法，不在专利法调整范围，故在其语境下讨论专利保护范围和等同原则，实际上单指发明专利，不包括实用新型。本书涉及美、日、德、中四国的专利法比较研究时，由于语境差异可能导致的不同含义，将在论述过程中特别指出。另外需要指出的是，在德国，由于实用新型和发明在权利客体、内容以及申请、审查程序等方面的相似性，德国教科书经常将二者作为"技术发明保护法"而放在一起研究。

术总量产生积极影响，均应当判定为侵权行为，前者为相同侵权，后者为等同侵权。法院拨开迷雾见真相，判断等同侵权的过程，就是等同判定；等同判定过程中所坚持的理念和规则，就是等同判定原则。可见，专利侵权的等同判定原则是专利权的司法保护中，法院判定侵权物是否与专利技术构成等同过程所秉承的理念和规则。

实际上，在专利申请的授权审查阶段，授权机构在审查一项技术是否具备创造性时，也涉及该项技术与现存技术是否"貌似进步实为伪装"的判断，这个过程的判断思路与法院等同判定的部分相同，但由于法院的等同判定过程是这个非充分必要条件下的专利授权过程之后的二次确权，其判定是否构成等同有时还要"回头看"，考察专利授权过程中申请人的相关允诺和放弃，因此，法院的等同判定过程也复杂得多。从社会学角度看，公共权力授予申请人以技术独占权利要接受多个命题的拷问，可以推知，专利权不可能无缘无故地被授予和拥有，其根本原因在于人类创造性智慧的稀缺性和有用性。专利授权审查过程和法院等同判定过程，犹如技术进步的两道过滤程序，入口处可能鱼龙混杂，出口处则必须是金子在发光。

法律规范与技术进步在这个意义上紧密联系在一起，专利侵权等同判定原则的规范建构，将直接影响第二道程序出口的技术进步"纯度"。一个可能的误读是技术进步"纯度"越高越好。其实不然，所谓"一枝独秀不是春，万花竞放春盎然"，一个关于收音机调频的开创性技术发明可能由于缺乏上游、下游的配套发明而丢荒。如果在制度经济学的视野中观察此问题，专利等同原则是专利法的一项子规则，属于"制度"的范畴，那么，专利等同原则与技术进步的关系就不仅仅是正相关那么简单了，其作为"制度"和技术可以看作经济这个函数的两个变量。按照各国的立法通例，即使在成文法国家，等同原则并不出现在法典条文中，而是交由司法机关在裁判中自行把握，也就是说，等同判定被安排在法院或者说法官"自由裁量权"的范围内，法官被允许审时度势地运用等同判定原则。由于专利等同判定原则具备"游离"于知识产权共同规则之外的系统封闭性，因此就有了作为变量进行研究和管理的可能性。综上所述，专利等同原则与技术进步之间关系这个命题具有法学、社会学、经济学和管理学的研究价值。

在制度经济学的范畴体系中，专利等同原则之于"规则"，要沿着"规则—正式规则—政治规则/经济规则—司法规则—专利司法规则"或者"规则—正式规则—经济规则—知识产权法律规则—专利法律规则—专利司法规则"进行探索，专利等同原则处于多层下位。不过，专利等同原则在技术创新市场中对技术竞争的规范作用非常直接，也许专利等同原则之翅膀的微小拍动，将导致技术市场的激人砥砺或者疯狂模仿，这就是我们所熟知的"蝴蝶效应"。法律的稳定性和条文的有限性，使得法官被授予面对具体而多变的案情时一定范围的"自由裁量权"，这是所谓的"法官造法"。相比其他民事审判领域，知识产权审判法官有了更多"酌情确定"的"自由裁量"领地，"蝴蝶效应"使他们更加谨慎，正如知识产权法官的笑谈："我们在'酌情确定'的时候像是中医配药，用的是厘称，多一厘嫌多，少一厘嫌少。"

所谓的"自由裁量权"，在经过遴选制度多层考察的法官手中其实并不"自由"。其运行不但要经受法官良心和道德的拷问，还要在机构内部接受组织控制、纪律监督、绩效考核，"裁量"结果则面临着法律监督、立法监督、舆论监督等外部监督。单纯从一个"经济人"的假设前提出发，法官并不具备道德优势，但在巨大的违法成本面前，司法权的"经济性"更多地表现为组织的自利性。因此，在中国，自由裁量权往往被设置为集体行为。它转化为某区域法官群体的共识，甚至成为最高人民法院以司法解释或者典型案例形式倡导的施行于整个法院系统的司法政策。在主流意识形态下，"司法裁判要追求法律效果与社会效果的统一"，便是法院系统集体行使自由裁量权所坚持的一个信条。在笔者看来，本书的研究也可以看作这个命题的另一种诠释。以 TRIPS 协议（Agreement on Trade-Related Aspects of Intellectual Property Rights，与贸易有关的知识产权协议）为蓝本的国际知识产权共同规则，在诸多发展中国家存在着与本土国情的紧张关系，在中国也不例外。我们关心的不仅仅是司法裁判的社会效果问题，更在于将裁判规则"植入"国家创新体系之中，发挥其推动科技进步的作用。那么，中国的技术进步水平如何？与此技术水平相适应的等同规则体系如何构建？如何消弭专利规则与技术现状的紧张关系？进而言之，作为追赶型现代化国家中的司法权，如何在专利审判中秉承国家知识产权战略的理性，并将专利审判对接于国家创新体系建设？借助制度经济学的研究成果，相信可以打开一扇跨学科的研究之门。伴随着改革开放，中国尚处于"变法"的漫漫征程之始，成文法体系框架刚刚搭建完成，一方面，研究专利等同原则这样的子规则，有了母体的依附；另一方面，我们可以借鉴他国已经发展成熟的规则体系。

第二节　研究方法与体例

本书采用规范研究和实证研究相结合的研究方法。首先是规范研究，分析和建构了专利等同原则的诸规范要素；运用法哲学和制度经济学的理论，分析作为技术进步轨道中产权规则的等同原则；通过逻辑推理，提出等同原则与技术进步互动的研究假设。其次是实证研究。以美国、德国和日本专利法中等同原则的选择适用，实证分析了其与各自历史时期技术进步的互动性，既有国家层面的技术与规则之理论实证研究，也有司法判例的经验实证研究。在研究中国的技术进步与专利等同原则的互动性方面，也沿用了理论实证和经验实证研究方法。

本书的研究基本是从一般到特殊、从理论到实证、从法律规则到技术经济。在与技术进步的关系方面，从一般的制度到专利制度，从一般知识产权司法原则到专利等同原则。提出专利等同原则与技术进步的互动性研究假设后，通过美国、德国、日本的实例予以论证和评述。在评述过程中将专利等同的规范要素，与所述各国的技术进步水平联系起来，探求法律规则和司法政策形成的技术经济缘由，同时把技术经济作为法律规则的函数来论证。在考察中国专利中等同原则的适用方面，分别从国家层面、产业层面、个案层面和区域层面阐释其与技术进步的互动性。

本书共计五章，内容安排为：

第一章为专利等同原则与技术经济研究的背景文献。由于本书不仅研究法律规则，还研究制度创新与技术进步的关系，故背景文献分为两部分：知识产权、专利法律制度与专利等同原则研究的相关文献，此部分主要是规范分析的成果；制度经济学理论与技术进步研究的相关文献，此部分主要是实证分析的成果。本章为提出研究假设的基础理论。

第二章研究专利等同原则的规范要素。专利等同原则是一项法律规则，由诸多规范要素组合而成。目前国际上主流的规范要素是以美国专利法中等同原则为圭臬发展起来的，中国专利法中的等同原则尤为如此。德国、日本则各有特色。本章分述了美、德、日、中专利法中等同原则的规范要素，并做规范的比较研究。

第三章基于技术进步轨道中产权规则认识研究专利等同原则。专利等同原则是司法权对专利的"二次确权"，其之于技术进步的特殊价值在于，等同范围的大小即等同原则适用标准之严宽，控制着技术成果的质量，把握着技术进步的节奏，调节着技术后继创新的空间，影响着技术创新市场结构。本章从制度经济学的视野，将专利等同原则作为技术进步轨道中的产权规则，在技术进步与制度变迁的互动关系中进行透视。在制度经济学的规则体系中，专利等同原则是处于多层下位的子规则。基于这种认识，本章提出了等同原则适用上的产权效率命题，为研究假设做铺垫。

第四章提出专利等同原则与技术进步的互动性研究假设，并进行实证研究。本章为全书的逻辑核心。在背景文献的基础上，经过对专利等同原则的产权规则属性研究，本章提出如下研究假设：专利等同原则与技术进步水平存在互动关系；在可调节的等同范围中，技术进步水平与专利等同范围呈正相关关系，两者互相适应、互相推动，而等同范围的调节通过等同规范要素的不同组合得到实现。该研究假设的证成是专利等同原则作为技术产权规则效率的要求。理论上，通过技术进步水平与专利宽度的互动性、技术创新市场中技术进步水平与等同范围的互动性，以及一国总体技术水平与等同边界的互动性三个层面进行分析；实证上，通过美国、德国和日本三国专利司法中等同原则选择适用的经验实证，以及国家层面规则与技术的理论实证，论证专利等同原则与技术进步的互动性。

为何选取美国、德国和日本三个国家？等同原则起源于美国专利法。美国专利法中关于等同原则的理论和实践发展得最为完整；如同其他被"植入"TRIPS 协议的知识产权法律规则一样，等同规则的美国模式可能是另一个"美国标准"，它具有规则输出的影响力。日本则由于其近现代化建设与中国同属追赶型进路，两国有技术经济发展的同质时期，同质时期的知识产权政策，尤其关于等同原则的司法规则十分相似，研究日本法是以人为鉴、以史为鉴。德国法是大陆法系的中心之一；中国法自从中华法系转身以来，无论是清末变法、民国立法还是 1949 年后的社会主义法制，均间接或直接借鉴了以德国法为中心的大陆法系。由于德国的技术进步状况及其知识产权政策对中国借鉴意义不大，故略而述之。

第五章研究中国专利法中的等同原则。本章为全书的重点内容。考察了专利等同原则在中国的发展，以及对应时期的技术进步轨迹，发现当代中国与日本都经历过一段技术经济发展的同质时期，日本在该时期的知识产权保护政策对中国同质时期有借鉴意义。本章将等同原则与技术进步的互动性命题运用于国家层面和产业层面的分析，评述技术进步地区差异中的"亲专利"司法政策，指出中国技术进步水平与知识产权国际共同规则的紧张关系，展望等同原则在中国专利法中的发展走向。

应当指出的是，"等同原则"与"等同规则"在本书中有时被混用了。"原则"通常指经过长期检验所整理出来的合理化现象，为说话或行事所依据的基本性的标准。"规则"通常指由群体共同制定，该群体成员一起遵守的行为规范。两者对比起来，"原则"更强调规律、规范的基本性；"规则"则往往是主体博弈的结果、规范本身。当主体博弈的结果与规律重合或者大部分重合时，原则与规则便没有差别或差别不大；当研究的对象为规范体系本身时，原则与规则便可通用。像禁止反悔说、全要件说等诸多要素一样，当本书从规律、基本规范的角度阐述问题时，用"等同原则"；当本书从司法规则、法律规范、制度以及规范体系角度论述问题时，用"等同规则"。

第三节　研究结论与创新

本书的主要研究结论：

其一，中国专利法中的等同规则借鉴了美国专利法中的诸多规范因素。这些规范因素包括：①"手段、功能、效果"基本相同；②"基本相同"为本领域的普通技术人员无须经过创造性劳动就能够联想到的；③全面覆盖原则；④是否等同以侵权行为发生的时间为界限；⑤禁止反悔说；⑥捐献说；⑦现有技术抗辩。

其二，专利等同原则的产权效率要求。等同原则是知识财产权制度的组成部分，它具有使产权明晰化的功能。有效率的产权制度安排将降低交易费用，促进技术产权交易在企业交易、市场交易和政府交易之间合理流动。作为准公共品的知识财产权，选择积极共有的财产权形式，才能使共有知识以持续增长的方式得到培育。

其三，知识产权司法政策带有明显的公共政策因素；专利等同原则是一种司法规则，深受公共政策的影响。中国的知识产权法律制度是整个国家在追赶型现代化过程中移植于西方发达国家的产物。像在其他发展中国家一样，知识产权共同规则与本土技术创新水平存在着紧张关系。在中国，"社会主义法律体系"的形成是新近的事情，包括专利法律规则在内的知识产权法律制度与本土资源的调适，将是一个漫长的过程。专利等同原则以"一颗水珠反射太阳光"的形式，表现了知识产权公共政策的实施。

其四，专利等同原则与技术进步水平之间存在互动关系。在可调节的等同范围中，技术进步水平与专利等同范围正相关，两者互相适应、互相推动；等同范围的调节通过等同原则规范要素的不同组合得以实现。该研究假设有三层含义：①当技术创新不足导致具体专利的高度不够时，等同原则的规则体系的自我约束机制足以解决问题。②如果具体技术创新市场内知识产品供给不足，专利等同的边际应当予以退缩；如果供给充分，司法权只需按照市场形成的彼此间相对距离予以确认。③在一国既定的总体技术水平中，专利等同边际越大，表明专利保护水平越高，激励作用越大，但是超过临界值后，专利制度的激励作用趋于减弱。

其五，美国、德国、日本专利法律体系中的等同原则的发展，适应于各自国家对应历史时期的技术进步水平；日本在同质时期的知识产权保护政策对中国有借鉴意义。当代中国与日本都经历过一段技术经济发展的同质时期，在该时期，中国的"经济奇迹"主要靠要素投入、资本深化取得，技术进步的贡献率甚微，低水平的知识产权保护政策有其技术根源。

其六，知识产权司法规则不仅要适应于技术进步水平，还作为推动技术进步的因素参与到国家创新体系中去。在区域技术差异明显的情况下出现的"亲专利"司法保护，只要其保护水平尚在制度与技术良性互动的阈值内，则有利于促进区域间的资源和制度优势互补。

其七，专利等同原则发展在中国的走向展望。在本书关注的中国技术进步和经济增长的历史阶段，中国在国际产业分工中处于"微笑曲线"产业价值链的中部，专利司法中表现为对等同范围理性或者感性的紧缩。长远来看，在技术进步和经济增长的新阶段，适当扩张等同范围以拉大技术跨越步伐在所必然；同时，在无差别的新技术领域，中国的知识产权保护政策应与其他国家保持一致。

本书的主要创新之处：

一是将制度经济学的范畴和管理学的工具运用于研究专利等同原则。专利等同原则是在专利权诞生之后进入市场博弈中，司法权进行"二次确权"过程中秉持的原则。等同原则相对于知识产权国际共同规则具有系统封闭性，等同范围可通过规范要素的不同组合实现调节。本书从制度变迁的角度分析何种等同原则能发挥界定产权边界、降低交易费用、促进技术市场繁荣的产权效率。与现有文献相比，本书的创新亮点在于将专利等同原则作为技术产权规则进行研究，在制度经济学的"规则"体系中套用制度变迁与技术进步的关系，研究其与技术的互动性，分析了规则制定过程中的技术变量。经济分析的"科斯进路"、技术创新市场的博弈模型、曲线模型等管理学分析工具，则使一整套与等同判定的专利司法规则得到全新诠释。

二是提出专利等同原则作为技术产权规则与技术进步的互动性研究假设，并证成。即便在"司法裁判的法律效果与社会效果的统一"这种政治流行话语中看待此问题，也是可以接受的。相对于被大而化之，甚至被"泛政治化"的此类命题，本书提出的命题更加学术化、实证化。这个研究假设的实践意义在于，法律规则不仅要适应于技术进步水平，也参与推动技术进步，成为国家（或者区域）创新体系的因素。这个认识对于法律规则的制定（即立法），以及法律规则的执行（即行政、司法），均有科学的指导作用。

三是在中国当前技术进步状况下获得两点新认识。分析表明中国区域之间发展不均衡。这个前提下，有人曾将这种"亲专利"法院批判为"无知者无畏"。本书则认为，在制度与技术良性互动的阈值内，打破均衡的"亲专利"司法政策有利于促进区域间的资源和制度优势互补。另外，当前中国专利法中的等同范围总体紧缩，随着中国实现技术进步追赶和经济结构升级，应当适时向宽的方向调整专利等同范围，以保护自主创新。

第一章 课题背景文献

第一节 知识产权、专利法律制度与专利等同原则文献

本书从知识产权法的哲学起点开始文献的研究，然后论及知识产权制度，再及专利制度，最后抵达专利等同原则。这部分的文献以规范分析为主。

一、关于知识产权法哲学

关于知识产权的本质，诸多知识产权法哲学论著无不提及罗马学说、洛克的财产劳动论、黑格尔的财产观、马克思的剩余价值论和劳动价值论等学说。无论各个理论体系如何分歧庞杂，学者们总是试图从这些论著里寻找哲学渊源，似乎无此不足以显示其正统性。

在《知识财产法哲学》中，澳大利亚彼得·德霍斯的哲学分析是基于这样一个事实，即知识产权法之目的是在其称的"抽象物"上创设权利，这些抽象物是具有诸如科学知识、文字信息或技术等一般社会定义形式的无形物。他注意到了由美国主导的知识产权的全球化进程对发展中国家产生的难以获得知识财产的问题，认为知识产权是一个潜在危险的规范形式，因为它无视知识不断丰富这一规律，人为地制造知识稀缺现象。因此，他认为社会要对抽象物的创造和利用进行调整时，必须在不同知识共有模式中作出选择，他建议选择积极共有而不是消极共有。积极共有是这样一种共有：资源共同属于全体有共有权的人，任何人对这些资源的使用必须得到全体共有权人的一致同意；消极共有则指其资源起初不属于任何人，但任何人都可以利用。因为共有知识必须以持续增长的方式得以培育，但消极共有更容易干预或者破坏这个过程。他的另一重要观点是：知识产权自身并不是目标，而是为实现其他更为重要的目标而采取的一种手段。因此，他旗帜鲜明地主张工具论，反对独占论。①

徐瑄提出知识产权对价理论。她的理论在法哲学渊源上应归属于契约论，并进行了丰富和发展。在《财产权及其交互性——马克思和科斯发现了什么》② 一文中，她指出，"对价"原本是契约法上的效力原则。在英美法中的"对价"，在大陆法，特别是法国法中是"约因"，都是强调契约形成之前达成合意的过程。各国财产法都不过是根据财产行使要件按照占有原则确认了资源和财产权之间的契约。马克思强调国家在财产权契约中的职责，在财产法形式正义原则下发现了实质正义的对价原则：无论对个人还是对国家来说，契约发生之前都有一个对价——相互承认和认可、相互允诺的合意过程。除非事前有某种合意的前提，否则，交易不会发生；除非对交易达成进一步合意和认可，否则，交易不会持续发生。她认为马克思和科斯都直击法律关系的交互性本质，马克思则实际上提出了新的"国富原理"——"创新型国家原理"，即保证一个健康社会有机体永远创新、永恒发展的财产（权）交互条件。

吴汉东提出了"无形财产权"概念，将知识产权的对象归纳为"知识产品"这种无形财产。他认为"无形财产"的理论架构为吸纳新型的知识产权客体及其制度提供了理论上的空间。③ 关于知识产权的属性，他指出它的私权属性、人权属性。他的学说实际上是知识产权人格论。同时，他又指出知识产权的政策工具属性。他注意到了现代知识产权制度面临的困境，包括知识产权与人权冲突的加剧，知识产权主体的缺位、错位及权利义务关系的失衡。

冯晓青以"利益平衡"为切入点研究知识产权，得出了独特的结论。他认为，专利制度的经济学方面依赖于这样一种理论，那就是，技术知识的发生是在确保对技术知识的使用进行限制的前提下产生的。他认为等同原则凸显了利益平衡的实质，挖掘等同原则背后的政策理性，发现等同原则及其相关的禁止反悔说和公知技术抗辩原则的适用，正体现了专利权人

① 彼得·德霍斯. 知识财产法哲学 [M]. 周林，译. 北京：商务印书馆，2008.
② 徐瑄. 财产权及其交互性——马克思和科斯发现了什么 [J]. 暨南大学法律评论，2007 (1).
③ 吴汉东，等. 知识产权基本问题研究 [M]. 北京：中国人民大学出版社，2005.

与社会公众，特别是竞争者之间的利益平衡思想，反映了专利法对技术进步的鼓励、对专利权人创造性成就的公平保护和对社会公众自由接近知识和信息的社会利益的确保。①

二、关于专利法律制度

专利权具有地域性、时间性，专利法律制度好像玩童手中的彩泥，可以随意被捏为意念中的形状。决定这种形状的因素是什么，最流行的看法莫过于基于功利主义的经济分析了。除此以外，贸易保护、产业政策、民族利益等诸多方面也是一个国家进行知识产权策略选择的重要因素。

奥地利的伊利奇·考夫在《专利制度经济学》中指出，现有专利制度对于刺激发明行为而言不过是个次优的解决方案。他试图用诺德豪斯（Nordhaus）的最优专利理论来设计一个最优的专利制度，将专利分为专利得到之前、专利得到之后至失效之前、专利失效之后三个阶段，分析了专利的效用，讨论了最优专利制度的寿命问题（专利的持续时间长度问题）。②

美国的理查德·A. 波斯纳在《法律的经济分析》中，运用以古典经济学为基础的价格理论等学说对美国的宪法、财产权法、契约法、侵权法、知识产权法等问题进行了全面的经济分析。他是这样看待专利权的：在一个没有专利的世界里，发明活动严重地偏向于可能被保密的发明，正像完全无财产权会使生产偏向预先投资最小化的产品。因此，我们有了专利权。但是，法律还是运用各种手段努力使专利制度导致的重复发明活动的成本最小化。这里有四项措施：专利权不具永久性；如果发明是"显而易见"的，那它们就不可能被授予专利权；专利权应在早期授予，专利权的授予应在其达到商业可用性之前，以阻止成本昂贵的开发工作的重复；基本思想不具有专利性，尽管它们具有极重大的价值。③ 在另一本经典著作《知识产权法的经济结构》中，波斯纳认为，知识财产具有公共产品的特性，但"公共产品"这一称谓有误导性，实际上它是私人部门生产的产品，而非政府生产的产品。他认为，从经济学角度看，判定一个新的表达性作品是否侵犯另一个有著作权的作品，应当取决于新作品对旧作品进行复制的程度，是否足以使新作品成为旧作品在市场上的一个相近替代品（close substitute）。这个观点对于专利而言，同样成立。但是，替代是有程

---

① 冯晓青. 知识产权法利益平衡理论［M］. 北京：中国政法大学出版社，2006.

② 伊利奇·考夫. 专利制度经济学［M］. 柯瑞豪，译. 北京：北京大学出版社，2005.

③ 理查德·A. 波斯纳. 法律的经济分析［M］. 蒋兆康，译. 北京：中国大百科全书出版社，1997.

度之别的，而且，对于专利授权，是通过对等同原则的扩张性解释作广义解释，还是作狭义解释，这一点并不明确。等同原则是与著作权法上的实质性相似（substantial similarity）概念相一致的。①

美国的劳伦斯·莱斯格在论及南非的艾滋病治疗药物危机与专利制度冲突时指出，"许多人都对专利权持怀疑态度，尤其是药品专利。但我并不这样认为。事实上，在受专利支持的所有研究领域中，我认为药品研究是最需要专利保护的。一旦药品公司成功研制出治疗某种疾病的药物，专利保证它能够收回自己的成本，对于社会来说，这种激励动因十分有利"。面对那些过于贫穷而无力承担药品市场价格的国家，一项英明的专利政策不应该阻止药品流入这些国家。换句话说，只有平衡政策才能称得上明智的政策。针对美国制止南非实行专利强制许可制度和平行进口的做法，莱斯格批评道：平衡本来是美国的传统，然而现在，与美国传统相去甚远的产权原旨主义统治着美国文化，这就是美国的"阿喀琉斯之踵"，也是美国悲剧的起源。②

曾一昕等在《知识产权保护制度的经济学分析——软件知识产权精要》一书中专章研究了知识产权保护"度"的问题，认为中国的部分知识产权立法简单照搬，妨碍经济发展。书中指出中国创新领域实用新型和外观设计专利的兴旺反映了社会整体的创新问题，表明创新过程中存在"市场失灵"，甚至"制度失灵"的问题。他们认为控制知识产权保护的"度"，需要平衡诸多方面：权利人的投入与收益、权利人利益与社会公众利益、发达国家与发展中国家利益、技术创新与可持续发展、法律规范与道德伦理。③

尹新天在《专利权的保护》中全面介绍了专利权的保护制度，通过案例深入研究了美国、德国和日本等国的专利等同原则，并对中国专利等同规则提出了十分切合实际的建议。他认为，尽管在中国授予的专利权中，本国申请人持有的数量大于外国申请人，然而基础性、开拓性的重要发明创造专利权大都在外国人手中。发达国家在知识产权的占有和利用方面与中国相比有十分明显的优势。在这种情况下一味强化知识产权保护只会对发达国家有利，对中国经济发展将产生负面影响。中国应当探索适合本国国情的知识产权制度，实现本国利益的最大化。④

———————————

① 威廉·M. 兰德斯，理查德·A. 波斯纳. 知识产权法的经济结构［M］. 金海军，译. 北京：北京大学出版社，2005.

② 劳伦斯·莱斯格. 免费文化［M］. 王师，译. 北京：中信出版社，2009.

③ 曾一昕，邱力生，刘华，等. 知识产权保护制度的经济学分析——软件知识产权精要［M］. 北京：中国社会科学出版社，2008.

④ 尹新天. 专利权的保护［M］. 北京：知识产权出版社，2005.

　　曲三强主编的《现代知识产权法》内容丰富，态度公允，不但介绍了知识产权的哲学理论、经济学流派，还系统介绍了等同原则。在他看来，由于世界各国的历史文化传统和政治经济模式不同，对知识产权不同的理解和观点是可以理解的，作为现代市场经济的重要元素，对知识产权的基本共识只能在利益各方的博弈过程中逐步形成。影响知识产权的因素不仅来自市场，而且还可能来自国家政府，甚至国际社会。①

　　刘铁光和王晓君在《知识产权公共政策性的证成与中国的策略选择》一文中指出，缘起于"人造之权"与保护范围的法律划定是知识产权作为公共政策选择的基础，世界知识产权的不平衡格局以及国际条约义务下知识产权保护与国家利益的关联，则构成知识产权作为公共政策选择的动因。中国应参考知识产权作为公共政策选择在国内与国际立法的实践，在国际条约允许的空间范围内，进行知识产权立法的策略选择。②

　　汤跃在《知识产权国际保护发展态势及我国比较优势分析》一文中，介绍了知识产权国际保护的最新发展和积极表现：《反假冒贸易协定》和《跨太平洋伙伴关系协定》，指出它们是继 TRIPS 协议之后又一次大规模强化知识产权国际保护的行动，在很大程度上削减了 WTO、WIPO 的影响力，积极推动了知识产权国际保护执法措施，对广大发展中国家造成新的压力和威胁。随着发展中国家实力和国际话语权的增强，知识产权国际保护还出现了另一种明显的发展趋势——特殊保护，与知识产权国际强保护发展态势相并行。发达国家主导的知识产权国际强保护存在着诸多的冲突和矛盾，这些冲突和矛盾恰恰可以成为中国知识产权保护与发展的相对优势。③

三、关于专利等同原则

　　专利等同原则是专利侵权判定过程中的重要原则。对该原则的研究，既有形而下的基于规则要素层面的建构，也有形而上的理念层面的辨析。鉴于等同原则是伴随着整个专利法律制度从西方国家移植过来的，西方国家的经验对我们有借鉴作用。

　　崔国斌在《专利法：原理与案例》一书中以丰富的案例诠释了专利等同原则。作者主张用功利主义财产学说看待知识产权，认为继休谟（David Hume）之后，边沁（Jeremy Bentham）更明确地指出，不存在所谓的自然

　　① 曲三强. 现代知识产权法［M］. 北京：北京大学出版社，2009.

　　② 刘铁光，王晓君. 知识产权公共政策性的证成与中国的策略选择［J］. 江西社会科学，2012（1）.

　　③ 汤跃. 知识产权国际保护发展态势及我国比较优势分析［J］. 贵州警官职业学院学报，2012（5）.

权，财产权完全是法律的人为创设，知识产权制度的终极原因是为了提供刺激动机，以扩大相应成果的供给，保证社会公众能够获得充分的知识产品。作者注意到了额外激励对专利制度的扭曲现象：中国各级政府和事业单位出于各种原因出台了很多政策以鼓励发明人更多地申请专利，比如专利局减免小企业的申请费，囚犯可因发明而减刑，地方政府资助和奖励专利申请人，大学和科研院所将专利作为衡量科研人员贡献的指标，高中升学中专利加分等。这些措施通常并不局限于特定技术领域，换句话说，并不是因为专利法律机制对特定领域的创新激励不足，而导致政府追加额外激励。因此，在多数情况下，这些政策或多或少扭曲了专利制度自身的市场化激励机制。它直接导致无谓的财政支出，也造就了大量的垃圾专利申请，增加了专利系统的负担。① 这种现象暴露了国家创新体系的软肋，也为如何增进知识准公共品的供给提供了活生生的案例。

　　闫文军在《专利权的保护范围：权利要求解释和等同原则适用》一书中，从专利权利要求的角度论及等同原则。作者引用西方学者的妙语，指出现代专利法是"名为权利要求的游戏"。从专利申请、专利审查到专利保护，都是围绕专利权利要求进行的。专利权利要求解释是专利制度中的关键问题。由于美国在经济和技术方面处于国际领先地位，其专利制度对其他国家具有重要影响。德国是欧洲的重要国家，其专利制度有自己的特色，欧洲专利公约试图统一欧洲在权利要求解释方面的做法，主要是英国与德国做法的协调。日本的专利制度主要借鉴德国和美国，中国和日本在专利制度方面具有很多相似之处。② 显然，专利等同与否之司法审查，也是围绕专利权利要求进行的。等同原则实为权利要求解释的一个解释规则。该书是近年来不可多得的专注研究等同原则的著作。

　　研究专利等同原则在中国的适用和发展的文章有魏征的《等同原则的误读和误用》、胡淑珠的《判定专利侵权的等同原则在我国审判实践中的适用与限制》、吴玉和和王刚的《等同原则在中国》、黑小兵的《论等同原则的法律适用》、何怀文的《权利要求解释、等同原则与禁止反悔：专利审查档案的法律效力——评最高人民法院午时药业提审案（2009）民提字第 20 号》、任燕的《专利侵权判定中等同原则的适用及体系完善》等。这些论文都试图建立专利侵权等同原则的认定规则，观点大同小异，不外乎美国专利等同原则的若干规则要素的组合。张晓都的《适应建设创新型国家需要的专利侵权等同原则与禁止反悔说》也论述了美、日两国的等同原则认定规则，但该文的亮点在于跳出从规则到规则的研究思路，最后从建

　　① 崔国斌. 专利法：原理与案例［M］. 北京：北京大学出版社，2012：23 - 24.
　　② 闫文军. 专利权的保护范围：权利要求解释和等同原则适用［M］. 北京：法律出版社，2007.

设创新型国家的需要出发，建议中国的等同原则的规则体系应当在能够恰当地平衡专利权人与社会公众的利益、鼓励技术创新的同时，顾及正当的市场公平竞争，从而在整体上能够促进社会技术、经济的发展。

　　研究美国专利制度的专著有《美国专利法》（郑胜利、刘江彬译）、杨利华的《美国专利法史研究》。在《美国专利法》中，乔治·华盛顿法学院 Martin J. Adelman 教授、美国联邦巡回上诉法院 Randall R. Rader 法官和美国知识产权律师 Gordon P. Klancnik 提及等同原则时，认为等同原则弥补了权利要求撰写上的不足，如果没有等同原则，任何以现有科技词汇所撰写的权利要求将能以技术上的进步而轻易规避。使用真空管技术上的"正极"和"阴极"二词的权利要求，欠缺 1948 年后崛起的晶体管技术上的"集电体"和"发射体"，1949 年侵权人将通过使用后者得以自由实施专利技术。不过，如果过度适用等同原则却可能危害权利要求的界定功能，不必要地限制后续发明及竞争。① 杨利华在《美国专利法史研究》中，梳理了美国专利法的发展脉络，指出美国专利法根据科技、经济形势需要适时调整，既是美国专利法发展的一个重要特点，也是其在两百多年里持续稳定发展的重要原因。美国专利法的发展历史中，专利权的保护是其重要的特点和规律，包括专利主题不断扩大、专利保护内容增强，以及专利司法保护。② 和育东在《美国专利侵权救济》中指出，所谓专利保护的强与弱区分只有在国际层面上才具有意义。就一国而言，专利制度是生产力发展到一定阶段的制度产物。正是专利制度这种对生产力发展的内容依赖，决定了各国专利法在本质上的一致性，从而使不同国家之间在专利制度上能够互相借鉴。近年来的国际技术贸易表明，专利制度能促进向比较富裕的发展中国家的技术转让，即专利保护与技术转让呈正相关关系。作者关注"专利丛林"现象，试图用反公地悲剧理论予以解释。1968 年哈丁（Garratt Hardin）提出"公地悲剧"，认为公地财产权导致过度放牧、公共鱼塘过度捕捞等悲剧，为私有产权提供理论上的正当性。三十年后，海勒（Michael A. Heller）提出"反公地悲剧"，认为反公地财产的悲剧就在于商业化不足。根据该理论，专利激增和"矮化"双重作用，将使商业化知识产品覆盖多个专利权，成为各个专利权"课题的集合"，每个人都享有排他权却无法实施，商业化不足问题遂产生。③ 这种现象导致资源浪费和社会生产的低效率，美国的对策是提高专利质量和对专利救济加以限制，这种做法对中国建设有效率的专利制度富有启发性。

---

　　① MARTIN J ADELMAN, RANDALL R RADER, GORDON P KLANCNIK. 美国专利法 [M].
郑胜利，刘江彬，译. 北京：知识产权出版社，2011：179 – 180.
　　② 杨利华. 美国专利法史研究 [M]. 北京：中国政法大学出版社，2012：233.
　　③ 和育东. 美国专利侵权救济 [M]. 北京：法律出版社，2009：210 – 211.

研究美国专利等同原则的论文有马浩的《美国专利实践中的等同原则》、曾亮的《等同原则在美国专利侵权诉讼中的历史发展》、刘立平的《等同原则与美国最高法院"沃纳·金肯逊"二审上诉判决案》、刘国伟的《在"全面覆盖"羽翼下的等同原则》、张岩的《中美等同原则之比较》、魏玮的《美国专利审判中的等同原则及其借鉴：以"利益平衡"为视角》等。以上专著和文章在论及美国专利法上的等同原则时，涉及诸如以下的著名判例：1853 年的威南斯诉登米德（Winans v. Denmead）案、1950 年的格雷弗油罐制造公司诉林德航空用品公司（Graver Tank & Mfg. Co. v. Linde Air Products Co. ）案、1983 年休斯飞机制造公司诉合众国（Hughs Aircraft Co. v. United States）案、1985 年 SRI International v. Matsushita Electric Corp. of America 案、1990 年 Wilson Sporting Goods v. David Geoffrey & Association 案、1995 年希尔顿戴维斯化学公司诉沃纳—金肯逊公司（Hilton Davis Chemical Co. v. Warner-Jenkinson Co. ）案、2000 年 Festo v. Shoketsu Kinzoku Kabushiki Co. 案、2002 年 Johnson & Johnston Associates Inc. v. R. E. Service Co. 案、2004 年 PSC Computer Prods. , Inc. v. Foxconn Int'l, Inc. 案、2005 年 Pfizer, Inc. and Warner-Lambert Company , L. L. C. v. Teva Pharmaceuticals USA, Inc. 案。这些判例确立了等同判定的"方式—功能—效果"三要素测试法、"全要件"说，以及专利审查过程禁止反悔、现有技术抗辩、公开披露贡献、反向等同等限制规则，形成了比较完整的规则体系。在美国这样的判例法国家中，判例确定的规则与国会立法一样均是重要的法律渊源，深入研究这些判例中的等同原则是研究美国专利等同原则的基础。

研究德国专利法的专著有范长军的《德国专利法研究》。作者介绍了德国专利法的主要制度和历史发展。[①] 在研究德国专利法时，首先必须厘清的是"专利"的概念。在德国，专利指的是发明，专利法与实用新型法、外观设计和商标法统称为"工业产权法"。从这个概念出发，德国的专利实为中国专利中最具发明创造高度的部分，在本书的比较法研究中，首先必须有此区别看待的前提，否则无法理解其在等同原则上坚持的强保护立场。何晓平在《专利等同侵权研究》中论述了等同侵权理论的历史嬗变，其中记载了稀缺的德国专利等同原则的史料。杨志敏的《德国法院对专利等同原则的适用及其启示》等文章也是学术刊物中研究德国专利等同原则的重要成果。

对日本知识产权法的研究，有田村善之的《日本知识产权法》（周超、李雨峰、李希同译)、《日本知识产权法理论》（李扬等译）、张玲的《日本

---

① 范长军. 德国专利法研究［M］. 北京：科学出版社，2010.

专利法的历史考察及制度分析》。等同原则用日本汉字称为均等论，中国台湾地区采用了此称谓。田村善之在《日本知识产权法》一书中介绍了东京地方法院的"离子牙刷"一案、最高法院"球形齿轮轴承"一案，认为对于等同原则是否成立，可以从三个角度思考：首先，不能无视权利要求范围所记载的构成要件；其次，不能把权利的范围扩大到发明人尚未发明之物上；最后，不应由法院对尚未进行审查的发明赋予专利权。最高法院对"球形齿轮轴承"一案的判决框架是在提出注册申请时，假设侵权物被作为权利要求范围提出了申请，审查其是否满足专利要件，这种做法运用了"假想性权利要求范围"的理论。① 田村善之在《日本现代知识产权法理论》提出了知识产权政策学的构想，认为司法应尊重立法的政治责任，从法条构造中领会出法律的旨趣，并依其进行解释。但是，在政策形成过程中，易于组织化的大企业的利益容易被反映，不易于组织化的私人的利益难以被反映，由于这种结构性不均衡的作用，知识产权往往被过度强化。因此，为了尽可能消除不均衡并为了确保自由，应当通过运用司法的作用，保障程序的正统性。② 张玲在《日本专利法的历史考察及制度分析》中，考察了日本在专利制度保障下走出的从引进技术到自主创新的成功之路。日本把专利制度称为经济的"原动力"，遵循技术引进—仿制—改革—创新的路线，成功的专利引进战略为该国经济的复苏和发展节省了宝贵的时间。但所谓"成也萧何，败也萧何"，"拿来主义"导致日本对引进技术的高度依赖，20 世纪 90 年代模仿的技术路线到了"强弩之末"，故日本于 2002 年开始实施知识产权战略，借助知识产权保护高新技术，振兴了国家经济，提高了国际竞争力。③ 刘立平在《等同原则与"等同侵权五要件"——从日本最高法院 1998 年 2 月 24 日"环形滑动滚珠花键轴承"三审判案谈起》一文中，分析了与美国等同判断"功能—方式—效果"三要素不同的"非本质部分、可置换性、容易置换性、非现有技术、禁止反悔"五要素，考察了在日本等同原则发展史上不断被解读的"环形滑动滚珠花键轴承"案。

第二节　制度经济学理论与技术进步文献

专利等同原则与技术进步的关系，实为知识产权法学与制度经济学、技术经济学、管理学的交叉学科。这部分文献以实证分析为主。

---

① 田村善之. 日本知识产权法 [M]. 周超，李雨峰，李希同，译. 北京：知识产权出版社，2011：239 - 243.

② 田村善之. 日本现代知识产权法理论 [M]. 李扬，等译. 北京：法律出版社，2010：21 - 25.

③ 张玲. 日本专利法的历史考察及制度分析 [M]. 北京：人民出版社，2010.

一、制度经济学和技术经济的基础理论

本研究将专利等同原则视为庞大社会制度中的组成部分。制度经济学把经济分析的触角伸及社会科学各个领域,从平等主体之间的婚姻家庭关系、合同关系、侵权关系到国家层面的国防外交、政治行为、法律实施行为。专利等同原则的经济分析建立在知识产权、专利法律制度、技术创新市场、司法行为等方面的经济分析基础之上。

熊彼特(Joseph Alois Schumpeter)在 1912 年提出了创新理论,至今仍熠熠生辉。他在《经济发展理论——财富创新的秘密》中,对创新的含义和作用、企业家的功能、生产要素的新组合等问题进行了开创性的研究。在他看来,创新包括五种情况:一是采用新的产品;二是采用新的生产方法;三是开辟新的市场;四是夺取或者控制原材料或半制成品的新的供应来源;五是实现任何一种工业的新的组织。他认为,将科技成果商业化和产业化的过程才是技术创新,区别于作为一种新概念、新设想、最多表现为试验品的发明创造,技术创新与经济发展有着十分密切的联系。①

诺斯在《制度、制度变迁与经济绩效》一书中,向人们展示了一个完整的制度分析及制度变迁的理论框架。在他的理论框架中,有一个核心观点不断被强调:制度是理解政治与经济之间的关系以及这种相互关系对经济成长(或停滞、衰退)之影响的关键。诺斯认为,"路径依赖"(path dependence)可能是一个非常重要的历史解释变量。这就是说,一些微小的历史事件可能导致某些制度产生并沿着某种路径长期沿袭下去。诺斯该观点与系统论中的"蝴蝶效应"理论不谋而合。诺斯和瓦里斯还在科斯交易费用理论的基础上提出了一个把交易费用、制度变迁与技术变迁整合在一起的新的理论框架,他们认为,技术创新能降低交易费用,同样,制度变迁也可降低交易费用,这个认识改变了以往将制度变迁与技术变迁分割开来的思维定式,重新诠释了交易费用经济学。②

黄少安主编的《制度经济学》对制度经济学做了相当全面的介绍,按照他们的解读,马克思经济学从整体上描述了价值(财富)的创造和增长过程。人类社会的发展和演进成了技术(生产力)和制度(生产关系)相互作用的结果:技术水平决定制度状态,制度状态反过来对技术水平又具

① 约瑟夫·阿洛伊斯·熊彼特. 经济发展理论——财富创新的秘密 [M]. 杜贞旭,郑丽萍,刘昱岗,译. 北京:中国商业出版社,2009.
② 道格拉斯·C. 诺斯. 制度、制度变迁与经济绩效 [M]. 杭行,译. 上海:格致出版社,上海三联出版社,上海人民出版社,2008.

促进作用。①

　　施锡铨在《博弈论》一书中介绍了博弈论的理论框架，指出博弈论就是关于包含相互依存情况中理性行为的研究。博弈论研究局中人或者说参与者的策略行为。可将博弈论作策略型与展开型、静态博弈与动态博弈等多种划分。纳什均衡是博弈论中的重要概念，其存在性经过了多方论证。它是指这样一种状态：每一个参与者应采取的策略必定是其对于其他参与者策略的预测的最佳反应。博弈论在完全信息完全合同的分析之外，还发展了不完全信息不完全合同情况下的委托代理、机制设计和产权理论，可用于分析知识产权制度。李会明在《产权效率论》小册子中介绍了马克思以及其他西方学者关于产权的理论，提出了产权高效运行的条件和途径。这本小册子出版于1995 年，理论有待深入，诸如乡镇企业、国有企业这样的分析对象带有很深的时代烙印，但是作者提炼出来的产权效率原理非常有启发意义。②

　　雷家骕、程源、杨湘玉在《技术经济学的基础理论与方法》中系统地介绍了现代技术经济学基本理论和技术经济学的研究方法。他们引用世界银行在《工业技术发展项目案例研究》报告的论断——"合适的技术发展内容是随着发展的水平而变化的"，认为一国的技术发展过程是激励、能力、技术进口、制度之间复杂的相互作用的结果。按照塔尔科特·帕森斯的定义，制度是一种统一的方式，它反映一个社会系统共同文化的价值模式，经过对角色的期望和促动因素的组织，而在各自的相互作用中统一于其单位的具体行动。在帕森斯看来，价值模式本身是描述和分析制度模式的最基本的参照物。在技术经济学中，制度是技术发展的游戏规则，缺乏游戏规则的环境会提高技术发展的交易成本，会制约技术发展，因此，国家层面和企业层面的制度有效性对于技术发展至关重要。一般考察技术进步与制度创新、经济增长关系，明智的经济学家已经形成了一种共识，即制度调制着技术进步，从而决定着经济增长。正如诺斯与托马斯的总结一样，西方经济增长的重要原因是人口对稀有资源赋予的压力增加时，那些支配产权的规则、制度发生了变迁。在现实经济生活中，决定技术进步与经济增长的经济制度体系是包含了制度安排、制度结构、制度环境以及制度装置要素的三个层次制度体系：第一层次是一个社会最为基础的经济制度，即产权制度；第二层次是经济运行制度，包括公众经济伦理与经济权利制度、企业行为制度和政府行为制度；第三层次是市场交易制度，诸如经济契约制度。技术扩散是技术贡献于经济增长的重要环节，它的本质是技术价值的外溢。在世界经济发展史上，后发国家之所以有后发优势，关

　　① 黄少安．制度经济学［M］．北京：高等教育出版社，2008.
　　② 李会明．产权效率论［M］．上海：立信会计出版社，1995.

键就在于其可以通过接受先进国家外溢的技术价值，利用先进国家技术的外溢效应，来加快自身的发展进程。技术外溢的具体形式主要有技术许可、专利技术公开、公开出版物与各种专业会议、与创新机构或企业雇员的交谈、雇用创新企业或机构的雇员、产品解析反向工程、独立的研究开发。由于产业间或国家间存在技术差距，技术外溢具有乘数效应和加速效应。该书中，作者引用了格·申克龙的后发优势理论，波斯纳和维农（Vernon）的技术差距模型、新经济增长理论，以及布若兹斯（Brezis）、柯如格曼（Krugman）、特斯登（Tsiddon）的技术跳跃理论论证了后发国家技术追赶、技术跨越的可能性，并指出近现代的后进国家追赶先进国家的三次实践：19世纪与20世纪之交的美国之于英国，"二战"后五十年间的日本之于美国，以及20世纪后期的亚洲"四小龙"之于西欧国家，强调中国实现技术追赶和跨越的资本积累、技术革新和制度创新的策略。

吴汉东等在《知识产权制度基础理论研究》中阐述了知识产权制度变迁的一般规律，认为技术进步是知识产权制度变迁的动力源，知识产权保护是社会发展水平的晴雨表，知识产权制度变迁是公共政策调整的重要结果。他们认为，中国的知识产权制度的建设要注重知识产权制度建设与技术进步的互动性，把握知识产权制度安排的节奏性，强调知识产权制度与其他制度的兼容性。[①]

周小亮在《技术创新与制度创新的互动关系：理论比较分析与现实理论假说》一文中，从支撑科技进步的制度创新角度，对马克思主义经济学与新制度经济学有关技术创新和制度创新互动关系的相关理论分析，进行比较研究，分析影响中国技术进步的主要制度因素，提出一个包含制度创新的我国技术进步的理论假说，认为制度因素对中国技术进步水平的影响十分显著，政府科技投入在推动技术进步方面发挥着不可替代的作用。张骏鸣和霍丹在《专利制度促进科技进步的机理研究》一文中，用以下示意图（图1-1）直观地表示了专利制度对于科技进步的促进作用：

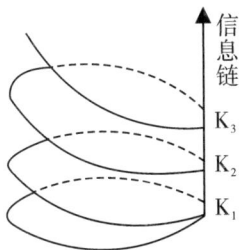

图1-1　技术发明转移链

---

① 吴汉东. 知识产权制度基础理论研究 ［M］. 北京：知识产权出版社，2009.

这是一项技术发明从产生到实施的信息流变过程。转移链的延伸标志着科技进步。在开放的信息系统中,信息链与技术发明演变的共同作用的结果便形成了一个螺旋上升的轨迹。大量的、多种多样的发明不断地被新的发明更新着内容,同时被固化在专利文献中,成为启迪后人不断地完善和推进的基础。专利制度为专利文献的积累和技术发明的广泛传播提供了法律保障。

饶睿在《专利制度对技术创新扩散的负效应研究》一文中注意到了专利赋予创新成果的垄断性在一定程度上阻碍了创新的扩散。技术拥有者利用专利技术和专有技术之间的弹性,通过专利文献、专有技术的保密措施以及设置专利地雷的方式来控制技术的扩散。毋庸置疑,专利等同原则是专利权人进行技术垄断的利器。杜鹃在《专利保护水平模型及相关实证研究》一文中,从制度结构与效率、专利产权与资源配置等角度入手,提出了动态的最有专利保护水平模型,评价了中国专利法律制度绩效,粗略估计了中国理想状态下的专利保护水平。阳光辉在《科技创新市场的国家干预法律机制研究》一文中关注了科技创新市场中科技成果的公共物品问题,通过公共物品理论分析了国家干预科技创新市场的进路。文章还分析知识产权矫治科技创新市场失灵的原理,指出专利制度对激励创新的功能性障碍现象,认为专利范围问题也是诸多阻碍创新问题的核心,等同理论以超出字面含义的方式扩大侵权领域,增加了专利范围的不确定性。虽然等同理论能够防止后来者篡夺专利持有人的权利,但它也可能过分限制了后来者在新技术方面作出某些可获得合法权益的尝试。作者提出优化专利制度的路径是在专利制度中扩大公共领域范围,将专利保护适当扩展到基础科学。

冯尧在《内生经济增长与最优知识产权制度的理论述评》一文中认为,经济增长理论与知识产权保护理论经历了相当长时期的各自独立发展,直到内生经济增长理论出现后,"技术进步"成为二者的结合点,两种理论开始融合发展,涌现出一系列在内生经济增长框架下探讨最优知识产权制度的文献,作者对其进行了系统的梳理。张平在《论知识产权制度的"产业政策原则"》一文中认为,虽然在知识产权保护的基础理论研究方面,私权论一直占据主流,产业政策(industrial policy)被认为是一个负面词汇,但是在各国知识产权的制度设计以及实践上,却无不体现出强烈的产业政策立场,纵观各国在不同技术领域的司法判例上贸易保护主义倾向、在同一技术领域中探戈舞般的左右摇摆,以及市场主体自相矛盾的知识产权保护观点,尽管都以捍卫智慧、保护创新为借口,但决然掩盖不住背后针锋相对的产业利益之争。

二、美、德、日三国的技术经济研究

美、德、日三国技术经济发展状况方面的文献，为本研究提供了重要的实证数据来源。在考虑如何测度各个时期的技术进步水平时，本书比较了投入法、产出法、技术影响法，侧重于以全要素生产率为核心的技术影响法。

1. 关于美国技术经济的研究

中国科学院政策研究室编撰的《一九八〇年美国科学指标》、梁晓滨著的《美国劳动市场》两书中，有丰富的可采用的技术进步指标。黄素庵在《美国经济实力的衰落：技术、竞争、霸权》一书中研究了"二战"后至"冷战"时期美国的技术进步和产业结构，指出该历史时期西方主要国家产业结构调整的总体趋势是朝着更高的技术层次发展，集中力量发展高技术产业；同时，美国在20世纪80年代之后，开始加紧进行对传统工业的技术改造。王昌林在《美国技术进步测算情况介绍》一文中，介绍了采用全要素生产率（TFP，Total Factor Productivity）测算美国技术进步水平的情况。丁敬平、谢晓霞在其编著的《美国的工业技术发展和技术出口控制》一书中分析了冷战之后美国工业技术政策的调整和技术进步的趋势，指出技术政策在美国不再是独立的政策，它已日益紧密地与贸易政策以至外交政策结合起来，成为美国对外政策的一个重要组成部分。黄琪轩在《技术进步的政府规模与美国技术变迁》一文中，则通过"二战"后美国技术进步的个案揭示了"冷战"时期国家安全对于推动技术进步的强大动力，指出世界重大技术呈现周期性变动的背后可能是由国际政治权力转移的周期所牵引的。纳尔逊在《美国支持技术进步的制度》一文剖析了美国支持技术进步的制度结构，资本主义体系在保留了产业创新的利润动机的同时，通过大学等有关机构和大量的政府资助，使技术的很大部分和很多方面成为公有，从而在很大程度上避免了私有化的损失。面对由于科技发展导致的制度结构变化，美国没有一个机构全盘负责考虑国家的创新体系。诸如日本的通商产业省的组织对于技术上赶超先进国家是适宜的，但对于已处于技术前沿的国家并非一种有用的制度设置；同时美国的历史传统和政治结构使得此类组织不可能出现。这个认识对于区分美国和日本的国家创新体系有重要意义，也是分析转轨时期的中国技术追赶和超越的重要基础。

尹翔硕在《技术进步与新经济》一书中研究了技术史上美国之于英国、日本之于美国的赶超经历，分析了技术创新的条件、特点及其对生产力的新贡献，分析结果表明，"新经济"时期，技术进步周期缩短了；"新经济"的繁荣离不开制度创新。陈漓高和齐俊妍在《技术进步与经济波动：以美国为例的分析》一文中，考察了"二战"后美、日、德等主要西方发达国家的经济波动，着重对美国 20 世纪 90 年代以来信息技术状况与经济波动进行深入分析，指出信息技术的特点使得技术成长和扩散的速度大大加快，由其推动的第五轮经济长波所经历的时间有可能缩短，尤其是衰退期将会缩短。这个认识对于比较传统技术条件下与信息技术条件下的制度变迁，尤其是专利侵权等同宽度调整，富有启发意义。葛晶在《技术进步与美国"新经济"》一文中，考察了美国信息技术产业的发展历程，指出其之于劳动生产率的加速推动作用，美国的"新经济"正是以信息产业为标志兴起的，而 IT 泡沫的破裂虽然直接引发了美国经济的衰退，"新经济"的运行机制和运行条件却并没有发生变化，还仍继续发展下去。

　　刘杨钺在《美国世纪的终结？——技术优势与美国霸权合法性》一文中指出技术优势是美国霸权合法性的核心所在，并从设立标准、提供公共产品、控制舆论三个方面分析了其内在的作用原理，指出美国霸权的真正衰落还要经历相当长的时期。这是一个关于全球法律制度的基本判断。王巍在《技术进步对美国经济增长贡献的测算与分析》一文中，引用美国学者亨利·埃茨科威兹和荷兰学者罗伊特·雷德斯多夫提出的创新的新模式"三螺旋理论"，即将政府、企业和大学根据市场需求联系起来，形成了一种官、产、学三种力量相互交叉影响的三螺旋关系，指出创新系统的进化是对三螺旋关系的制度反映（图 1 - 2）。

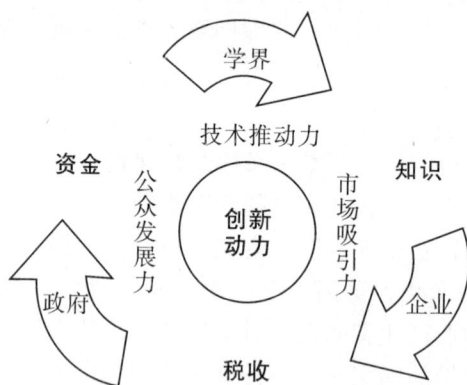

图 1 - 2　三螺旋创新模式示意图

　　在三螺旋模式中，政府可以通过制定规则来规范科技市场，保证公平竞争，维护市场秩序。美国专利商标局（USPTO）作为保护知识产权的国家行政机构，为提高官、产、学活动中专利的审查数量和质量，多年来一直积极地推行制度创新，包括推行继续申请制度、信息披露声明制度以及新的权利要求等，对新人的培训方法也做了积极探索。由于作者视野所限，知识产权司法保护没有论及，但作者的这个研究进路无疑是十分有启发性的。

2. 关于德国技术经济的研究

孟曙光在其主编的《德国科学技术概况》中比较系统地陈述了截至2004年德国的国家科学研究政策、科学研究体系，但由于该书缺乏量化的测量指标，对于研究该时期的技术进步水平参考意义有限。相比之下，鲍琳洁的《德国的技术经济》一书从经济学、管理学的角度描述了德国当代技术经济的发展，其中对于技术进步观察有了量化的指标。王汀明在论文《德国结构调整、技术进步和企业国家化的初步探讨》中，粗线条地梳理了当代德国技术进步与经济结构调整的轮廓。陈凌所著的《德国劳动力市场与就业政策研究》一书，刻画了当代德国的技术进步指标，其中的数据非常有参考作用。朴永日在《德国与美国、日本企业技术创新模式》一文中对比了三国的国家企业技术创新经验，强调了以法律和政策引导企业自身加大研究与开发投入比重的必要性。刘强和赵晓洁在《德国国家技术创新系统运行机制》一文中从宏观环境、政府、企业、科研机构、大学、中介阻止的作用及其相互影响等方面对德国国家创新系统的整体情况进行探讨，勾画出其基本的结构和运行机制。

3. 关于日本技术经济的研究

郑友敬、金周英和朱世伟在《对日本技术进步的考察》一文中追踪了日本在其经济奇迹中的技术进步轨迹，认为奇迹的出现来源于对技术进步的孜孜追求，得益于对技术引进的消化吸收、改进与创新，得益于企业的技术开发，尤其是中小企业的技术开发。陈慧琴在《技术引进与技术进步研究》一书中描述了日本在"二战"后是如何实施技术战略并实现跨越"后来居上"的。庄卫民则在其编著的《产业发展与技术进步》一书中重点研究了日本的产业技术政策对技术进步的推动作用。刘卓珺在《技术进步与日本近代经济发展——兼与中国比较》一文中通过对日本近代技术革新、引进的过程和对经济发展贡献的概述，对日本成功引进技术推动经济发展的经验进行了分析。张季风的《日本经济概论》、杨栋梁的《日本近现代经济史》两部著作描述了"二战"前与后日本的经济发展史，为研究该段历史时期日本的技术进步描绘了经济背景。庞德良和洪宇在《石油价格冲击、内生技术进步与日本经济增长》一文中利用1970—2006年数据检验了石油价格冲击对日本经济增长的短期与长期效应，论证了日本经济增长存在着成本推动的内生技术进步机制。孔凡静在《"日本模式"的核心与政府干预》一文中，从"后发效应"与技术革新、"市场失败"与政府干预、技术革新与政府干预等方面论述了日本技术进步模式成功的关键及其弊端，对中国借鉴意义重大。冯昭奎、林昶在《当代日本报告》一书中通过不同角度、丰富的测量数据论述了当代日本的技术进步轨迹，具有很强的参考作用。薛春志在《日本技术创新研究》一文中，将战后日本的技术创新历史划分为 1945—1955 年经济恢复时期、1955—1973 年经济高速增长时期、1973—1989 年经济稳定增长时期、1989—1999 年泡沫经济后的技术创新和 2000 年以后这五个时期，指出其对应的战后初期模仿创新模式、20 世纪 50 年代中期开始的"引进—消化—吸收—再创新"模式、70 年代中期开始的集成创新模式和 80 年代开始的基于再创新和集成创新的原始创新模式，对定位日本的技术进步历程提供了很好的坐标体系。

三、中国的技术经济研究

中国的技术进步和专利等同原则发展状况，是本研究的重点和落脚点。

李以学在《中国产业技术进步的问题和对策》一文中，认为问题的重要方面是经济增长中技术进步的贡献率较低，产业技术进步速度慢。数据显示，改革开放前（1953—1978）的 26 年间，中国经济年均增长率为 5.92%，生产率增长对经济增长的贡献是负的；改革开放后（1978—1990）的 12 年间，经济年均增长率是 8.35%，生产率年均增长率是 2.53%，它对经济增长的贡献是 30.3%。20 世纪 90 年代以后这一指标大体维持在 5% 左右。颜鹏飞和王兵在《技术效率、技术进步与生产率增长：基于 DEA 的实证分析》一文中，运用 DEA 的方法测度了 1978—2001 年中国 30 个省（自治区、直辖市）的技术效率、技术进步及曼奎斯特生产率指数，研究发现，总体来说中国全要素生产率增长的主要原因是技术效率的提高；由于技术进步减慢，1997 年之后全要素生产率的增长出现了递减；1992 年以前中国经济出现了效率的趋同，1992 年以后追赶效应消失，技术进步成为各个地区生产率差异的主要原因；人力资本和制度因素对全要素生产率、效率提高以及技术进步均有重要的影响。郭庆旺和贾俊雪在《中国全要素生产率的估算：1979—2004》一文中，在分析比较了全要素生产率四种估算方法的基础上估算出中国该时期的全要素生产率增长率，分析表明，该时期中国的全要素生产率增长率及其对经济增长的贡献率较低，说明中国经济增长主要依赖于要素投入增长，是一种较为典型的投入性增长方式。张小蒂和李晓钟在《对我国长三角地区全要素生产率的估算及分析》一文中，通过对 1978—2003 年统计数据的回归分析，测算了中国及长三角地区的全要素生产率与索洛剩余。徐瑛、陈秀山和刘凤良在《中国技术进步贡献率的度量与分解》一文中，用新的技术进步贡献率计量方法重新测算 1987—2003 年中国的技术进步状况，也表明该时期中国经济的增长动力绝大部分来自要素投入的增加，技术进步的贡献非常小，而且波动很大，经济增长的主要特征是外延性增长高速扩张，内涵式发展非常滞后。但是，2001 年以后，技术进步率开始出现稳定且明显的上升趋势，中国的技术进步进入了稳定、上升的良性发展轨道，经济发展开始逐步走向技术进步、效率提升的内涵式发展道路。

陈勇和唐朱昌在《中国工业的技术选择与技术进步：1985—2003》一文中，对该时期中国工业行业的技术选择做了评估，用 DEA 法计算中国工业行业的技术进步及其分解项技术变化与技术效率，发现并论证了中国工业行业在 1990—1993 年和 1999—2003 年有明显的技术进步，这两个期间的技术进步主要分别归因于技术效率和技术变化。舒元和才国伟在《我国省际技术进步及其空间扩散分析》一文中，在增强省际数据横向可比性的基础上，应用 DEA 方法测算了 1980—2004 年中国各省区的 TFP、技术效率和技术进步指数。刘伟和张辉在《中国经济增长中的产业结构变迁和技术进步》一文中，将技术进步和产业结构变迁从要素生产率中分解出来，实证度量了产业结构变迁对中国经济增长的贡献，并将其与技术进步的贡献相比较。研究表明，在改革开放以来的三十年中，虽然产业结构变迁对中国经济增长的贡献一度十分显著，但是随着市场化程度的提高，产业结构变迁对经济增长的贡献呈现不断降低的趋势，逐渐让位于技术进步。李宾和曾志雄在《中国全要素生产率变动的再测算：1978—2007 年》一文中，通过要素收入份额可变的增长核算法，重新测算了我国改革开放以来的 TFP 增长率，发现世纪之交前后的 TFP 增长率并不像其他文献所报告的那样接近于零甚至为负值，其原因在于前期的文献采用了不合适的投资流量指标，高估了资本存量的增长率，进而低估了 TFP 增长率。

胡振宇在《1991—2008 年中国全要素生产率变动及其分解》一文中，利用 Malmquist 指数及其分解来揭示 1991—2008 年中国生产率的变化情况，认为技术的落后是制约生产率水平提高的核心因素。赵志耘和杨朝峰在《中国全要素生产率的测算与解释：1979—2009 年》一文中，利用索洛残差法对改革开放以来中国全要素生产率进行了估算，随后从制度变迁、自主创新和技术引进三个方面，对改革开放以来中国全要素生产率变动的原因进行定量考察。分析表明技术引进是改革开放以来中国全要素生产率变化的主要原因；1994 年以后中国制度变迁对经济增长的作用才从推动资本、劳动增长转到推动全要素生产率的增长上来；虽然改革开放以来 R&D 经费投入增长迅速，但这些 R&D 投入只是增加了中国技术知识存量，并没有有效地转化为全要素生产率的提高。王桂新和章韬在《中国改革以来全要素生产率、产业集聚与经济增长》一文中，利用随机前沿方法，对中国 1978—2007 年省际全要素生产率进行测算和分解，分析了中国区域经济增长中产业集聚对技术效率的影响。结果表明，在该期间，中国全要素生产率表现出空间非均衡增长趋势。这些文献为本书的研究提供了观察中国当代技术进步水平的重要数据和基本判断。

易先忠和张亚斌在《技术差距、知识产权保护与后发国技术进步》一文中，基于中间产品种类扩张的内生增长模型，考虑了知识产权保护在鼓励自主创新和模仿国外技术两难中的权衡，认为知识产权保护对后发国技术进步的影响取决于技术差距和对国外技术的模仿能力。作者的一个切合客观实际的观点是，中国是一个不均质大国，各区域经济发展和技术水平很不平衡，技术水平低的区域要求较松的知识产权保护以促进模仿和技术扩散；而技术水平较高的区域要求较严格的知识产权保护以促进自主创新。解决这一困境的可行办法是对发展不平衡的区域进行 R&D 财政补贴：在较紧的全国统一知识产权保护制度安排下对技术水平较低的区域进行鼓励技术扩散和模仿的财政补助；或者在较松制度安排下对创新进行 R&D 财政补贴。而随着中国的总体技术水平不断提高，模仿国外技术对我国技术进步的促进效应下降，而自主创新对技术进步的作用逐渐凸显，故而加强总体知识产权保护力度，鼓励自主创新，成为我国技术进步的必然选择。该文章的观点高屋建瓴，"中国是一个不均质大国"的论断对于研究在中国如何贯彻知识产权政策具有基础意义。蔡伟毅和陈学识在《国际知识溢出与中国技术进步》一文也关注到中国技术进步水平的地区差异。作者把技术进步分为水平差异型和垂直阶梯型两种模式，探讨在不同的技术进步模式下知识溢出对技术进步的影响。文中指出由于中国东中西部地区产业发展水平不同，获取国际知识溢出数量不同；同时，不同的国际知识溢出渠道对应着不同的技术进步模式，因此技术进步必然会存在区域差异。进口渠道的国际知识溢出是东部地区提升技术水平的主要途径；FDI 渠道的国际知识溢出对中部地区技术水平的提升较明显；国际知识溢出尚未在西部地区对技术进步发挥明显作用。张建民在《中国区域技术创新能力差异研究》一文中，通过区域技术创新支撑能力、投入能力、产出能力、扩散能力、产业化能力等角度量化测算了区域创新能力，分析了人力资本、经济发展阶段、制度等与区域创新能力差异的关联关系，提出了针对性的对策建议。

综合来看，以上两部分背景文献所涉及的领域略显杂乱，观点分散。笔者经过研究发现，专利等同原则与技术进步存在一种关联关系，这种关系可以通过结合制度经济学和技术经济学进行描述。据此，本书提出了两者互动性的研究假设，企图在知识产权、法律与技术经济学、管理学的交叉领域开辟新空间。

第二章 专利等同原则的规范要素

第一节 专利保护范围与侵权形态

司法裁判中，专利侵权判定中的核心问题是涉嫌侵权物与专利保护范围的技术对比。一般而言，技术对比遵循"全面覆盖原则"，如果涉嫌侵权物具备了专利权利要求的所有技术特征，便是落入专利权的保护范围。其中涉及的疑难问题存在于对比对象的两端：一是如何确定专利权的保护范围；二是涉嫌侵权物往往以改头换面的形式出现，其技术特征并非与专利权利要求在字义上一一吻合，涉及技术方案是否等同的判定。司法裁判中一整套判定等同的理念和规则构成了专利侵权的等同判定原则（本书简称为专利等同原则）。

一、发明、实用新型专利权保护范围的确定

专利保护范围是指受法律保护的专利技术范围，一般通过权利要求进行限定。"专利权人划定了一个圈，宣称是他的权利范围，他人不得随意进入。划定这个圈所使用的语言就是专利权利要求。"[①] 按照彼得·德霍斯的观点，知识财产是一种抽象物，尽管知识产权最终将通过有形的形式实现其经济价值，但具体有形物的基本

[①] 闫文军. 专利权的保护范围：权利要求解释和等同原则适用［M］. 北京：法律出版社，2007：21.

的核心结构是抽象物。① 权利要求语言正是描述、圈定这种抽象物的工具。从语言学的角度看，主体在描述客体的过程中，由于语言工具本身的局限性，这种描述并不能在客观意义上准确无误地实现；描述完成后，对于阅读者而言，由于知识背景、表达偏好等方面与描述者的个体差异，描述语言传达的信息与描述者真正想要表达的信息也不完全吻合，因此，存在着权利要求的解释问题。目前确定专利保护范围或者解释权利要求具有代表性的学说，一是以英美为代表的"周边限定原则"（doctrine of peripheral definition）；二是以德国为代表的"中心限定原则"（doctrine of central definition）；三是《欧洲专利公约》及其议定书对英、德两个传统做法的折衷而形成的"折衷原则"，也称"主题内容限定原则"。

周边限定原则要求专利保护范围完全由权利要求来确定，严格按照权利要求书中的文字进行解释，不允许做任何扩大解释。权利要求书所记载的范围是专利保护的最大限度。采用这一原则，可以通过权利要求比较清晰地确定专利保护范围，它要求权利要求的撰写要尽可能采用规范化语言和行文套路，对撰写技术的要求较高。

中心限定原则以权利要求书的内容为中心，全面考虑发明创造的目的、性质以及说明书和附图，超出权利要求语言的字义范围向外扩展，将中心周边一定范围内的技术也包括在专利保护范围之内。采用这一原则，可以将说明书公开的、权利要求书未列入但又似乎包含的技术特征纳入专利保护范围。通过该原则，可以防止他人利用权利要求书在撰写方面的缺陷规避侵权责任。但其缺陷也是明显的：它将使专利权边界模糊，使得专利权给社会公众的信号不明确。如果我们把权利要求书看作是专利权人与公众的社会契约，可以说契约的条款是不明确的。

折衷原则是上述两原则的折衷，专利保护范围根据权利要求的内容来确定，说明书和附图可以用来解释权利要求。该原则载于《欧洲专利公约》（1977 年生效）第 69 条："由欧洲专利或欧洲专利申请所赋予的保护程度，应由权利要求的措辞来确定，但是，说明书和附图可用于解释权利要求。"② 采用这一原则，专利保护范围通过权利要求所表示的实质内容来确定，对权利要求中有歧义的地方则引用说明书和附图予以解释。它兼顾了专利权人和社会公众的利益，无论在法理意义上还是在不同法系的统一努力上，都是合理的。该原则可以视为关于专利保护范围理论成熟的标志。

折衷原则是英德两国传统做法的协调结果，对于英国而言，需要放弃

---

① 彼得·德霍斯. 知识财产法哲学［M］. 周林，译. 北京：商务印书馆，2008：165.
② 齐爱民，朱谢群. 知识产权法新论［M］. 北京：北京大学出版社，2008：312.

的主要是那种过分拘泥于权利要求的倾向，使侵权判断过程中对权利要求确定权利保护范围采取更为灵活的解释立场；对于德国而言，需要放弃的主要是过去那种将权利要求在专利授权中的作用跟在专利侵权判断中的作用彼此分割的观点。① 这种原则与美国的做法大体一致。放在"二战"后美国对西欧的影响这个历史观察点中，也可以视为美国干预欧洲事务的后果之一。

中国系统的专利制度形成时间较迟，基本是改革开放以后参照发达国家建立起来的，可视为法律移植的结果。当时的欧洲国家，已完成了专利制度的协调，《欧洲专利公约》已生效运行，其基本原则与美国大体一致。在确定专利保护范围问题上，中国直接采用了发达国家的主流做法——折衷原则。尤其是加入世界贸易组织后，中国加快了知识产权法律制度与其他世贸组织成员的协调，将 TRIPS 协议有关原则贯彻在本国立法和政策中，对多项法律制度进行了修订，司法机关与行政机构之间的关系等公权机关的分工也符合 TRIPS 协议相关原则。《中华人民共和国专利法》（以下简称《专利法》）第五十九条规定："发明或者实用新型专利权的保护范围以其权利要求的内容为准，说明书及附图可以用于解释权利要求的内容。"2010 年最高人民法院副院长奚晓明在全国法院知识产权审判工作座谈会上的讲话指出："专利权利要求确定并向社会宣示了专利权的保护范围，划定了专利权的法律边界。对于专利权利范围需要解释和界定的，要正确运用专利法尤其是新司法解释确定的折衷解释等解释规则，恰如其分地予以解释和确定。"按照中国法律规定，专利的保护范围是权利要求整体内容表达的完整技术方案，而非以权利要求书中个别文字或个别措辞，更非说明书的个别实施例为准。权利要求书所使用的术语，如有歧义，应以说明书为依据进行解释。专利说明书和附图对于权利要求书而言，处于从属地位，一项仅记载在说明书中的技术方案，不能纳入专利保护范围。

二、专利侵权的两种形态

从技术对比的角度看，发明、实用新型专利权侵权的两种形态是相同侵权和等同侵权。

1. 相同侵权

进行发明、实用新型专利权侵权判定时，首先是对专利权利要求进行"文义读取"，并将被诉侵权物与之比较，如果被诉侵权物具备了专利权利要求字面记载的全部技术特征，则落入专利权的保护范围。这个对比过程

---

① 尹新天. 专利权的保护［M］. 北京：知识产权出版社，2005：259.

一般要求被诉侵权物的技术特征与专利权利要求中记载的所有字面技术特征一一对应并且相同。司法实践中，如下的几种情形均被视为全面覆盖：一是当专利独立权利要求中记载的技术特征采用的是上位概念，而被诉侵权物采用的是相应的下位概念；二是被诉侵权物在利用权利要求书中的全部字面特征基础上又增加了新的技术特征；三是被诉侵权物具备了专利权利要求的全部字面技术特征，但做了技术添附，增加了新特征，并且获得专利权，在后的专利为从属专利，未经许可实施也构成侵权。①

2. 等同侵权

事实上，完全照搬专利技术方案的情形较为少见，大量存在的不符合"文义读取"而是改头换面的侵权物，它的某个或者若干个技术特征与专利必要技术特征的相对应，既不是完全相同也没有创新进步，从对社会整体的技术增值而言，其无贡献可言。面对这种情形，需要适用等同原则。等同原则明确了如果侵权方基本上使用了已经获得专利权的发明创造，而仅替换了其中一个要素，而且这个替换的要素与记载在专利权利要求中的要素在技术上和功能上等效，则不管这个替换的要素是否已经做出改进，都不应该允许侵权方继续其行为。② 所谓的"等同"，一般指以基本相同的手段，实现基本相同的功能，达到基本相同的效果，并且是本领域的普通技术人员无须经过创造性劳动就能够联想到的。

与其他知识产权一样，专利权是一种无形财产。正如有的学者认为的那样，这种权利是作为主体凭借法律实现某种利益所可以实施行为的界限和范围，概为无外在实体之主观拟制物。正是在这个意义上，从罗马法学家到现代民法学家都将具有一定财产内容的权利（除所有权以外）称为无体物。③ 从这个角度看，专利权保护的并非权利要求书中的某个措辞或某些措辞的机械组合，而是这些措辞所反映的完整技术方案。正如美国法院在 Autogiro Co. of America v. United States 一案中的论述一样，"一项发明体现其存在的最为重要的方式是通过看得见的结构或者一系列的工程图纸。一项发明的'文字肖像'通常是为了满足专利法的要求而在事后撰写出来的。这种从实际机器到文字的转化常常会留下难以填补的间隙。一项发明常常是新颖的，但是却找不到适合的文字来表述。词典并不总是与发明人比翼齐飞，这做不到。事物不是为文字而出现，但文字是为事物而创

---

① 参见北京市高级人民法院《关于专利侵权判定若干问题的意见（试行）》第 27 条至第 29 条。

② 世界知识产权组织. 世界知识产权组织知识产权指南：政策、法律及应用［M］. 北京大学国际知识产权研究中心，译. 北京：知识产权出版社，2012：26.

③ 吴汉东. 知识产权制度基础理论研究［M］. 北京：知识产权出版社，2009：24.

造"①。语言学的常识告诉我们，权利要求的措辞无论如何详尽，都无法将全部可能的实施方法或将来可能的实施方法全部涵盖，更何况每个人的表达有偏好、理解受知识背景影响。因此，为使专利权人能受到周延的保护，以避免竞争者稍作非实质改变或替换即可很容易回避专利，才有了等同原则的产生，以使专利权的保护范围不局限于权利要求的文义范围，而及于文义未述及、但从发明意义和目的观察，具有相同作用的替代性实施手段。②"等同原则"在英文中为 Doctrine of Equivalents（DOE），中国台湾地区译为"均等论"。

第二节　美国专利法中的等同原则

在美国，等同原则是法院在专利审判实践中，以判例法的形式发展起来的。第一个包含"等同原则"思想的判例是 1814 年奥迪奥恩诉温可莱（Odiome v. Winkey）案。在此案中，约瑟夫·斯托里法官（Joseph Story）提出，"仅是貌似不同或微小改进，并不能勾销初始发明人的权利"。③1817 年，另一位著名法官 B. 华盛顿在格雷诉詹姆斯（Gray v. James）案中，提出了"实质一致"（substantial identity）的判定原则："作为一般的规则，只要某些机器实质相同，并以同样方式操作，产生同样结果，它们在原理上必然是相同的。我们说的实质相同，旨在排除一切形式的差异；而且，我说到同样结果时，我必定理解为同样种类的结果，虽然其程度也许不同。"④

联邦最高法院正式认可"等同原则"的判例是在 1853 年的威南斯诉登米德（Winans v. Denmead）案中。该案原告拥有一项关于改进运煤车技术的专利，指控被告侵权。马里兰地区联邦巡回法院判原告败诉后，原告上述至联邦最高法院。案件的判决就法律问题提出了如下解读框架：在专利侵权案中，为决定什么是专利产品，须研究：①什么是专利权人说明的发明结构或装置；②什么是该结构或装置采用的操作方式；③通过该操作方式获得什么结果；④权利要求是否涵盖了该操作方式及其产生的结果。案件的焦点是被告的产品八角形运煤车底盘与原告专利技术方案中的圆锥形运煤车底盘是否等同。库迪斯大法官指出："该专利的实质是新的操作

---

① 155 USPQ 697（1967）.

② Vgl. Schulte, a. a. O. §14Rd. 47f.

③ "merely colorable difference , or slight improvements, cannot share the right of the original inventor", See Odiome v. Winkey 18F. cas. 581, 582（C. C. D. Mass. 1814）（NO. 10. 432）.

④ 18F. cas. 581, 582, C. C. D. Mass. （1814）at 582.

方式，这构成了该发明的特征。按照专利法，这是有权获得专利保护的发明，发明人可以，而且应该具体说明其权利要求，以涵盖该发明的新操作方式。本案的唯一问题是，他是否这样做了，或者说，他是否将权利要求限定在某一种特定的几何形状。"回答是否定的。该发明的实质是采用圆锥形底盘以最大限度地提高底盘承受压力，其他实质相同形状的底盘可达到相同效果。"当形状与实质不可分时，只要看形状即可；当两者可分时，即当发明的实质可通过不同形状被复制时，法官与陪审团的职责是通过形式看实质——这正是授予专利和专利旨在保障的发明。一旦发现这种实质，便存在专利侵权。"① 该判例的意义在于明确地提出从结构、方式和效果三方面比较专利技术方案与被诉侵权产品是否实质相同，提出了判定等同原则的可操作路径。

联邦最高法院第一次系统阐述等同原则是 1950 年的格雷弗油罐制造公司诉林德航空用品公司案。② 在该案中，涉案专利是关于电焊方法及用于电焊的焊剂产品。原告专利要求的对象是以碱土硅酸盐为主要的焊剂，在产品中实际使用的是硅酸镁。硅酸镁是一种碱土硅酸盐。而被诉侵权产品的主要成分是锰，硅酸锰不是碱土硅酸盐，但它是硅酸盐。美国联邦最高法院论述道："在本案中，摆在我们面前的是两者电焊剂：专利电焊剂 Unionmelt 和被诉侵权物 Lincolnweld。被诉侵权物用由钙和锰构成的硅酸脂取代了专利的钙和镁构成的硅酸脂。除此之外，从其他方面看，两者产品是相似的。这两种产品使用的机械方式是相似的，其操作是相同的，并且产生同种类同质量的电焊效果。"最后，法院判定构成侵权。联邦最高法院法官在陈述多数意见时对等同原则做了如下表述："为防止盗窃发明人的利益，专利权人可以根据等同原则，指控某装置的生产商，如果该装置以实质相同的方式，起实质相同的功能，达到同等结果。该原则的基点是，如果两装置以等同方式做等同工作，获得等同结果，两者就是等同的，尽管其名称、形式或形状有所不同。"该案判决，总结了专利侵权判定方法的精华，提出了方式、功能、结果三重检验标准，并且侧重于检验的整体效果。

1982 年，美国成立联邦巡回上诉法院（CAFC），改变了以往专利上诉案件分散受理的做法，统一受理全美专利上诉案件。表面看来，在诸多案例中，等同原则有时是扩展性适用，有时则是限制性适用。比如，联邦巡回上诉法院分别在 1983 年、1987 年和 1989 年对 Hughes、Pennwalt 和 Cor-

---

① Winans v. Denmead, 56 U. S. 330（1853）.
② 罗伯特·P. 墨杰斯，彼特·S. 迈乃尔，马克·A. 莱姆利，等. 新技术时代的知识产权法[M]. 齐筑，张清，彭霞，等译. 北京：中国政法大学出版社，2003：203.

ning 案的判决中，分别是扩展—限制—扩展适用。① 实际上，随着等同原则在司法实践中的发展，一整套包含诸多规范要素的体系日渐形成。这些规范要素包括：方式、功能和结果三要素检测法，整体等同说以及后来取而代之的全要件说（all elements rule），专利审查过程禁止反悔说（prose-cution of history estoppel），现有技术抗辩，公开揭露贡献，等同判断的基准时间以及反向等同说。

一、三要素检测法和非实质差异说

三要素指的是方式（或手段）、功能、效果。如果被诉侵权物和专利权利要求的技术方案在方式、功能和效果方面一致，则两者在解决同样（或类似）的技术问题时形成了竞争关系，等同物威胁了专利权人对该技术方案的市场独占地位。技术上的替换导致市场地位的替换，将使专利权人因创新获取的独占利益归于消失，违背了专利法的初衷。实际上，作为等同物不可能在每一个方面、每一个目的上，完全相同。在某一目的上，等同的事物在其他大多数目的上可能不同。因此，在特定的环境下被认定为等同的技术特征到另一环境下可能没有任何联系。比如在上述美国 1950 年格雷弗油罐制造公司诉林德航空用品公司案中，法院认定碱金属和碱土金属等同，而在食物化学或者生命医学上这两类元素的差别完全可能是生与死的差别。②

如何检测方式、功能、效果的一致性？法律拟制了一个检测主体——本领域的普通技术人员，目的在于检测被诉物与专利技术方案相比是否具有创造性。首先，不同领域的技术复杂程度、技术发展程度、技术独有程度不同，等同判断如果不与特定技术领域相结合，其结论将是发散的，缺乏可操作性。其次，检测的立场是普通技术人员，而非专门研究人员。在检测是否有创造性方面，普通技术人员肩负重任。③ 以其技术水平进行衡量，如果被诉物相应技术特征是无须经过创造性劳动就可以联想到的，则可以判断该技术特征对于本领域技术现状而言没有增值，应认定为等同。相反，如果仅仅因为一项专利与被诉侵权物之间有差别即判定不侵权，那么侵权人只要对专利权利要求的技术方案略加改头换面就可以逃避侵权责

---

① 马浩．美国专利实践中的等同原则［J］．专利法研究，1996：246 - 262.

② 崔国斌．专利技术的等同比较［J］．北大知识产权评论，2002（1）：44.

③ 在专利法中，"本领域的普通技术人员"身负重任，不但在侵权诉讼中，而且在专利授权中都被作为标杆。他是法律拟制的人，不能套用某种学历、职称、级别；他知晓被诉侵权行为日之前该技术领域的所有普通技术知识；他获知该领域的所有现有技术；他具有运用被诉侵权行为日之前常规实验手段的能力。多种情形中他被用于衡量创造性等因素。见张小林．论专利法中的"本领域普通技术人员"［J］．科技与法律，2011（6）：22 - 29.

任，专利权的保护将成为一句空话，专利权人的权益完全得不到保障。因此，相对于专利权利要求的技术方案仅是未付出创造性劳动的等同替换，不值得用"准予实施"来回报。① 在 1950 年格雷弗油罐制造公司诉林德航空用品公司案中，具体如何认定等同？法院阐述道："专利法中的等同既不是公式的囚犯，也不是在无文字侵权时必须考虑适用的……必须考虑的方面是，在专利中采用的构成部分的目的、该部分与其他构成部分组合后具有的性质以及该部分预定起的功能。一个重要的因素是，在该技术领域里合理掌握一定技术的人员是否已知某一个没有包括在专利中的构成部分曾有的互变性。"②

即使以本领域的普通技术人员立场，随着时间的推移和技术进步，其所知晓的知识、具备的能力、所能预见的范围显然是不同的。录音带时代的"普通技术人员"可能无法预见 MP3，"云计算"时代的"普通技术人员"无疑会懂得那种多人在不同地点分步实施的方法。在 1995 年希尔顿·戴维斯化学公司诉沃纳—金肯逊公司案中，联邦最高法院认为从确保等同原则的客观性出发，一个领域中普通技术人员做出专利要求书中文义所述的技术特征和被诉侵权物可以互换之结论，不是为了自身的目的，而是为了告诉事实认定者关于所述技术特征相同或者不同的事实。既然等同原则所要判断的问题是被诉侵权物与权利要求所载技术特征是否等同，那么，关于可互换性的恰当时间基点应当是被诉侵权行为的发生时间，而不是专利申请或授权的时间。这个基准时间一旦确立，如果被诉侵权物包含了一个实质上实现相同效果且具有相同功能，即使在专利申请时未知的等同技术特征，仍然构成等同。这意味着，专利权人将在专利有效期内垄断着与专利等同的技术，而不论是否由于新技术导致的替代，不论该替换是否在专利申请时被预见。

继 1950 年格雷弗油罐制造公司诉林德航空用品公司案之后关于等同原则的影响最大、争论最大的案件，是 1995 年希尔顿·戴维斯化学公司诉沃纳—金肯逊公司案。联邦巡回上诉法院在该案中将等同原则的扩展性几乎发挥到极致。涉案专利是对染料进行净化的方法。权利要求的方法中有三项与判断是否存在侵权相关的特征：超滤膜的标称孔径为 5－5 埃；静压为 200～400p. s. i. g.；pH 值为 6.0～9.0。被告相对应的方法中，静压为 200～500p. s. i. g.；pH 值为 5；虽然没有测得超滤膜的实际尺寸，但几位作证专家认为其标称孔径应该为 5～15 埃。联邦巡回上诉法院认为：第一，pH 值用于防止对滤膜的侵害并产生中性最终染料产品。充分的事实说明，

① 俞翰政. 等同原则与创造性若干问题的思考 ［J］. 专利法研究，2006：257－272.
② Graver Tank & Mfg. Co. v. Linde Air Products Co. 339 U. S. 605 (1950) .

本领域的技术人员知道，与 pH 值为 6~9 相比，在 pH 值为 5 之下进行超滤，可以使滤膜以一种等同的方式执行相同的功能，从而实现相同的效果。第二，被告在其某些滤膜中采用的静压处于权利要求所限定的 200~400 p. s. i. g. 的范围内。被告在高压泵而不是在滤膜处测量静压，测量值接近 500p. s. i. g.。原告在说明书中限定了"施加于滤膜上游侧"的静压。无论如何，被告的静压以等同的方式执行着相同的功能——促使溶液过滤膜，从而实现相同的效果。第三，至于孔径，由于流体和压力条件的变化，难于测量滤膜的精确孔径。但滤膜孔径的选择是用于将染料颗粒与更小的杂质颗粒分开。被告必定使用了权利要求中所限定的标称孔径为 5~15 埃的滤膜以实现超滤。第四，在专利申请过程中，为了躲避使用 pH 值高于 9 的用于超滤处理方法的对比文件，发明人将其权利要求进行了修改，使其限定了"pH 值为 6.0~9.0"。这种修改对高于 9 的 pH 值做出了放弃，但并不能阻止专权人对诸如被告这样的某些时候在 pH 值为 5.0 以下工作的方法主张等同。第五，被告并未原封不动地使用权利要求限定的参数，但陪审团认为被告方法与权利要求限定的方法之间的差别是非实质性的。

联邦巡回上诉法院支持在等同原则之下的侵权认定，并明确指出，等同原则的适用是基于权利要求的产品或方法与被诉侵权的产品或方法之间的差异是非实质性的，非实质性的判断应根据客观的标准。法院认为，"方式—功能—效果标准通常足以认定等同，因为方式、功能和效果的相似性，为怀疑被诉侵权物与发明专利之间的非实质差异只留下了很小的空间。但是，对于方式、功能和效果的衡量不一定是问题的结束……随着技术越来越深奥和发明步骤越来越复杂，方式、功能和效果标准可能不会一成不变地足以表明差异的非实质性"。① 联邦巡回上诉法院认为，等同认定的根本标准在于被诉物与发明专利之间的"非实质差异"，"方式、功能和效果"检测法是认定"非实质差异"的一个有用方法，但是，并不是所有的案件都适用这一方法来认定非实质差异。

案件上诉至联邦最高法院后，被发回重审。联邦最高法院指出，方式、功能和效果三要素一致的检测标准适用于对机械装置的分析判断，但对于其他产品或方法的分析可能只是提供了一个不充分的框架；另一方面，"非实质差异"标准对于认定差异的"非实质性"基本没有提供另外的指导。可见，美国联邦最高法院既认识到三要素检测法的局限，又认识到"非实质差异"标准的缺陷。但是，最高法院并没有提出自己的等同认定标准，只是要

---

① 闫文军. 专利权的保护范围：权利要求解释和等同原则适用 [M]. 北京：法律出版社，2007：120.

求联邦巡回上诉法院进一步完善等同认定的标准。① 目前，三要素检测法和"非实质差异"标准仍然是美国法院适用等同原则的主流标准。

二、整体等同说和全要件说

1. 整体等同说

在 1950 年格雷弗油罐制造公司诉林德航空用品公司案中，法院根据碱金属和碱土金属等同而认定构成等同侵权，虽然没有明确提出，采用的实际上是将被诉侵权物与发明进行整体对比的方法。该案之后，美国法院很长时间以来在适用等同原则时采用整体对比方法。这就是所谓的"整体等同"。

适用整体等同的典型案件如 1983 年休斯飞机制造公司诉合众国案。20世纪 50 年代末 60 年代初，美国国防部与国家航空航天局（NASA）联手研制地球轨道同步卫星。尽管政府耗资巨大，但未能解决卫星空间方位角的控制技术难题。不料休斯公司的雇员威廉姆斯攻克了这一难题，并于1960 年 4 月 2 日成功地操纵了一个实验模型。休斯公司将该发明透露给美国国家航空航天局，寻求其参与，以制造一颗具备空间方位角的特殊控制体系的卫星。1961 年 8 月，两家签订有关制造同步通信卫星的合同。1963年 7 月 26 日，世界上第一颗同步通信卫星（Syncom 2 号）发射成功；7 月31 日，空间方位角控制体系被成功地运用于该卫星。1960 年威廉姆斯提出最初的专利申请，并于 1973 年 9 月获得授权，休斯公司成为该专利的受让人。1973 年 11 月，休斯公司提起诉讼，指控美国政府未经授权在制造其他卫星和航天飞机时使用了该专利。②

休斯公司的专利是卫星上的一种装置，被诉侵权的 SE 卫星与其权利要求存在以下区别：其一，虽然 SE 卫星也需要将卫星的转速以及检测到的太阳光角度信号发送到地面站，但不需要将卫星的瞬时旋转角度位置（ISA 位置）信号发送到地面站，而是送到安装在卫星上的计算机，其地面站不需要知道卫星的 ISA 位置，因此，SE 卫星不具备专利权利要求所述的发射 ISA 位置指示信号的装置。其二，专利权利要求中限定采用一个接收装置，用于接受地面站发出的与指示信号相同步的控制信号，可见专利技术采用的是一种实时控制方式；而 SE 卫星是将地面站发出的控制信号存储在计算机中，故没有采用实时控制方式。鉴于存在上述差异，两者技术

① 闫文军. 专利权的保护范围：权利要求解释和等同原则适用［M］. 北京：法律出版社，2007：121.

② 张乃根. 美国专利侵权的等同原则——案例分析及其比较［J］. 比较法研究，1995（2）：257 - 169.

特征不相同。一审法院认为 SE 卫星没有采用休斯公司专利权利要求书中限定的将 ISA 位置指示信号送到地面站的装置，也没有根据控制信号进行实时控制的装置，或者与之"明显等同或者准确等同"的装置。美国联邦巡回上诉法院则认为，在适用等同原则时，应当将权利要求所要求保护的发明作为一个整体来看待，那种要求在各个对应部位之间满足所谓"明显等同或者准确等同"的观点是错误的，因为如果 SE 卫星具有这种"明显等同或者准确等同"的对应部分，则可以直接得出相同侵权成立的结论，不需要再进行等同判断了。联邦巡回上诉法院否决了一审法院的结论，认为构成等同侵权。

美国联邦巡回上诉法院霍奥德·T. 马基法官论述道：SE 卫星与专利技术唯一不同的，也是认定两者是否等同的关键技术是 SE 卫星里装有计算机，该计算机间接地做了专利卫星地面控制人员从事的工作，"威廉姆斯发明之后发展的计算机先进技术和数据通信技术，使得在卫星上做威廉姆斯卫星的地面人员从事的控制工作成为可能……这种技术上的不同和后威廉姆斯（post - Williams）的技术可能造成的装饰，不能使被诉侵权的卫星规避专利侵权"。据此，他的结论是："SE 卫星与权利要求的威廉姆斯卫星反映了格雷弗案（指 1950 年格雷弗油罐制造公司诉林德航空用品公司案）面临的同样情况，因为两者起着同样的功能（从外部点上接受指令信息并做出反应，实现旋进）、以实质相同的方式（与 ISA 位置同步的喷口点火）、达到实质相同的结果（在预定方向，受控旋转轴旋进以定位盘旋的卫星）。"[①] 该案的判断还是遵循方式、功能和效果三要素检测法，认为卫星地面人员的控制等同于卫星自身的计算机控制；同时提出在某一发明之后发展的应用技术可能只是专利侵权的一种装饰。这样，在发明人限定专利权利要求时，不能列入尚不存在的技术要素。该案中确立的"整体等同"理论，对其后美国专利审判实践的影响是巨大的。

2. 整体等同说向全要件说的转变

整体等同不要求等价手段与权利要求的具体特征一一对应，甚至在数量上可以不等，而是强调作为整体应用的全部特征等同。这样导致公众对等同原则容易引入不确切因素和权利要求书容易被过宽解释的担心，招致诸多批评。在 1995 年希尔顿·戴维斯化学公司诉沃纳—金肯逊公司一案中，联邦巡回上诉法院在等同问题上继续沿袭其"整体等同"观点。联邦最高法院在发回重审中指出，基于"特征一一对应"说的全要件原则，等同原则应适用于权利要求的各项具体特征，而不是对发明做整体性应用。"在我们看来，采用什么语言结构来认定等同并不重要，重要的是对以下

---

① Hughs Aircraft Co. v. United States. 717F. 2D 1351，U. S. P. Q. 473（Fed. Cir. 1983）.

问题的探究：被诉侵权产品或方法中是否包含有与专利发明中的每个技术特征相同或者等同的技术特征？根据具体的情况，不同的语言结构可能更适用于不同的案件。只要判断集中在每一个技术特征上，避免通过适用等同原则来实质上忽略权利要求中的任何技术特征，则已经大大减小采用什么语言结构的重要性。"最终，联邦最高法院采纳了联邦巡回上诉法院Nies法官的"特征——对应"说，指出在采用三要素准则的基础上，必须将专利技术范围的每一具体技术特征进行比较、分析、判断。"包含在权利要求中的每一个技术特征对于确定专利权保护范围来说都是重要的，因此等同原则应当针对权利要求中的各个技术特征，而不是针对发明作为一个整体。必须强调的是，在适用等同原则时，即使对单个的技术特征，也不允许将保护范围扩大到这样的程度，使得实质上是忽略记载在权利要求中的该技术特征。只要等同原则的适用不超过上面所述的限度，我们就有信心认为等同原则不会损坏专利权利要求在专利保护中的核心作用。"[1]根据该论述，适用等同原则不应导致忽略专利权利要求中记载的任何一个技术特征，被认为建立起了全部技术特征等同说或全要件说。全要件说要求在侵权对比时首先要对权利要求进行分解，确定全部技术特征，然后将被诉物与之逐一对比，如果被诉物缺少任何一项对应的技术特征，则对比结束，无须论及相同或者等同；只有权利要求中的每一个技术特征都能在侵权物中找到对应的技术特征，才有接下来的技术特征是相同或等同的判断。全要件说彻底否定了整体等同说，大大限制了等同原则的过度扩展。

三、等同原则的适用限制之一：专利审查过程禁止反悔

禁止反悔是英美法中的一项衡平法原则，基本含义是一方当事人已经做出了某种行为，并且被他人所信赖，该当事人以后就不能再否认该行为以损害他人的利益。专利审查过程禁止反悔说，指的是专利权人在专利申请过程中，如果放弃了某项内容，则在以后的侵权诉讼中，不能再将放弃的内容重新置于保护范围之内。通过适用该规则，被告可逃避侵权指控。

1. 弹性排除说

最初，美国联邦最高法院以弹性排除说（flexible bar）来适用禁止反悔说，即使权利要求在审查过程中经过修改，还要区分不同的情况确定是否适用禁止反悔说。联邦巡回上诉法院成立后，也沿用该规则。在1983年休斯飞机制造公司诉合众国案中，联邦巡回上诉法院指出，即使是为了避免拒绝授权而进行的权利要求的修改，也可以根据修改所针对的在先技术

---

① Hilton Davis Chemical Co. v. Warner-Jenkinson Co. 520 U. S. 17（1997）．

的性质而适用等同原则，因权利要求修改的性质和目的不同，其对等同原则的影响可以"从很大到没有"。①

1995 年希尔顿·戴维斯化学公司诉沃纳—金肯逊公司案中，联邦最高法院将其发回重审，主要观点还有，"审查过程禁止反悔"在等同判断中应起重要作用。该案中，发明人在专利申请过程中为了躲避对比文件，将其权利要求限定了"pH 值为 6.0～9.0"。联邦巡回上诉法院认为，这种修改对高于 9.0 的 pH 值做出了放弃，但并不能阻止专权人对诸如被告这样的某些时候在 pH 值为 5.0 以下工作的方法主张等同。最高法院则认为，6.0 这一下限值使其成为专利重要的特征要素，"注意到权利要求具有定义和告示的双重功能，我们认为较好的规则是将证明专利申请过程中修改理由的责任交由专利持有人承担。然后，由法院判断该理由是否足够克服对该修改所增加的特征适用等同原则加以限制的禁止反悔说。如果没有解释，则法院应当推定专利商标局有实质理由将该增加限制性特征的修改和可专利性联系起来。这种情况下，禁止反悔说将阻止对该特征适用等同原则"。② 该论述提出了所谓的"沉默导致的禁止反悔"（estoppel by silence）的理论，指当申请人在审查过程中如没有指明修改理由，而且从审批档案中的记录看不出申请人出于何种原因进行修改时，其修改就会被推定是为了避开现有技术而进行的，从而导致禁止反悔说的适用，同样用"弹性排除规则"来限制等同原则的适用，最高法院强调发明人对于修改理由的举证责任，更严格地把握适用等同原则的条件。

2. 完全排除说

美国法院适用禁止反悔说的另一重要案件是 2000 年 Festo v. Shoketsu Kinzoku Kabushiki Co. 案。该案中，Festo 公司拥有磁力无杆气缸和活塞驱动装置两项专利。在专利申请过程中，由于申请人的陈述不符合美国专利法第 112 条的规定且一些权利要求多重引用，于是，其对申请进行了修改，对第一个专利增加了新限制：该装置包括一对单路密封环并且其外套由可磁化材料制成；对第二个专利在复审程序中也增加了对单路密封环的限制。之后，两项专利申请获得批准。被诉侵权产品是一种类似装置，具有一个双路密封环和一个非磁化材料的外套。联邦巡回上诉法院曾认定构成等同，但被最高法院发回重审。2000 年 12 月，美国联邦巡回上诉法院对该案作出了重审判决，对禁止反悔的适用范围提出了如下意见：第一，导致禁止反悔的修改不只限于因克服现有技术而进行的修改，只要为了获得专利授权而对权利要求所做的任何限制性修改，都应当导致禁止反悔说的

---

① Robert C Kahrl. Patent Claim Construction ［M］. Aspen Publishers, 2003: 9 – 44, 2.

② Hilton Davis Chemical Co. v. Warner-Jenkinson Co. 520 U. S. 17（1997）.

适用。第二，不论申请人的修改是应专利局的要求而做出的，还是申请人自愿做出的，只要是它限制了原来权利要求的范围，都可以导致禁止反悔说的适用。第三，如果对权利要求的限制性修改导致对该权利要求中的某个技术特征适用禁止反悔说，那么对该技术特征来说就完全不能适用等同原则。第四，当专利审查档案不能表明修改权利要求的原因时，则假定修改是为了获得专利授权而做出的，这时就应适用禁止反悔说而不能对修改的技术特征再适用等同原则。① 第三、四点被称为"完全排除"说。

3. 弹性排除说与完全排除说的折衷——推定完全排除说

该案再次上诉至联邦最高法院，2002 年 5 月 28 号最高法院做出判决。最高法院的 9 名大法官一致支持联邦巡回上诉法院的观点，认为禁止反悔说不仅可以适用于为避开已有技术所做的修改，而且可以适用于为满足专利法规定而做的任何限制性修改，也包括形式上的修改。针对联邦巡回上诉法院的"完全排除"观点，最高法院进行了强烈的批评。最高法院认为："尽管禁止反悔说可以在一个很宽的范围内禁止等同原则的适用，但是确定禁止反悔说的作用范围需要调查申请人通过限制性修改放弃了什么。完全排除规则省略了这一调查，代之以一刀切的规则。这有悖于建立禁止反悔说的初衷。"最高法院的大法官们认为在确定专利保护范围时，尽管禁止反悔说对修改限定过的技术特征一般只能做字面解释，但禁止反悔说不能完全阻止权利人对修改限定的技术特征主张某种等同物，因为发明人在修改其专利保护范围时可能由于某些原因放弃了他无意放弃的某种等同物。这种放弃并非他的真实意思。依照联邦最高法院在希尔顿·戴维斯化学公司诉沃纳—金肯逊公司案中设立的举证分配原则，发明人对此负证明责任。最高法院列举了三种例外情况：①在申请时一个普通技术人员无法预见该等同物；②修改背后的原理与讼争的等同物只有无关紧要的关联（tangential relation）；③其他原因使得公众不能合理地期待申请人在申请时描述了讼争的非实质性替换。②

通过 1995 希尔顿·戴维斯化学公司诉沃纳—金肯逊公司案和 2002 年 Festo v. Shoketsu Kinzoku Kabushiki Co. 案，美国最高联邦法院对禁止反悔说在等同原则中的适用范围进行了澄清和细化，其主要观点是：专利申请人为了获得专利授权而对权利要求进行限制性修改将导致禁止反悔说的适用；解释修改原因的责任在于专利权人，若其无法解释，则法院推定其目的在于获得专利授权，被告因此避免被适用等同原则；同时，禁止反悔说只是针对经过修改而放弃的内容，如果专利权人可以证明其修改并没有将

① 闫文军. 专利权的保护范围：权利要求解释和等同原则适用 [M]. 北京：法律出版社，2007：138.

② Festo v. Shoketsu Kinzoku Kabushiki Co. 535 U. S. 722（2002）.

特定的等同物排除在外，或者有其他特别的原因，则法院仍然适用等同原则判定等同物构成侵权。联邦最高法院在对申请人可以举证责任的同时引入抗辩机制和例外规定，在弹性排除说与完全排除说之间建立了近乎折衷的原则——推定完全排除说，在专利权人利益与公众利益之间寻找适当的平衡点。

四、等同原则的适用限制之二：现有技术抗辩

等同对象不包括不受专利保护的内容，例如不具有新颖性的技术、显而易见的技术。美国法院有权直接在侵权诉讼中解决专利的无效宣告问题，加上一些学者认为现有技术抗辩在相同侵权中适用会导致专利权的虚化，因此美国法院一直拒绝在相同侵权中适用现有技术抗辩，美国专利法中的现有技术抗辩制度无法脱离等同原则而独立存在。也就是说，现有技术抗辩只适用于等同侵权的情形；如果相同侵权，则不考虑现有技术抗辩。法院的立场是：相同侵权的成立就是被诉侵权物包含了专利权利要求中的技术特征；相对于现有技术的显而易见性问题是权利要求的有效性问题，与被诉侵权物是否侵权无关。[①]

现有技术抗辩的具体适用规则是"假想权利要求法"。在现有技术抗辩中，势必涉及被诉侵权物与现有技术的对比，即两者是否要一模一样，还是允许某种程度的差异。美国联邦巡回上诉法院在 Carman Industries, Inc. v. Wahl 案的判决中对现有技术的抗辩是这样的：如果专利人能证明专利技术和被诉物的差异不大，导致二者属于等同物，则由专利权人对权利要求进行解释，以求在覆盖权利要求字面意思的同时也覆盖被控侵权物。如果这一解释方案相对于现有技术而言不具有可专利性（新颖性和创造性），则现有技术抗辩成立，不构成侵权；如果这一解释方案相对于现有技术而言具有可专利性，则现有技术抗辩不成立，构成侵权。[②]

联邦巡回上诉法院在 1990 年 Wilson Sporting Goods v. David Geoffrey & Association 案中发展了这一做法，将覆盖专利方案和被诉物方案的解释方法演变为一种被称为"假想权利要求"的判断规则，用于在相同侵权不成立、专利权人试图寻求适用等同原则来认定侵权行为时，判断假如认定等同侵权成立是否与被诉侵权人举证的现有技术相抵触。[③] "现有技术是否限制权利要求文义上可解释的等同范围，相当难以回答。为将分析简单化，

---

① 雷艳珍，杨玉新. 美国专利法中的现有技术抗辩 [J]. 电子知识产权，2010 (3)：64–68.

② Carman Industries , Inc. v. Wahl. See 724 F. 2d 932, 220U. S. P，Q，481.

③ RENOLD S CHISSUM. Chissum on patents [J]. Vol. 5A, Chaperter 18, §18. 04 [2] [d] [ii] [A].

并将此议题带到熟悉的领域上，通过实体化假设的权利要求，使之在文义范围上足以包括被诉侵权物，而概念化等同范围的限制，可能会有帮助。相关的问题转化为，假设的权利要求在考虑现有技术后可否获得美国专利商标局的许可。若不被许可，则不应允许专利权人在侵权诉讼中基于等同原则而获得该部分的保护；若可被许可，则现有技术不应妨碍等同原则下侵权的认定。"① 该案中，专利为一高尔夫球，因球表面分隔为 80 个三角形而具有小漩涡的特殊结构，此 80 个三角形分成 6 个等同区块，该等区块也就是通过球体最宽部分的每个交叉圆圈，这些大型圆圈分别具有对称轴线，沿着轴线则没有小漩涡。现有技术的球体也包含六大圆圈，但这些大圆圈有小漩涡交错。通过假想权利要求法，法院认为被诉侵权的球相对于现有技术是显而易见的，故不构成等同原则下的侵权。② 归纳之，假想权利要求判断规则的步骤是：首先以专利权利要求为基础提出一个从字面上覆盖被诉侵权物的假想权利要求；其次将该假想权利要求同现有技术进行对比，判断其是否具有新颖性和创造性。如果同现有技术对比后发现假想权利要求不具有新颖性和创造性，则侵权不成立。假想权利要求判断规则与传统规则的区别是，专利权人与被诉侵权人所承担的举证责任不同。按照传统方法，被诉侵权人承担证明被诉侵权物属于现有技术的责任；按照该规则，虽然被诉侵权人也要承担证明被诉侵权物属于现有技术的责任，但同时专利权人要承担证明假象权利要求不包括现有技术的责任，相当于实现了部分举证责任的倒置，使证据规则向有利于被诉侵权人的方向偏转。这与美国法院在侵权诉讼中有权一并审理涉案专利权的有效性相关，只不过将无效宣告审理程序中的被请求人（专利权人）的抗辩纳入其中。③

假想权利要求判断规则受到了美国实务界和理论界的追捧。专利律师 Bruce M. Wexler 甚至认为，当专利权人诉请适用等同原则时，他实际上就是要求法院将专利保护范围解释为覆盖权利要求字面含义以外的方案，权利人在诉讼中一直都在提出他脑海中的假想权利要求范围。④ 该案之后，

---

① Wilson Sporting Goods v. David Geoffrey & Association. See 904 F. 2d 677 (Fed. Cir. 1990) p. 684.

② MARTIN J ADELMAN, RANDALL R. REDER, GORDON P KLANCNIK. 美国专利法 [M]. 郑胜利，刘江彬，译. 北京：知识产权出版社，2011：184 – 185.

③ 在我国，审理专利侵权诉讼的法院无权对涉案专利权的有效性做任何表态，该权力被配置给国家知识产权局专利复审委员会。任何人对专利权的有效性都可以向该委员会提出无效宣告请求，该委员会负责审理这类请求，审理程序类似于法院的民事诉讼程序，当事人不服该委员会的决定，可向北京市第一中级人民法院提起行政诉讼，由此介入司法体系。美国法院有权在审理侵权诉讼的同时一并审理专利权的有效性之诉。在德国，专利有效性审理权力由专利法院行使。在这个意义上，有学者提出采用德国的模式，将专利复审委员会改造成专利法院。笔者很赞同这种观点。

④ Bruce M Wexler. Building the Doctrine of Equivalents—Preclusion by Prior Art [J]. Ann. Surv. Am. L., 1991：571.

美国法院在 1999 年 Fiskars, Inc. v. Hunt Mfg. Co. 案和 2000 年 Sextant Avionique, S. A. v. Analog Devices, Inc. 案中，均通过这种规则适用现有技术抗辩对等同原则的限制。[①]

五、等同原则的适用限制之三：公开披露贡献（捐献说）

某项技术方案如果只在专利说明书中披露，但没有纳入权利要求范围，则不属专利保护范围，将失去主张等同原则的权利。此即为公开披露贡献，意思是专利权人将此项技术方案贡献给社会了。既然是贡献（或捐献），如果在以后的侵权诉讼中又对采用该项技术方案的侵权物主张等同侵权，出乎社会公众的预期，则违背了权利人与社会公众之间的"契约"。因此，捐献说构成了对等同原则的限制。尤其是，如果专利权人在说明书中披露了替代实施例，却未将之写入权利要求中，该实施例被贡献给了社会公众。在 1950 年格雷弗油罐制造公司诉林德航空用品公司案中，涉案专利说明书披露了 9 种硅酸脂，包括被诉侵权物所使用的硅酸脂，但权利人只对一种硅酸脂请求保护。虽然美国联邦最高法院多数法官认为构成等同侵权，但 Black 和 Douglas 法官认为应当按照捐献说，不认定等同。

在 2002 年 Johnson & Johnston Associates Inc. v. R. E. Service Co. 一案[②]中，涉案专利涉及对印刷电路板的保护措施，说明书中称为了达到发明效果，可以在铜箔上粘贴一层硬度较大的保护层，理想的保护层材料为铝，其他材料如不锈钢等也可以用来做保护层，但只将铝写进权利要求。被诉侵权物使用不锈钢铁做保护层。联邦巡回上诉法院认为，"专利权人不能通过提交范围狭窄的权利要求的方式规避专利局的审查，在授权专利之后再以'说明书披露了等同物'为由，试图通过适用等同原则来认定侵权。正如 Maxwell 判决所述，如果允许这样的做法，就会鼓励专利申请人提交内容广泛的说明书和保护范围狭窄的权利要求书，以此规避专利局对申请人本来可以提交的较宽权利要求的审查……因此，本案专利权人不能通过适用等同原则将其保护范围扩大到权利要求中没有指明的材料"。在此原则基础上，法院向专利权人指明了出路："在原始专利核准后两年内，专利权人可以通过更新程序申请修改扩大原始权利要求的范围，将原已披露但未写入的技术加以涵盖。专利权人也可以另行申请专利，将原已披露的技术写入权利要求。"后来，权利人采纳后一程序另外提出申请，在文义中包含了该项技术。

---

① 雷艳珍，杨玉新. 美国专利法中的现有技术抗辩 [J]. 电子知识产权，2010 (3)：64 - 68.
② 285 F. 3d 1046 (Fed. Cir. 2002).

可见，捐献说与专利审查过程禁止反悔说像是底部相通的试管，贯通其底部的是专利权人必须信守其与社会公众之间的契约。契约的内容就是权利要求书。在申请专利过程中，权利要求如果过于宽泛，可能会因缺乏新颖性或创造性而得不到授权，此时申请人会选择缩小其权利要求范围以求得到授权；既然自愿做出这种选择，在得到授权后的侵权诉讼中，便不能反悔、重拾舍弃的内容，否则专利权人"两头得利"，有悖公平的法律要义。从这个意义上说，捐献说与专利审查过程禁止反悔说只是从不同的角度对等同原则进行限定，是一枚硬币的两面。

值得注意的是，在该案中，联邦巡回上诉法院的 Rader 法官赞成该案判决，但对得出判决的结论提出了不同的思路。Rader 法官建议采用"可预见规则"。其含义是：等同原则不能囊括专利权人在申请专利时已经可能预见到并且应当将其涵盖在权利要求保护范围之中的技术方案。可预见规则的逻辑是：当所属领域中的技术人员可以预见一项发明应当延伸到的保护范围时，专利文件的撰写者有责任撰写出适当的权利要求来覆盖所有可以预见的各种不同实施方案。遵照这种权利要求撰写出来的权利要求具有更加完备的保护范围，一般情况下依靠相同侵权就足以认定那些过去需要通过等同原则才能认定的侵权行为，从而能够进一步强化权利要求的公示作用。当他人在权利人撰写申请文件尚不能预见非实质变化来规避权利要求文字表达的保护范围时，该规则仍给权利人适用等同原则留下了余地，从而能够给权利人提供有效保护。这样，可预见规则建立了一种更加客观的标准，可以清楚地告诉人们何时才需要适用等同原则。①

2004 年 PSC Computer Prods. , Inc. v. Foxconn Int'l, Inc. 案②中，涉案专利说明书披露了"其他弹性物质"和"浇铸塑料部件"，联邦巡回上诉法院认为，"如果本领域的技术人员通过阅读说明书可以理解披露，但未要求保护的教导，则另一种可供选择的客体就捐献给了社会。但这种披露捐献规则并不意味着，只要专利说明书中提到这种概念就一定将这种概念下所有属概念的内容都捐献给了社会。披露必须足够特定化，达到使本领域普通技术人员可以识别该披露但未要求保护的客体"。本案中，"其他弹性物质"缺乏足够的特定化，不会使其所有属概念产生捐献后果；相反，"浇铸塑料部件"发生了捐献。2005 年 Pfizer, Inc. and Warner - Lambert Company , L. L. C. v. Teva Pharmaceuticals USA, Inc. 案中，涉案专利权利要求中的一个技术特征是"糖类"，其作用是防止水解；说明书在谈到分解剂时提到了微晶纤维素。被诉侵权产品使用微晶纤维素代替了糖类。联

①　尹新天. 专利权的保护［M］. 北京：知识产权出版社，2005：412 - 413.

②　355 F. 3d 1353 （Fed. Cir. 2004）.

邦巡回上诉法院认为，"专利的通告公众功能提醒我们，在未要求保护的客体被认为捐献给社会以前，该客体一定是被专利权人作为权利要求中技术特征的另一种选择而被特定化的"，本案中，微晶纤维素并非被作为权利要求某一技术特征的替代选择而特定化，因此，说明书提及微晶纤维素并未产生捐献效果，可以适用等同原则。至此，我们看到用于限制等同原则的捐献说的缩让，一是说明书披露的种概念，不导致该种概念下所有属概念的捐献；二是权利要求未将在说明书披露的某客体作为技术特征的替代方案予以特定化，也不导致该客体的捐献。

六、反向等同说

美国专利司法中还有 Reverse Doctrine of Equivalents 制度，译成中文就是"反向等同""逆向等同""相反等同"之意。为了从美语的语境中摆脱出来，不如直截了当称之为"不等同"说。其基本含义是，即使被诉侵权物落入专利权利要求的字面范围，如果被诉侵权物已经发生了根本变化，是以与专利技术实质不同的方式，实现与专利技术相同或近似的功能，适用反向等同说可判定侵权指控不成立。[①] 说的就是"不等同"的意思。在 1985 年 SRI International v. Matsushita Electric Corp. of America 案[②]中权利人拥有一项将影像转换为电子信号的单管电视摄影机专利。任何影像都是由红、绿、蓝三种原色光以不同强度比例组成的，如果将扫描影像的光信号经滤镜分解为红、绿、蓝光，并以电子信号分别记录其强度，再将这些电子信号还原为光信号，则影像得以再现。涉案专利是利用两组条状光栅滤镜相互之间的角度差导致扫描时间不同，从而产生不同频率的电子信号，以记录不同原色光的强度。被诉侵权物中也有两组条状光栅滤镜，分别于垂直轴间形成角度相同而方向相反的角度差。从文义读取角度看，被诉侵权物落入涉案专利的保护范围，但被诉侵权物是利用相位差的原理来记录不同强度原色光的电子信号，与涉案专利技术方案实质不同。在审理该案中，联邦巡回上诉法院明确提出了反向等同说："当被诉侵权物与权利要求中的描述完全相同时，其似乎窃取了发明人的贡献，而事实上被诉侵权物在原理上发生了相当大的改变，以至于是以实质不同的方式实现发明的功能时，它就不再是一个侵权物了。"法院还针对举证责任指出，"如果专利权人证实了字面侵权，被诉侵权人可以使用反向等同原则证明不侵权"。

---

① 何晓平．论专利侵权判定中的逆等同原则［J］．知识产权，2011（1）：53.
② 775 F. 2d 1107（Fed. Cir. 1985）．

　　阐述反向等同说，有利于从反面理解等同原则的精神实质。崔国斌认为，反向等同的基本原理与等同原则是一致的：被诉技术方案没有落入权利要求的范围，但如果实质等同则可能认定侵权；相反，如果被诉技术方案表面上落入权利要求的范围，但实质上二者不等同，则可能获得豁免。反向等同说揭示了专利制度对于权利要求语言描述的"矛盾"态度：一方面，允许权利人在权利要求文字表述中使用具体方案名词的上位概念，用以拓展权利人的垄断范围；另一方面，不得不承认社会对于上位概念范围的理解可能会随着技术的更新发生急剧变化，这将导致权利要求字面意思所覆盖的范围中的某些部分完全偏离发明方案的基本原则和中心。这时，若仍从法律上支持权利人对于语义上相同但实质不同的技术方案拥有垄断权，将严重损害后续创新者的积极性，阻碍技术进步。反向等同说就是对这种可能出现的扭曲情况的矫正。①

　　上文指出，如果等同判断的基准时间为涉嫌侵权行为发生的时间，就意味着，专利权人将在专利有效期内垄断着与专利等同的技术，而不论是否由新技术导致的替代。反向等同说似乎与此逆向而动，但其实不然，反向等同说是伴随功能性权利要求出现的。美国在 1952 年修订专利法时，规定允许申请人在权利要求中采用功能性权利要求。该专利法第 112 条第 6 款规定，对于针对组合的权利要求来说，其特征可以采用"以实现某种特定功能的结构或者步骤"的方式来撰写，而不必写出实现其功能的具体结构、材料或者操作顺序。将这种功能性权利要求理解为覆盖了所有能够实现该功能或者效果的具体实施方式显然是不恰当的，功能性权利要求的字面范围与发明本意存在某种程度上的脱节。反向等同说针对这种情形应运而生，从近年来美国法院的有关案件来看，除了针对功能性权利要求的情形以外，基本没有因适用反向等同说而认定不侵权的案件。②

第三节　德国、日本专利法中的等同原则

一、德国

　　1978 年以前，德国专利法上权利要求解释理论中存在两种等同：明显的等同和非明显的等同，有时也称为"技术上的等同"和"专利法上的等同"。明显的等同或称技术上的等同，是指对于本领域普通技术人员来说，

---

　　①　崔国斌. 专利技术的等同比较［J］. 北大知识产权评论，2002（1）：90.
　　②　闫文军. 专利权的保护范围：权利要求解释和等同原则适用［M］. 北京：法律出版社，2007：151.

在专利申请时不需要经过特别考虑就可以看出被诉侵权物中采用了与专利发明具有同一效果的技术解决手段。非明显的等同或称专利法上的等同，是指被诉技术与专利技术相似，虽然没达到明显等同的程度，但本领域普通技术人员经过努力不是不能想到的。①

自从 1978 年德国按照《欧洲专利公约》的规定修改了专利法，德国联邦最高法院根据专利法审理的案件中很多涉及等同原则。2000 年《欧洲专利公约》进行了修改，《关于解释欧洲专利公约第 69 条的议定书》第 2 条明确地使用了"等同"概念并指出：在确定欧洲专利的保护范围时，必须适当地考虑与权利要求书所描述的特征等同的特征。德国现在比较一致的看法认为，对等同原则做是否"明显等同"的划分并不重要，关键是判断是否缺乏创造性。具体而言，是判断本领域普通技术人员在权利要求书所述技术方案的基础上，结合说明书，能否得出被诉侵权物是显而易见的。②

德国联邦最高法院在司法实践中，提出了"三步骤"方法来审查被诉物是否等同侵权。一是"不同技术手段下基本相同的技术效果"审查。即判断适用不同的技术手段是否达到了基本相同的技术效果。如果不同的技术手段实际上基本相同地解决了受保护发明所提出的技术问题，则存在基本相同的技术效果。③ 二是"可发现性"审查。即判断普通专业人员为解决受保护发明所提出的技术问题，根据其普通专业知识能否发现被诉的实施方式所使用的不同技术手段。如果是普通专业人员还需要创造性活动才能发现的，则被诉的技术方案就不是受保护的专利的等同物，不构成侵权。三是"技术方案的等值性"审查。即考察普通专业人员为发现被诉的技术方案所使用的不同技术手段所做的思考是否指向受保护的技术方案。④ 在解决某一技术问题时，普通专业人员面对被诉的技术方案和专利技术方案这两种选择，是否将其作为等值的替代物；换句话说，两者是否可选一个而不影响技术效果。如果被诉的技术方案虽然具有基本相同的技术效果，但是放弃了专利技术方案所追求的具有决定意义的优点，则两者不等值。⑤

技术方案的等值性审查是德国联邦最高法院在 2002 年切纸刀（Cutting Knife）案⑥中提出的。该案中，涉案专利权利要求中载明切纸刀刀片与切

---

① 松本重敏. 专利发明的保护范围：新版［M］. 有斐阁，2000：144.

② 尹新天. 专利权的保护［M］. 北京：知识产权出版社，2005：420.

③ BGH（德国联邦最高法院）GRUR 1987，282 – Befestigungsvorrichtung.

④ BGH（德国联邦最高法院）GRUR 2002，512 – Kunststoffrohrteil；2002，517 – Schneidmesser I；2002，519 – Schneidmesser II；2002，523 – Custodiol I；2002，527 – Custodiol II.

⑤ 范长军. 德国专利法研究［M］. 北京：科学出版社，2010：121 – 122.

⑥ BGH（德国联邦最高法院）GRUR 2002，511.

割面的角度为 10～22 度，最好为 16 度，刀片纵轴与底面呈 9～12 度的锐角。被诉侵权的刀片设定的角度为 8 度 40 分，不在权利要求的字面范围内。德国联邦最高法院认为，虽然数值限定的含义是明确的，但如果本领域技术人员在专利优先权日认为该数值限定对于发明而言并非关键性的技术特征，该数值仍可以具有一定的弹性。本案中，本领域普通技术人员不会认为刀片呈 9～12 度的锐角具有关键性意义。从专家证人的角度看，被诉侵权刀片的角度与权利要求限定的刀片的角度可以产生同样效果，即具有等值性。因此，联邦最高法院维持了二审法院关于构成等同的判决。

本案中，关于刀片角度的数值下限 9 度是在专利审查过程中增加的，但法院拒绝参考专利审查过程对权利要求进行解释，坚持认为这不导致在此数值下限之外的实施行为不等同。法院还指出，《欧洲专利公约》在 2002 年修改时，没有增加参考专利审查过程的条款，以此来支持自己的等同认定。这点也与美国专利判例中的禁止反悔原则不同。事实上，《欧洲专利公约》第 69 条规定解释权利要求时可以参考说明书和附图，但不允许参考专利审查、异议和无效宣告诉讼过程的记录。在德国，除非被诉侵权人本身就是异议程序的申请人，其在异议程序的参与中听到了专利权人对专利保护范围的限定主张，并在信赖该主张的前提下开始之后的行为，这种情况下专利权人被禁止发言。其法理依据实际上是民事诉讼中的诚实信用原则，而非专利法上的禁止反悔原则。与异议程序无关的人被剥夺主张禁止反悔抗辩的权利。①

德国法院一般认为应当以申请日（优先权日）作为等同判断的基准时间，此点不同于美国以侵权行为日为基准时间，也就是说，根据专利申请日的技术水准判断是否构成等同。德国法院曾在案例中认定，用专利申请时不存在的合成物质将权利要求中的技术特征进行替换也构成等同。理由是，虽然在专利申请日不存在这种新材料，但是可以根据专利申请日的技术水准对新材料替换进行判断。②

德国法院关于现有技术抗辩的司法规则与美国基本相同，只有权利人指控被诉侵权物与专利等同的情况下，被诉侵权人才能启动现有技术抗辩。主要考虑被诉侵权物与现有技术之间的近似性。近似性等于无创造性，其判断需要进行发明创造性判断。③

---

① 君岛祐子. 等同原则的日德比较［M］//日本知识产权研究所. 关于专利权利要求解释的研究报告书：二，2004：71.

② 田中伸一郎. 德国判例的动向［M］//日本知识产权研究所. 关于专利权利要求解释的研究报告书，2002：60.

③ 杨志敏. 专利侵权诉讼中"公有技术抗辩"适用之探讨——中、德、日三国判例、学说的比较研究［M］//专利法研究. 北京：知识产权出版社，2003：74.

进入 21 世纪后，德国法院在确定专利保护范围的过程中，发明的技术引导起着非常重要的作用，特别是在进行等同判定时。2002 年，联邦最高法院对"塑料管"（Plastic Pipes）案、"切纸刀"案、"库司托陡"（Cus-todiol）案等的判决，都清楚地表明法院仍然将充分回报发明人作为保护专利的主要理由，坚定地为专利权人提供宽泛的专利保护范围。[①]

二、日本

日本实施专利制度已经有一百多年的历史了，但日本法院和许多学者认为等同原则不适用于本国。基于这种认识，日本法院在 1998 年之前的司法实践中采用等同原则的案例凤毛麟角。首次承认等同原则的案例是 1961 年大阪地方法院的"发泡性"（polystyrol）案件。法院在判决中指出："等同物和等同方法是指，从发明的技术思想中可以看出的物质或者方法，与发明的技术要素具有相同的功能，置换后仍能产生相同的作用效果，也就是说具有置换可能性，并且这种置换在专利申请时具有平均技术水平的技术人员是容易推导出来的。在符合上述条件的情况下可以认为与专利发明具有同一性。"

该案之后至 1998 年"无限折动用滚珠花键轴承"案期间，日本法院涉及等同的判决不少，虽然没有直接否定等同原则，但将运用等同理论进行分析后得出的结果往往是不等同。[②] 日本法院坚持认为，只有在满足以下条件的情况下才有必要考虑是否构成等同侵权的问题，如权利要求撰写不当，导致其保护范围过窄，若不适用等同原则将给专利权人带来不公平的结果。在其他案件中，一旦专利权人请求适用等同原则，法院就会认为专利权人已经承认不存在相同侵权，并通常以避免造成法律不确定性为由拒绝考虑等同侵权问题。

20 世纪 90 年代以后，日本法院在等同原则问题上开始变得主动积极。1994 年东京高等法院在"无限折动用滚珠花键轴承"案判决、1996 年大阪高等法院在"重组人体组织血浆酶原催化剂"案中均认定等同成立。[③] 根据闫文军的统计，从 1998 年 2 月到 2005 年 10 月，地方法院判决涉及等同的案件 112 件，高等法院判决涉及等同的案件 69 件（其中 35 件为上述 112 件案件的上诉审理），总计为 146 件。其中判定等同的为 11 件，约占

---

① 何晓平. 专利等同侵权研究 [D]. 西南政法大学，2009：48.
② 尹新天. 专利权的保护 [M]. 北京：知识产权出版社，2005：424；闫文军. 专利权的保护范围：权利要求解释和等同原则适用 [M]. 北京：法律出版社，2007：242.
③ 竹田捻. 我国有关等同原则判决的动向 [M] // 日本知识产权研究所. 关于专利权利要求解释有关的研究报告书，2002：37.

全部案件数的 7.5%。①

1998 年，日本最高法院在"无限折动用滚珠花键轴承"一案中提出适用等同原则的"五要件"，受到了极大关注。② 尽管最高法院分析了等同原则的法理，然后否定了该案与等同原则有关，但该案的意义重大，它宣告了日本法院对等同原则的明确肯定。自此之后，日本学术界不再停留在是否应当适用等同原则，而是讨论如何适用该原则。自此之后，"五要件"成为日本法院适用等同原则的基本准则。

在"无限折动用滚珠花键轴承"案中，日本最高法院认为，即使被诉产品的构成内容与发明的权利要求所记载的内容有差异，但该差异属于以下情形，则可以认为该被诉产品的构成内容等同于发明的权利要求记载的内容：①不同部分不是发明的本质部分（下文所要分析的"非本质部分"）。②将不同部分置换成被诉产品的相关内容，也能达到专利发明的目的，具有相同效果（下文所要分析的"可置换性"）。③如果上述置换对发明所属技术领域的一般知识者而言，在制造被诉产品时是能够轻易联想到的（下文所要分析的"容易置换性"）。④被诉产品与提出专利申请时的现有技术不同，本领域技术人员在发明专利被申请时不容易推导得出（下文所要分析的"非现有技术"）。⑤被诉产品不属于在专利申请程序中被有意识排除在权利要求之外，但还是可以看出被诉产品的构成等同于专利权利要求所记载的内容（下文所要分析的"禁止反悔"）。

1. 非本质部分

2000 年东京地方法院在"生海苔异物分离除去装置事件"判决中论述："前面所说的专利发明的本质部分，是指专利发明的构成中，成为该专利发明特有课题解决手段的基础的特征部分。也就是说，如果这一部分被其他构成要件替换，从整体上看，将与该专利发明的技术思想不同……应当认为，在专利权利要求记载的构成中，作为专利发明的特有解决手段的基础的技术思想中心的特征部分，就是专利发明的本质部分。被控侵权物如果与这一本质部分存在差异，则是专利发明的实质价值所涵盖不了的，应当说不能认为与专利发明的构成相等同。"从法理上讲，他人基于与专利发明相同的技术思想进行的设计，一般会被认为属于专利的保护范围；而根据与专利不同的技术思想做出的设计，如果也被认定属于专利的技术范围，将损害社会公众的合理预期。因此，这种认定规则保护了社会公众的合理预期，限制了等同原则的不恰当扩展。按照这种逻辑，日本法院在认定专利发明的本质部分时，以说明书的记载内容和现有技术为基

---

① 闫文军. 专利权的保护范围：权利要求解释和等同原则适用［M］. 北京：法律出版社，2007：281.

② 最判平成 10.2.24 民集 52 卷 1 号：113.

础，并参考涉案专利的申请过程中权利人的相关表态进行判断。在上述案件中，东京地方法院指出："必须将专利发明与在先技术进行对比，以确定课题解决手段的特征性原理，看被控侵权物的解决手段与专利发明的解决手段是属于实质相同的原理，还是属于不同的原理，这样进行判断。"①

2. 可置换性

原东京高等法院法官牧野利秋指出："可置换性，就是对于专利发明的目的和作用效果是否相同的判断。在对作用效果是否相同进行判断时，有必要看说明书中记载的作用效果是否存在于实际上构成专利说明的技术手段所具有的特定的作用效果中。现在的说明书，有的没有记载上述特征的作用效果，只记载了即使使用其他技术手段也可以达到的抽象的作用效果，实际上不少情况下记载的作用效果是在先技术可以实现的。按照上述记载的作用效果为基础进行判断，将不恰当地扩大等同的范围，这是不允许的。"② 该观点的要义是，判断作用效果是否可置换，必须结合说明书，剔除现有技术。关于可置换性判断的基准日问题，日本理论界和实务界都认为不必予以考虑。饭村敏明法官指出，在判断可置换性时不宜确定基准时间，因为这一要件是根据专利发明的技术思想以及原理和原则进行判断的，没有考虑时间问题的余地。③ 任何事情都有空间、时间之维，所谓没有考虑时间的余地，实乃无须以某个时间点为基点进行设身处地的考虑，而是以实体判断之时的分析论证为准，就是涉嫌侵权行为发生之时。

值得注意的是，关于作用效果是否具有可置换性，日本专利法实务界还作定性判断抑或定量判断的区分。从哲学的观点看，被诉侵权物与专利发明的作用效果完全相同的情况是不存在的，那么，到底作用效果的相同程度要达到什么高度才足以认定具有可置换性呢？日本专利代理人小谷悦司指出，如果发明是开拓性的，则应注重定性的作用效果；如果发明是改进性的，则应注重定量的作用效果。也就是说，对于以质的作用效果为本质的发明，以定性的作用效果为尺度进行可置换性判断；对于以量的作用效果为本质的发明，则以定量的作用效果为尺度进行可置换性的判断。④

---

① 闫文军. 专利权的保护范围：权利要求解释和等同原则适用 [M]. 北京：法律出版社，2007：287.

② 牧野利秋. 裁判实务大系27，青林书院，2001：447–448. 转引自小谷悦司. 最高法院滚珠花键案提出的等同原则适用要件（1）和（2）的意义以及今后的课题 [M] // 村林隆一，小谷悦司. 专利审判中的等同原则——日美欧的比较，经济产业调查会，2003：24.

③ 饭村敏明. 专利侵权诉讼中权利要求解释及最近审理的变化 [J]. 民事法情报，2002（195）.

④ 小谷悦司. 最高法院滚珠花键案提出的等同原则适用要件（1）和（2）的意义以及今后的课题 [M] // 村林隆一，小谷悦司. 专利审判中的等同原则——日美欧的比较. 经济产业调查会，2003：15.

1969 年"尼龙带扣拉链"案中，涉案专利是用一边是钩另一边是圈的设计替换了拉链中钩与钩的设计，形成了具有容易系合又不易剥离的支持体的拉链。被诉侵权的拉链的支持体也具有容易系合又不易剥离的特点，但一面的支持体是蘑菇状小片，另一面的支持体是与专利相同的圈。大阪地方法院认为，被诉侵权物使用蘑菇状小片代替了专利中的钩，而钩和蘑菇状小片都是在先专利已公开的内容，钩与蘑菇状小片的置换对于本领域技术人员而言来说是容易的。并且，这两者置换后，与另一支持体圈形成的设计，在作用效果上是相同的。因此，法院认为这是等同置换。法院主要考虑了定性方面的作用效果，也就是说，钩与蘑菇状小片的替换并未改变拉链容易系合又不易剥离的特点。然而，二审中，被诉侵权人提交了双方各自产品的抗剥离性试验报告：被诉产品的抗剥离性比专利产品高六七倍。大阪高等法院认为，被控侵权物与专利发明的抗剥离性有显著差异，故两者作用效果不同，不认定为等同。① 被诉产品在技术进步的"量"方面有改进，因此得到了放行。

3. 容易置换性

日本专利法第 29 条第 2 项规定，在专利申请前该发明所属领域的普通技术人员以没有新颖性的技术为基础，能够容易做出的发明，不能授予专利权。所谓没有新颖性的技术，指日本国内外公知的、公开实施的或出版物上公开出版的，以及国内可能通过电信等手段可以利用的发明。在 1998 年"符合装置系统"案中，东京地方法院认为，容易想到的程度，与专利法第 29 条第 2 项所规定的"以公知的发明为基础'能够容易做出的发明'"不同，它指的是对本领域任何技术人员来说，可以容易地认为与专利权利要求明示记载的内容相同。前述 1969 年"尼龙带扣拉链"案中，大阪地方法院的论述也基本与此相同。判断容易置换性与判断可置换性思路一脉相承，都是紧扣专利权利要求的内容进行。关于容易置换性的判断主体，日本专利法与美国、德国并无二致，正如最高法院在"无限折动用滚珠花键轴承"案中提出的，是"发明所属领域普通技术人员"。对此，中山信弘有一段精彩的论述："发明所属领域普通技术人员应当有什么技术水平？……专利侵权不只是发生在制造环节，销售等也可能构成侵权。在这种情况下，就会产生一个问题，专利所属领域普通技术人员是否包括销售者在内的平均水平的人？假设等同原则只是为了排除高度恶意侵权者，就可以将专利所属领域普通技术人员因每个具体侵权案件而做不同解释……但是，这种观点并不合适，将专利制品的销售者、使用者都考虑在

① 闫文军. 专利权的保护范围：权利要求解释和等同原则适用［M］. 北京：法律出版社，2007：293.

内，从法律的稳定性的观点看，应当为专利制度设计一个一致的判断标准，而最适当的标准应是普通工程师的水平。因此，即使对于技术水平较低的销售者，也应当适用普通工程师的标准。"

关于容易置换性的基准时间，最高法院在"无限折动用滚珠花键轴承"案中认为应是"被诉侵权产品制造时"。该基准时间的认定与"可置换性"判断的基准时间是一致的。最高法院的观点是："在专利申请时预想到将来所有的侵害形态并记载在专利权利要求书中是极其困难的，如果他人用专利申请后知悉的物质、技术等将专利权利要求中的部分技术特征置换，从而使专利权人要求他人停止侵害等权利无法行使，这将极大挫伤公众的发明欲望，违反专利法通过保护和奖励发明实现产业发展的目的，而且会产生违反社会正义和公平理念的结果。"对此规则的诟病是，它将后人努力的技术改进成果无缘无故地落入专利保护范围，而这个范围是权利人在申请专利之初未曾预见的。中山弘信认为，即使重视专利权利要求的公示功能，侵权人在侵权时也可以根据当时的各种具体情形做出是否实施被诉技术的判断，也就是说，以侵权时作为容易置换性的判断基准时间并无不妥。考虑到国际趋势，这个基准时间更合适。[①]

4. 非现有技术

即被诉产品与提出专利申请时的现有技术不同，本领域技术人员在发明专利被申请时不容易推导得出。关于是否"容易推导得出"，日本学者普遍将其专利法第29条第2项的规定视为技术进步的标准，符合该法条设定的标准，"该发明所属领域的普通技术人员以没有新颖性的技术为基础，能够容易做出的"，即为"容易推导得出"。与美国、德国不同，不但权利人在主张等同侵权时被诉侵权人可以提出现有技术抗辩，而且权利人在主张相同侵权时，被诉侵权人也可以提出现有技术抗辩。在等同侵权的情况下，如果被诉侵权人能够证明其实施的技术是现有技术，法院直接认定权利人的侵权指控不成立，但对涉案专利权的有效性不表态；在相同侵权的情况下，如果被诉侵权人能够证明其实施的技术是现有技术，涉案专利权存在明显无效的理由，法院则可以以权利滥用为由认定权利人的侵权指控不成立。日本学者认为，在相同侵权和等同侵权的情况下，专利权人的主张责任是不同的。权利人如果主张相同侵权，涉案专利权有效是前提，被诉侵权物不属现有技术也是前提，其无须主张被诉侵权物不属现有技术；权利人如果主张等同侵权，涉案专利权有效是前提，但得不出被诉侵权物不属现有技术的结论，此种情况下，权利人负有证明被诉侵权物不属现有

---

① 中山弘信. 工业所有权法：上［M］. 弘文堂，2000.

技术的责任。① 但司法实践中，日本法院在分配举证责任时，是先把现有技术抗辩的举证责任分配给被诉侵权人，而非倒置举证责任。在 2000 年"固定门窗用折叶"案中，大阪地方法院就以"没有证据证明，被诉侵权物与本实用新型申请时的现有技术或本领域普通技术人员从现有技术中容易推导出的技术相同"为由，认定符合"非现有技术"这一要件。

5. 禁止反悔

即被诉产品不属于在专利申请程序中被有意识排除在权利要求之外。当某种技术方案在专利申请时已经存在并且可以用于与专利技术置换，权利人在申请专利时却没有将之纳入权利要求的范围之内，如何判断是否被权利人"有意识地排除"？日本理论和实务界选择了一个较为公允的做法，仍是以本领域的普通技术人员为基准。如果在专利申请当时，按照本领域的普通技术人员的水准，将包含某可置换技术特征纳入权利要求是容易做到的，而权利人没有这样做，则应认定属权利人有意识排除。禁止反悔的对象不只是权利人对权利要求书和说明书的补正内容，也包括权利人在申请过程以及无效审查过程中的意见书和答辩书。权利人对权利要求书和说明书的补正内容，一种情形是为了规避拒绝理由而进行的补正；另一种情形是非因规避而进行的补正，属权利人的自我过度限缩。为规避拒绝理由产生的补正内容，显然不能成为侵权诉讼过程中的等同要求，否则权利人两头得利，有悖公平。2000 年"车椅子"案中，专利权利要求最初为"前下端为能够锁定椅子本体的支持装置"。后来为规避专利局的拒绝理由，被修改为"前下端为孔与插入孔中螺栓相结合能够锁定椅子本体的支持装置"。名古屋地方法院认为，专利权利要求中的支持装置只限于"孔与插入孔中螺栓相结合"的装置，被诉侵权物相应的结构为大头针状棒形材料的支持装置，被排除在外，不应认定为等同。权利人自我限缩导致的补正内容，一般也遭受上一种补正的命运。在 2000 年"支持真柱建筑法"案中，东京高等法院就将权利人自我限缩导致的补正内容作为禁止反悔的理由。②

---

① 松本悟. 与等同原则有关的考察：二 [J]. 知财管理，2003（2）：169.
② 关于最高法院判决中"非公有技术和意识除外"要件的报告 [R] //日本专利代理人协会中央知识产权研究所研究报告第 11 号《等同原则》，2002 - 12 - 31.

第四节　中国专利法中的等同原则

一、司法解释确定的规范要素

2001 年，最高人民法院颁布实施《关于审理专利纠纷案件适用法律问题的若干规定》。该司法解释围绕专利权利要求的范围，提出了认定等同的若干条件：①被诉侵权物与专利技术特征以基本相同的手段实现基本相同的功能，达到基本相同的效果；②三项"基本相同"为本领域的普通技术人员无须经过创造性劳动就能够联想到的。其基本精神与美国专利法的等同认定是一致的。"等同原则扩大的不是权利要求的范围，而是专利权的保护范围。专利的权利要求并不因为人民法院适用了等同原则而有所改变……专利权保护范围的扩大不宜笼统地以该权利要求的等同物来确定，而须根据权利要求书中明确记载的必要技术特征的等同特征进行确定。"[①] "所谓普通技术人员，是一个抽象的概念，应当以侵权发生期间该专利所属领域的平均知识水平为标准衡量，是指具有该技术领域中的一般知识和能力的技术人员，既不是该领域的技术专家，也不是不懂技术的人……本领域的普通技术人员无须经过创造性劳动就能够联想到，或者说对本领域的普通技术人员是显而易见的。这时认定构成等同的主观标准。"[②] "无须经过创造性劳动就能够联想到"，或者说"显而易见"，实质是指对社会而言没有技术进步增量的劳动。

2001 年，北京市高级人民法院颁布《关于审理专利侵权判定若干问题的意见（试行）》。[③] 该《意见》用了 15 个条文对等同原则及其适用做了比较全面的规定。其要点是：①吸纳先前提出的"手段—功能—效果"三要素判断方法。②提出"等同物应当是具体技术特征之间的彼此替换，而

①　最高人民法院民三庭. 如何理解最高人民法院关于专利（2001）法释字第 21 号司法解释（17）.

②　最高人民法院《关于审理专利纠纷案件适用法律问题的若干规定》条文释义［M］// 曹建明. 新专利法司法解释精解，北京：人民法院出版社，2002.

③　目前中国的法院系统尚未有专门的专利法院设置，但由于国家专利局专利复审委员会在北京第一中级人民法院和北京高级人民法院管辖地域内，因专利申请、复审问题不服专利复审委员会的决定而提起的诉讼由该两级法院管辖，因此，该两级法院实际上行使着类似德国专利法院的职能。该两级法院地位特殊，其出台的实施意见当然也具有非同凡响的影响力。参见中华人民共和国最高人民法院民事审判第三庭. 知识产权审判指导与参考：第 4 卷［M］. 北京：法律出版社，2002：306 – 307。

不是完整技术方案之间的彼此替换"，将最高法院《若干规定》中隐含的全要件说予以细则化，即：等同不是技术方案之间的"整体等同"，而是要落实到权利要求的各项具体技术特征上来。③明确等同判断的主体为本领域普通技术人员，基准时间为侵权行为发生之时。④明确判定被控侵权物中的技术特征与专利权利要求中的技术特征是否等同，以侵权行为发生的时间为界限。⑤明确了禁止反悔说对等同原则的限制。

2009 年，最高人民法院颁布实施《关于审理侵犯专利权纠纷案件应用法律若干问题的解释》。该司法解释对等同原则的适用规则又做了进一步的明确和完善：①全面覆盖说。只要被诉侵权技术方案的技术特征包含了专利权保护范围的技术特征，即认定其落入了专利权的保护范围。被诉侵权技术方案是否包括其他增加的技术特征，在所不问。②禁止反悔说。①专利权人对其在授权或无效宣告程序中已放弃的内容，不能通过等同原则的适用再纳入专利权的保护范围。为增强操作性，该条强调的是，专利申请人、专利权人客观上所做的限制性修改或者意见陈述。至于该修改或者陈述的动因、与专利授权条件是否有因果关系以及是否被审查员采信，均不影响该规则的适用。③捐献说。对于说明书记载而权利要求未记载的技术方案，视为专利权人将其捐献给社会公众，不得在专利侵权诉讼中主张上述已捐献的内容属于等同特征所确定的范围。之所以如此规定，是考虑到以下情形：专利申请人有时为了容易获得授权，权利要求采用比较下位的概念，而说明书及附图又对其扩张解释。专利权人在侵权诉讼中主张说明书所扩张的部分属于等同特征，从而不适当地扩大了专利权的保护范围。实际上，这是一种"两头得利"的行为。专利制度的价值不仅要体现对专利权人利益的保护，同时也要维护权利要求的公示作用。因此，捐献规则的确立，有利于维护权利要求书的公示性，平衡专利权人与社会公众的利益关系。②

2013 年，北京市高级人民法院颁布《专利侵权判定指南》（以下简称《指南》）。③ 该指南的重头戏是对等同特征的判断做了详细规定：①首次明确了等同特征"三基本"（即基本相同的手段、功能、效果）的内涵及判

---

① 长期以来，人们一直将禁止反悔原则作为等同规则体系的组成部分。有学者认为，与其将禁止反悔原则作为等同原则的一种限制——这种限制也许只是巧合——还不如将其作为一项独立的侵权判定原则，独立发挥其作用和功能。参见黎运智．论专利禁止反悔原则的独立性［C］// 北京大学英杰交流中心．中国高校知识产权研究会第七届常务理事会暨第十四届年会论文集．2008：191－196.

② 加强专利权保护，促进自主创新和科技进步——最高人民法院知识产权庭负责人就《关于审理侵犯专利权纠纷案件应用法律若干问题的解释》答记者问［N］．人民法院报，2009－12－29.

③ 北京市高级人民法院出台《专利侵权判定指南》［N］．中国知识产权报，2013－10－16.

断方式，纠正了以往等同特征判断简单粗放的方式。对于基本相同的效果，用"无实质性差异"来定义，并针对实践中的"变劣"替换，将替换手段不属于明显提高或者降低也归入"无实质性差异"类中。对于无须经过创造性劳动就能够想到的替换特征，强调其显而易见性。②在继续摒弃"整体等同"，坚持"技术特征一一对应"的前提下，认为等同特征可以是权利要求中的若干技术特征对应于被诉侵权技术方案中的一个技术特征，也可以是权利要求中的一个技术特征对应于被诉侵权技术方案中的若干技术特征的组合。但是，如果多个等同特征的叠加导致被诉侵权技术方案形成了与权利要求技术构思不同的技术方案，或者被诉侵权技术方案取得了预料不到的技术效果的，则不认定构成等同侵权。③等同判断的基准时间仍为侵权行为发生日，并强调申请日后出现的、工作原理与专利技术特征不同的技术特征，属于侵权行为发生日显而易见的替换特征，也可以认定为基本相同的手段。④禁止反悔说。《指南》进一步规定，专利申请人或专利权人限制或者部分放弃的保护范围，应当是基于克服缺乏新颖性或创造性、缺少必要技术特征和权利要求得不到说明书的支持以及说明书未充分公开等不能获得授权的实质性缺陷的需要；专利申请人或专利权人不能说明其修改专利文件原因的，即可以推定其修改是为克服获得授权的实质性缺陷。专利权人的放弃必须是明示的，而且已经被记录在书面陈述、专利审查档案、生效的法律文书中。禁止反悔的适用以被诉侵权人提出请求为前提，由其举证，法院不主动适用。⑤捐献说。《指南》进一步规定，专利权人在说明书中明确排除的技术方案，或者仅在说明书或者附图中描述而在权利要求中未概括的技术方案，视为专利权人放弃了该技术方案，专利权人以此主张等同侵权的，不予支持。⑥对功能性特征和数值型技术做明确规定。对于功能性特征，"三基本"具体化为功能—结构—步骤，即被诉侵权技术方案不但实现了相同的功能，而且实现该功能的结构、步骤与专利说明书中记载的具体实施方式所确定的结构、步骤等同的，应当认定构成等同特征；并且等同的判断的基准时间不是侵权行为日，而是专利申请日。对数值型技术方案，如果相对应之数值不同的，不认定构成等同；除非专利权人能够证明被诉数值在技术效果上与专利数值无实质差异，则另当别论。

二、典型案例的适法实践

专利等同原则是实践性强的司法原则，其规范要素很多通过典型案例体现出来。2010 年最高人民法院颁布实施《关于案例指导工作的规定》，开始定期确认并公布具有指导意义的案例，着手建构具有中国特色的"判例法"体系，以弥补成文法的不足。因此，典型案例尤其是最高法院公布的指导案例中适用等同原则的司法实践，有丰富的研究价值。

案例1：2001年"机械奏鸣装置音板成键方法及其设备"案①

被诉侵权物和专利主体相同，都是一种机械奏鸣装置音板的成键设备，都采用塔状割刀组的每片磨轮始终嵌入导向板或者防震限位板的平行、均布、等宽的梳缝槽内做往复运动，以实现将盲板加工成规定割深的音键。就被诉侵权物的成键设备来说，其与专利权利要求相对应的五个技术特征相比，1、2、4、5四个特征完全相同，与特征3的区别在于：被诉侵权设备的盲板不是固定在防震限位板上，而是另增加一个工件拖板，盲板固定在工件拖板上。就被诉侵权的成键方法来说，其与专利权利要求相对应的三个技术特征相比，1、2两个特征完全相同，与特征3的区别在于：被诉侵权的成键方法，其盲板不是夹固在防震限位板上，而是夹固在工件拖板上。江苏省高级人民法院认为，就形式结构而言，涉案专利权利要求书中记载的导向板与被诉侵权物中的限位装置相同。但是，被诉侵权物中的限位装置缺乏专利技术导向板固定盲板的必要技术特征，改变了其在设备中的位置及其与其他部件的结合关系，从而使切割方法也不同，且由此导致其在使用目的、作用、效果上的不同。故被诉侵权物中的限位装置与涉案专利的导向板不属于等同技术的替代。同时，由于专利说明书已明确将盲板不固定在导向板上而是呈悬臂状腾空地接受旋转刀片的割入加工排除在权利要求之外，所以，被诉侵权物不落入专利保护范围。

最高人民法院认为，被诉侵权的产品和方法与专利相比，在工作原理、方法上是一致的。导向板和防震限位板这两个重要零件的主要工作面的结构形状是相似的。二者技术特征的不同之处，对于具有机械专业知识的普通技术人员来说，不需要创造性的劳动就能实现。因此，可以认定二者在技术手段上基本相同。专利中的导向板和被诉侵权物中的防震限位板这两个重要零件的主要功能基本一致，可以认为二者所要实现的功能基本相同。特别是当把被诉侵权物中的防震限位板与工件拖板作为一个整体来看时，其功能与专利中的导向板并无实质性不同，被诉侵权物将工件固定在工件拖板上，而不固定在防震限位板上，相对于专利将工件固定在导向板上来说，不利于削弱工件的加工震动。专利中导向板具有工件（盲板）支撑功能，有利于削弱工件的加工震动，提供加工质量，但并非被诉侵权

---

① 宁波市东方机芯总厂诉江阴金铃五金制品有限公司专利侵权纠纷案，参见最高人民法院(2001) 民三提字第1号民事判决书。

物中的防震限位板不具有减震效果或者减震效果根本不同。据此，可以认为二者所要达到的技术效果也是基本相同的。此外，查阅涉案专利的申请文件，盲板固定在防震限位装置上这一必要技术特征，并不是专利权人为了获得专利授权而在审查员的建议下特别进行修改的，故也不属于禁止反悔的情况。因此，被诉侵权物以将专利中固定盲板和导向为一体的导向板的一个技术特征，分解为分别进行固定盲板和导向的防震限位板和工件拖板两个技术特征相替换，属于与专利权利要求中的必要技术特征以基本相同的手段，实现基本相同的功能，达到基本相同的效果的等同物，落入涉案专利的保护范围。

最高人民法院特别指出，原判决的错误在于，在认定等同物替换的侵犯专利权行为时，对被诉侵权物和方法的效果与专利的效果进行比较是必要的。但在比较二者的效果时，不应强调它们之间完全相同，只要基本相同即可。有时专利的效果要比被控侵权物和方法的效果好，有时可能是相反的情况，都不影响对侵犯专利权行为的判断。甚至出现被诉侵权的产品和方法的效果比专利效果稍差的情形，则属于改劣实施，改劣实施也是等同替换的表现形式之一。原审法院忽略了改劣实施这一情况，过于强调被诉侵权物和方法与专利在效果方面的相等性，也与等同判断原则相悖。

案例2：2005年"混凝土薄壁筒体构件"案[①]

被诉侵权物与涉案专利均为混凝土薄壁筒体构件，由筒管和封闭筒管两端的筒底组成。不同之处在于：专利筒管以至少二层以上的玻璃纤维布筒叠套而成，各层玻璃纤维布筒之间由一层硫铝酸盐水泥无机胶凝材料或铁铝酸盐水泥无机胶凝材料相黏结，筒管内腔表面与外柱面亦分别覆盖有一层硫铝酸盐水泥无机胶凝材料或铁铝酸盐水泥无机胶凝材料。被诉侵权物的筒管管壁的内部结构为两层水泥无机胶凝材料夹着一层玻璃纤维布，筒底壁不带玻璃纤维层。大连市中级人民法院认为，从手段上看，被诉侵权物和专利都是在水泥无机胶凝材料之间增设玻璃纤维布，本质都是在水泥层之间增加了玻璃纤维布结构，一层与二层只是数量的差别，这种差别不是质的变化，所以，两者的手段基本相同。从功能上看，两者增设玻璃纤维布层都起到了增强薄壁强度的功能作用，特别是起到增加薄壁受力变形拉伸强度的功能。从效果上看，两者都是有效地减少了筒体的重量及楼层面的重量，效果基本相同。通过以上比较，可以看出，该领域的普通技

[①]　大连仁达新型墙体建材厂诉大连新益建材有限公司专利侵权纠纷案，参见最高人民法院(2005)民三提字第1号民事判决书。

术人员可以根据需要选择玻璃纤维的层数且不引起功能的本质变化，这种
结构的变化无须经过创造性劳动就能想到，并达到基本相同的效果。所
以，被诉侵权物在手段、功能、效果上，与涉案专利基本相同，构成等同
侵权。辽宁省高级人民法院维持原判。

最高人民法院认为，首先，由于专利权利要求在叙述玻璃纤维布层数
时，明确使用了"至少二层以上"这种界限非常清楚的限定词，说明书亦
明确记载玻璃纤维布筒的叠套层"可以少到仅两层"，故在解释权利要求
时，不应突破这一明确的限定条件。应当认为，本领域的普通技术人员通
过阅读权利要求书和说明书，无法联想到仅含有一层玻璃纤维布或者不含
玻璃纤维布仍然可以实现发明目的，故仅含有一层玻璃纤维布或者不含有
玻璃纤维布的结构应被排除在专利保护范围之外。否则，就等于独立权利
要求中删去了"至少二层以上"，导致专利保护范围不合理的扩大，有损
社会公众的利益。其次，本案专利中玻璃纤维布层数不同，不能简单地认
为只是数量的差别，而是对于筒体构件的抗压能力、内腔容积以及楼层重
量具有不同的物理力学意义上的作用。筒管部分含有"至少两层以上"玻
璃纤维布，在增强抗压能力、减轻楼层重量、增加内腔容积方面达到的技
术效果应优于筒管部分仅含"一层"玻璃纤维布的效果。应当认为，仅含
"一层"玻璃纤维布不能达到含有"至少二层以上"玻璃纤维布基本相同
的效果，故被诉侵权物筒管部分在水泥无机胶凝材料中夹有一层玻璃纤维
布不属于与专利相应技术特征的等同特征，更不是相同特征。因此，被诉
侵权物不落入专利权的保护范围。另外，因耐碱玻璃纤维布早在专利申请
日之前已出现，专利申请人对此应有预见，但在权利要求书中仍然使用了
"至少二层以上玻璃纤维布"的措辞，故专利权人关于因玻璃纤维布技术
进步导致等同侵权的主张，不能成立。

案例 3：2009 年"防治钙质缺损的药物及其制备方法"案①

涉案专利为"一种防治钙质缺损的药物及其制备方法"，1997 年，该
专利申请公开。申请公开文本记载的权利要求 1 为："一种防治钙质缺损
的药物，其特征在于：它是由下述重量配比的原料制成的药剂：可溶性钙
4~8 份，葡萄糖酸锌 0.1~0.4 份，谷氨酰胺或谷氨酸 0.8~1.2 份。"其
中，组成成分"可溶性钙"和"谷氨酰胺或谷氨酸"是本案的争议焦点。
权利要求 2 作为权利要求 1 的从属权利要求，对"可溶性钙剂"做了限

① 澳诺（中国）制药有限公司诉湖北午时药业股份有限公司、王军社侵害专利权案，参见
最高人民法院（2009）民提字第 20 号民事判决书。

定："如权利要求 1 所述的一种防治钙质缺损的药物，其特征在于所述的可溶性钙剂是葡萄糖酸钙、氯化钙、乳酸钙、碳酸钙或活性钙。"而且，专利申请说明书第 2 页记载："可溶性钙剂可选用葡萄糖酸钙、氯化钙、乳酸钙、碳酸钙或活性钙。"进入实质审查后，在国家知识产权局第一次审查意见中，审查员认为，权利要求书中使用的上位概念"可溶性钙剂"包括各种可溶性的含钙物质，概括了一个较宽的保护范围，而专利申请说明书仅对其中的"葡萄糖酸钙"和"活性钙"提供了配制药物的实施例，对于其他的可溶性钙剂没有提供配方和效果实施例，所述技术领域的技术人员难以预见其他的可溶性钙剂按本发明进行配方施肥也能在人体中发挥相同的作用，权利要求在实质上得不到说明书的支持，应当对其进行修改。申请人根据审查员的要求，对权利要求书进行了修改，将权利要求 1 中"可溶性钙剂"修改为"活性钙"；将权利要求 2 特征部分修改为"其特征在于所述的药剂是散剂或口服液"。

被诉侵权物为"葡萄糖酸钙锌口服溶液"，规格为：每 10mL 含葡萄糖酸钙 0.6g、葡萄糖酸锌 0.03g 和盐酸赖氨酸 0.1g。经委托鉴定，石家庄市中级人民法院和河北省高级人民法院均认为被诉侵权物与涉案专利的权利要求等同，判定构成侵权。河北省高级人民法院的理由是：其一，涉案专利说明书中对"葡萄糖酸钙"提供了配制药物的实施例，对于所述技术领域的技术人员而言，"葡萄糖酸钙"和"活性钙"均能在人体中发挥相同的作用是显而易见的，二者在用作补钙药物的制药原料方面不存在实质性差别，两者可以等他替换。其二，2000 年 4 月 10 日国家药品监督管理局国药管安（2000）131 号文件的附件《呼吸系统用药、维生素及矿物质类药品地方标准品种再评价结果》，直接载明了"锌钙特口服液"（本案权利人的产品）可以"用盐酸赖氨酸 10g 代替谷氨酸 10g"。其三，根据鉴定机构的结论，"活性钙"与"葡萄糖酸钙""谷氨酸或谷氨酰胺"与"盐酸赖氨酸"均构成等同。关于是否适用禁止反悔原则，涉案专利的申请人对权利要求书进行的修改只是为了使其权利要求得到说明书的支持，并非因此而使其申请的专利具有新颖性或创造性，故此修改不产生禁止反悔的效果。

最高人民法院认为，被诉侵权物中的"葡萄糖酸钙"和"盐酸赖氨酸"两项技术特征，与涉案专利权利要求 1 中的相应技术特征"活性钙"和"谷氨酸或谷氨酰胺"既不相同也不等同，被诉侵权物不落入专利权的保护范围，权利人的侵权指控不成立。理由是：

其一，关于权利要求 1 中记载的"活性钙"是否包含"葡萄糖酸钙"问题。涉案专利申请公开文本权利要求 2 和说明书第 2 页也明确记载，可溶性钙是"葡萄糖酸钙、氯化钙、乳酸钙、碳酸钙或活性钙"。可见，在专利申请公开文本中，葡萄糖酸钙与活性钙是并列的两种可溶性钙剂，葡萄糖酸钙并非活性钙的一种。此外，涉案专利申请公开文本说明书实施例1记载了以葡萄糖酸钙作为原料的技术方案，实施例2记载了以活性钙作为原料的技术方案，进一步说明了葡萄糖酸钙与活性钙是并列的特定钙原料，葡萄糖酸钙并非活性钙的一种。权利人辩称，专利申请人在涉案专利的审批过程中，将"可溶性钙剂"修改为"活性钙"属于一种澄清性修改，修改后的活性钙包括了含葡萄糖酸钙在内的所有组分钙。然而，从专利审批文档中可以看出，专利申请人进行上述修改是针对国家知识产权局认为涉案专利申请公开文本权利要求中"可溶性钙剂"保护范围过宽，在实质上得不到说明书支持的审查意见而进行的。同时，专利申请人在修改时的意见陈述中，并未说明活性钙包括了葡萄糖酸钙，故对权利人的辩述不予支持。

其二，关于活性钙与葡萄糖酸钙是否等同问题。专利权人在专利授权程序中对权利要求1所进行的修改，放弃了包含"葡萄糖酸钙"技术特征的技术方案。根据禁止反悔说，专利申请人或者专利权人在专利授权或者无效宣告程序中，通过对权利要求、说明书的修改或者意见陈述而放弃的技术方案，在专利侵权纠纷中不能将其纳入专利权的保护范围。因此，涉案专利权的保护范围不应包括"葡萄糖酸钙"技术特征的技术方案。被诉侵权物的相应技术特征为葡萄糖酸钙，属于专利权人在专利授权程序中放弃的技术方案，不应当认为其与权利要求1中记载的"活性钙"技术特征等同而将其纳入专利权的保护范围。

其三，关于谷氨酰胺或谷氨酸与盐酸赖氨酸是否等同问题。2003年2月本案权利人就"一种防止或治疗钙质缺损的口服液及其制备方法"申请了专利并获得授权（587号专利），587号专利与涉案专利类似，只是将涉案专利权利要求1中的"谷氨酸或谷氨酰胺"变更为"盐酸赖氨酸"。在该项专利的审批过程中，申请人在《意见陈述》中称，在葡萄糖酸锌溶液中加入盐酸赖氨酸，与加入谷氨酰胺或谷氨酸的配方相比，前者使葡萄糖酸钙口服液在理化性质上有意料不到的效果，在葡萄糖酸钙的溶解度和稳定性等方面都有显著的进步，同时申请人还提供了相应的试验数据。可见，从专利法意义上讲，"谷氨酸或谷氨酰胺"与"盐酸赖氨酸"这两个技术特征，对于制造葡萄糖酸锌溶液来说，二者存在着实质性差异。被诉侵权物的相应技术特征为盐酸赖氨酸，与权利要求1中的"谷氨酸或谷氨酰胺"技术特征相比，二者不应当属于等同的技术特征。国家药品监督管理局国药管安（2000）131号文件，虽然公布了可以"用盐酸赖氨酸10g代替谷氨酸10g"，但这只是国家采用的一种行政管理措施，并非专利法意义上的等同替换，不能据此认为被诉侵权物的盐酸赖氨酸技术特征与权利要求 1 中的"谷氨酸或谷氨酰胺"技术特征等同。

案例 4：2011 年"舒睡模式"案①

涉案专利为"控制空调器按照自定义曲线运行的方法"专利，是将用户设定的自定义运行参数存储在非易失性的记忆芯片中，而被诉侵权物中的"舒睡模式 3"则是将参数存储在易失性的控制芯片的 RAM 中。广东省高级人民法院认为，在通常情况下，空调遥控器在使用中一般不会取下电池，也就是说被诉侵权物与专利技术方案在实际使用中效果基本相同。而且对于本领域的普通技术人员来讲，以控制芯片的 RAM 代替记忆芯片，无须经过创造性劳动就能够联想到。因此，两者属于等同的技术特征，被诉侵权物落入专利保护范围，构成侵权。

案例 5：2011 年中誉公司与九鹰公司侵犯实用新型专利权纠纷案和 2012 年胡小泉"注射用三磷酸腺苷二钠氯化镁"专利侵权案②

前案是关于部分权利要求被宣告无效情形下禁止反悔说的适用。最高人民法院指出，禁止反悔说通常适用于专利权人通过修改或意见陈述而自我放弃技术方案的情形；若独立权利要求被宣告无效而在其从属权利要求的基础上维持专利权有效，且专利权人未曾作自我放弃，则不宜仅因此即对该从属权利要求适用禁止反悔说并限制等同侵权原则的适用，最终本案不适用禁止反悔说，被告构成等同侵权。后案是关于封闭式权利要求侵权判定中等同原则的适用。最高人民法院指出，专利权人选择封闭式权利要求表明其明确将其他未被限定的结构组成部分或者方法步骤排除在专利权保护范围之外，不宜再通过适用等同原则将其重新纳入保护范围，明确了等同原则在封闭式权利要求侵权判定中的适用。

与英美海洋法系国家不同，中国的法律体系属大陆法系，在法律渊源（存在形式）上最大的不同是，法律以成文法的形式存在，以判例为载体的法律规则基本没有生长的土壤。最高人民法院的司法解释是介于成文法与判例法的存在形式，对全国的司法活动起着规范作用；同时，最高人民法院定期公布的指导案例，则可以视为"判例"的替代品。等同规则没有规定在《专利法》中，而是规定在司法解释中，体现在指导案例中。归纳之，中国专利审判实践中的等同原则规范要素大体如下：①"手段、功

---

① 珠海格力电器股份有限公司与广东美的制冷设备有限公司、珠海市泰锋电业有限公司侵害发明专利权纠纷案，参见广东省高级人民法院（2011）粤高法民三终字第 326 号民事判决书。

② 最高人民法院知识产权案件年度报告（2012）[R].人民法院报，2013 - 04 - 25.

能、效果"基本相同。②"基本相同"为本领域的普通技术人员无须经过创造性劳动就能够联想到的。③全面覆盖说。等同物应当是具体技术特征之间的彼此替换，而不是完整技术方案之间的彼此替换。④是否等同以侵权行为发生的时间为界限。⑤禁止反悔说。专利权人对其在授权或无效宣告程序中已放弃的内容，不能通过等同原则的适用再纳入专利权的保护范围；⑥捐献说。对于说明书记载而权利要求未记载的技术方案，不得在专利侵权诉讼中主张上述已捐献的内容属于等同特征所确定的范围。⑦现有技术抗辩。

第五节　专利等同原则规范要素的比较法研究

作为专利制度的一项子规则，如果截取 21 世纪的前十余年（即当今）进行静态比较，中国专利法上的等同原则已与发达国家相应规则差异不大。所谓差异不大，指规则目的、基本原则、规范要素是相同的。至于具体如何设定等同认定的积极条件和限定条件、如何适用于具体案件，则有差异。由于各自民族语言习惯不同导致的等同原则规范要素的不同表述，其本身不是我们重点关注的差异，而是表述背后的实体规则。

一、等同判定的积极条件差异

美国法院适用等同原则采用的是"方式—功能—效果"三一致的标准；在 1995 年希尔顿·戴维斯化学公司诉沃纳—金肯逊公司案中，联邦巡回上诉法院又提出非实质差异标准，同时，认定等同要求符合全要件条件。德国法院起初是将等同区分为明显的等同与非明显的等同；1978 年实施了新专利法，采用三步骤："手段、效果""可发现性""技术手段的等值性"审查。日本法院的积极条件是"非本质部分""可置换性""容易置换性"。三国法律都采用了拟制判断主体视角：所属领域的普通技术人员。关于判断等同的基准时间，美国、日本以侵权行为日，德国以专利申请日。

1. 中美比较

中国最高人民法院在 2001 年的司法解释中对认定等同的条件做了统一规定：①被诉侵权物的技术特征与专利权利要求所记载的技术特征以基本相同的手段实现基本相同的功能，达到基本相同的效果；②这些不同特征是本领域的普通技术人员无须经过创造性劳动就能够联想到的。第一个条件中，很明显，"基本相同的手段、功能、效果"与美国的"三一致"规则是一样的。第二个条件则是如何衡量"三一致",也与美国的做法相同。在1950年格雷弗油罐制造公司诉林德航空用品公司案中,美国法院考虑的一个重要的因素是,在该技术领域里合理掌握一定技术的人员是否已知某一个没有包括在专利中的构成部分曾有的互变性。中国的司法解释进一步强调了"三一致"的技术非创新性,并将此规则予以统一适用。关于等同判断的基准时间,2001年和2009年的司法解释中没有明确规定,2013年北京高级人民法院的《专利侵权判定指南》明确为侵权行为发生日。值得注意的是,美国法院在适用"三一致"标准时,初期的案例只强调整体等同说,后来才转到全要件说上来。2009年中国司法解释已明确地将全要件说予以吸纳,并明确排除多余指定说,彻底否定整体等同说。不同的是,美国法院则有的情况下会将"三一致"说切换到非实质差异说。正如美国联邦最高法院指出的方式、功能和效果三一致的检测标准适用于对机械装置的分析判断,但对于其他产品或方法的分析可能只是提供了一个不充分的框架。美国法院视具体案情选择适用"三一致"说和非实质差异说。在中国专利法中,2013年北京高级人民法院的《专利侵权判定指南》将"无实质性差异"吸纳在"效果一致"说之中。

2. 中德比较

除却语言习惯的不同,就法律的精神实质而言,中国的"三一致"标准与德国在1978年后采用的三步骤检测法("手段、效果""可发现性""技术手段的等值性"审查)并无二致。但德国专利法只提及"手段、效果"基本相同或可发现性、等值性检测,与中国的"手段、功能、效果"三要素检测而言,司法严格度降低。关于判断标准,德国专利法在检测"可发现性""技术手段的等值性"时也设定了所属领域普通技术人员的标准,这与中国专利法一样。有一个明显差异,就是等同判断的基准时间,德国专利法基本以专利申请日为基准,即使个别案件中法院认定"用专利申请时不存在的合成物质将权利要求中的技术特征进行替换也构成等同",也是用申请日设定的视角。虽然在专利申请日不存在这种新材料,但是可以根据专利申请日的技术水准对用新材料替换进行判断。与中国专利法中以侵权行为发生日为基准时间相比,德国专利法以专利申请日为基准时间判断是否等同,意味着等同的范围要窄得多。归纳之,在动态的时间之维,德国专利法对等同原则的把握比中国法严格,德国专利法上等同范围控制在专利申请日的视角范围内,中国专利则扩展到侵权行为发生的时候;在静态的宽度之维,中国专利法对等同原则的把握比德国专利法严格,中国专利法等同包括"手段、功能、效果",德国专利法则仅为"手段、效果"。

3. 中日比较

撇开语言习惯的不同,日本专利法的"可置换性"与中国的"三一致"精神实质是一样的，两者都检测技术效果。不同的是日本专利法强调发明目的的实现，是在技术目的视野中检测技术效果。而中国专利法强调"手段"，也就是技术特征的对比，功能、效果是否基本相同也当然是在技术手段这个意义上进行的检测。日本专利法中"容易置换性"的实际就是"三一致"的判断标准，即所属技术领域的普通技术人员的判断标准，只不过日本专利法从正面表述"容易想到的"，中国专利法从反面表述"无须经过创造性劳动就可以联想到的"，中国规则更明确地表达了对技术进步性的要求。值得借鉴的是，关于作用效果是否具有可置换性，日本专利法做定性判断抑或定量判断的区分，如果专利发明属质的发明，认定效果是否相同时主要在质方面进行考虑；如果专利只是量的改进，则认定效果是否相同时主要在量的方面进行考虑 。日本专利法的"非本质部分"要件则是中国专利法没有的。我们可以将之与中国专利法上的"手段"条件类比。但此两者的差异是明显的。假设仅仅替换了技术特征的手段，则存在不同的两套技术手段体现的技术思想有可能是相同的，也有可能是不同的。如果技术手段不同而技术思想相同，即所谓的本质部分无不同，仅在"非本质部分"存在差异，则无论是按照日本规则还是中国规则，都构成等同。然而，如果技术手段不同且技术思想也不同，即所谓的本质部分不同，"本质部分"和"非本质部分"都不同，则按照日本规则不构成等同，但按照中国规则构成等同。可见，中国专利法中的等同范围宽于日本专利法。

二、等同判定的限制条件差异

美国专利法认定等同的限制条件主要有专利审查过程禁止反悔、现有技术抗辩、公开披露贡献（捐献说）以及反向等同说。德国、日本专利法的限制条件主要是禁止反悔、现有技术抗辩。

1. 限制条件的适用对象差异

中国最高人民法院 2009 年司法解释已明确确立禁止反悔规则。与日本一样，中国专利法关于禁止反悔说的接受和适用，都深受美国专利法的影响。中、美、日关于禁止反悔说的适用对象都是一视同仁；德国专利法独树一帜，仅对异议程序有关的人适用禁止反悔说。按照德国专利法的做法，将导致对有的案件当事人适用禁止反悔、对另外的当事人却不适用，相同专利权对于不同的当事人而言保护范围是不同的，这种因信息不对称导致的权利保护范围的异动，法理上有悖于专利权是对世权这一基本定论。

2. 禁止反悔说异同

2009 年中国司法解释规定，专利申请人、专利权人在专利授权或者无效宣告程序中，通过对权利要求、说明书的修改或者意见陈述而放弃的技术方案，不能通过等同原则的适用再纳入专利权的保护范围；至于该修改或者陈述的动因、与专利授权条件是否有因果关系以及是否被审查员采信，均不影响该规则的适用。关于审查档案导致禁止反悔的情形，中、美、日都承认主要有专利权人对权利要求的修改和专利权人的陈述。而且，中、美专利法中关于不纳入等同范围的内容也基本相同，仅限于修改或陈述过程中放弃的技术方案，而非修改后的技术方案都丧失了适用等同原则的机会；日本专利法对此问题没有进一步探讨。这就是美国法院曾经争议的"完全排除"还是"弹性排除"问题，2000 年 Festo v. Shoketsu Kinzoku Kabushiki Co. 案中，美国联邦最高法院在弹性排除说与完全排除说之间建立了近乎折衷的理论——"推定完全排除"说。至于是否考虑修改或者陈述的原因，中、美、日三国在这问题上也无大差异。美国专利法中，只要专利权人为了获得专利对权利要求进行了限制性修改，不管是否为了克服现有技术，也不管是否应审查员的要求而进行的，都导致禁止反悔的适用；当权利人不能解释其修改的原因时，法院推定其修改是为了"专利性"，也就是为了获得专利。中国在 2013 年北京高级人民法院发布的《专利侵权判定指南》直接借鉴了该做法。日本专利法中，权利人对权利要求和说明书的补正以及自我限缩都属禁止反悔的范围。在专利权人的陈述或者修改是否得被审查员采信才成为禁止反悔的事由上，日本专利法一般认为只有被采信才成为禁止反悔的事由；中国专利法与美国专利法相同，都认为没有被审查员采信也构成禁止反悔的事由。

3. 现有技术抗辩说异同

在中国，现有技术抗辩是被诉侵权人进行抗辩的一种对策，不以权利人提出等同侵权指控为前提，即使权利人指控相同侵权，也可以抗辩被诉侵权物实施的是现有技术。日本的做法与中国相同，相同侵权和等同侵权情形下都可以适用现有技术抗辩，在相同侵权的情形下还适用权力滥用规则。与此不同，美国和德国法院一直拒绝在相同侵权中适用现有技术抗辩。在具体适用路径方面，中国专利法规则与德国、日本一样，都是将被诉侵权物与现有技术进行对比，德国专利法上的近似性判断、日本专利法上的容易推导判断，都属创造性判断。美国专利法则采用假想权利要求说，虽也是将被诉侵权物与现有技术进行对比，但它实现了部分举证责任的导致，使证据规则向有利于被诉侵权人的方向偏转。正如前文所述，美国专利法院采用这种适用路径，与美国法院有权审理涉案专利权的有效性这种权力配置状况有关。

4. 捐献说差异

中国 2009 年司法解释规定的捐献原则是，对于说明书记载而权利要求未记载的技术方案，视为专利权人将其捐献给社会公众，不得在专利侵权诉讼中主张上述已捐献的内容属于等同特征所确定的范围。这个原则与美国法院普遍承认的捐献说的要义是相同的。美国法院在判例实践中进一步完善了捐献说：说明书披露的种概念，不导致该种概念下所有属概念的捐献；权利要求未将在说明书披露的某客体作为技术特征的替代方案予以特定化，也不导致该客体的捐献。值得注意的是，2002 年 Johnson & Johnston Associates Inc. v. R. E. Service Co. 案中，Rader 法官提出了"可预见说"，该规则的适用将使等同范围缩减。可预见说不但认为说明书记载而权利要求未记载的技术方案捐献给公众，还认为专利权人容易预见的而未记载在权利要求中的所有技术方案都捐献给了公众，将导致等同范围只包括在申请日与专利权利差异较大的技术，以及专利申请日后出现的新技术。日本专利法上的"有意识排除"说类似于"可预见"说，但日本专利法选择了一个较为公允的做法，以本领域的普通技术人员为基准判断这种可预见性，从而使该规则得到比较公允地矫正。即使如此，日本专利法中的等同范围仍窄于中国专利法中的等同范围。

应当指出，美国专利法中等同判定原则，体系完备，这是其具有世界上最自由专利获取、保护体系的产物。美国专利权人在专利授权之后的两年内可通过更正程序修改专利权利要求的范围，并且，美国法院在审理专利侵权纠纷案件之前都必须经过马克曼听证会（Markman Hearing），该听证会通过双方的辩论对涉案专利的权利要求和保护范围进行划界，经过这个步骤之后才会进入案件审理阶段，进一步判断是相同侵权还是等同侵权。美国专利法中等同判定规则的限制条件，诸如禁止反悔说、捐献说是建立在这些制度基础之上的。而在中国，禁止反悔说、捐献说的适用目前还只能在有限的范围内和程度上进行。

在德国，其专利法中之谓"专利"，实为中国、美国或日本专利法中的创造性高度最高的"发明专利"，不包括实用新型专利和外观设计专利。专利权的宽度与其高度呈正相关关系，这种固有的专利高度投射的专利宽度具有与生俱来的较广优势。德国专利授权审查过程中，将专利早期公开与延迟审查相结合，还规定了授予专利的条件是新颖性、创造性和实用性，并采取了严格的实质审查。专利审查以严谨闻名，批准的专利质量高，专利的可靠性大。在此前提下，德国法院有了在适用等同规则上的"亲专利"态度。在等同对比检测要素方面，只提及"技术手段""技术效果"两要素，未提及"技术功能"。德国联邦最高法院在 2002 年切纸刀案中提的"技术方案的等值性"审查中，被诉产品刀片的角度数值未落入专利设定的数值范围，仍被认定具有"等值性"。在运用禁止反悔说时，也仅对专利异议程序中的参与人适用；与异议程序无关的人被剥夺主张禁止反悔抗辩的权利。等同判断的基准时间设定为专利申请日，而非侵权行为日。

小　结

以美国专利法为圭臬的等同原则规范体系，包含方式、功能、结果三要素检测法，全要件说，专利申请过程禁止反悔，现有技术抗辩，公开揭露贡献，等同判断的基准时间以及反向等同说等诸多要素。中国专利法中的等同原则、规范要素与此基本相同。德国、日本各有特色。本章通过规范要素分析，对中国与美国、德国、日本进行专利等同原则的比较法研究，并探究其在司法权配置上、专利法律制度上的成因。

等同原则规范要素的不同组合，确定了等同判定的范围大小。在通行的专利法律制度中，各国关于等同规范要素的组合并不是固定的；甚至在不同案件中，这种组合也不是固定的，下文将探究这种组合导致的等同范围大小与技术进步的关系。

第三章 技术进步与制度变迁视野中的专利等同原则

第一节 法哲学和制度经济学中的专利等同原则

一、知识准公共品的私权形式

关于知识产权性质的法哲学理论，有自然权利论，又称劳动论；有契约论；有人格论，又称无形财产论；有产业政策论，又称公共政策论，或者政策工具论；等等。这些理论相互关联又相互补充，构成了一面多角度观察知识产权的"棱镜"，有助于全方位理解专利法律制度。

1. 知识产权的私权属性

洛克的劳动财产学说为自然权利论提供了合理解释。在洛克看来，财产权是一种与生俱来的权利，这种权利的基础是劳动。[①] 由此推出的结论是，智力劳动者在道德上对其创造性智慧成果享有某种独占的权利；也就是说，知识产权是道德权利，其成为法律权利只不过是接受国家权力认可的结果而已。世界贸易组织 TRIPS 协定在其前言中，开宗明义指出"（各成员国）承认知识产权是私权"。[②] 王泽鉴将知识产权归为财产权的一

---

① 洛克. 政府论：下篇［M］. 叶启芳，翟菊农，译. 北京：商务印书馆，1983：19.
② TRIPS 协定前言部分阐述了各成员国订约之宗旨和共识，其中之一就是：Recognizing that intellectual property rights are private rights.

种，认为将其规定为一种私权符合公平正义和自然权利理论。① 金海军认为，从英文语境和英美法系的角度看，私权（private rights）就是指大陆法系民法所指的民事权利，② 并认为"（各成员国）承认知识产权为私权"是人类至今对知识产权的最明确的认识，中国必须承认并践行这一共识。③ 黎楚文认为，在大陆法系国家，著作权、专利权、商标权等狭义的知识产权与源于罗马市民法的债权、物权等传统民事权利虽有共同点，但区别颇多，不能简单地将知识产权称为传统的民事权利。私权是民事权利和带有垄断性质的著作权、专利权等知识产权的上位概念，可以把知识产权称为私权，但把知识产权称为民事权利（civil right）却具有误导性。④ 在知识产权领域，现代国家的基本做法都是将知识产权作为民事主体的私权"植入"法律体系，运用知识产权制度的合法垄断性财产权利的授权机制，启动知识产权的激励功能。这是与市场经济和民主政治相呼应的制度板块。在这种大背景下，知识产权的私权因素成为知识产权法律关系的本质。实际上，在与大陆法系传统密切相关的现代中国，给正在勃兴的知识产权这种权利定位，不仅面临着与大陆法系权利体系的契合，学者们更担负着健全和完善具有中国特色的社会主义法律体系的任务。其中一项内容就是纠正"公权""私权"界限模糊、"私权"观念淡薄，导致公民的基本权利得不到充分配置的现象。

2. 知识产权法律制度的"对价机制"

徐瑄的对价理论丰富和发展了契约论。徐瑄认为，各国财产法都不过是根据财产形式要件按照占有原则确认资源和财产权之间的契约。她通过"对价"（consideration for balance）这样的基本概念对知识产权的正当性进行了系统的诠释（"对价"是早期的英国最推崇的交易原则，现在仍是英、美、法国家的重要衡平原则），认为法律构建技术上的知识产权，就是对智慧信息设立"拟制占有"的法律状态，赋予个人对"拟制占有"的智慧信息公开的范围，在公共领域行使独占的、排他的专有权。制度事实区分了智慧信息传播公域与私域，两者是对立、冲突和矛盾的。对价均衡的要义在于，只要两者的"衡平点"能够保证激励机制起作用，就能使公共利益和私人利益都得到改善。⑤ 中国社会缺乏契约精神，表现为民众自治能力差，政府与市场之替代关系"一放就乱，一收就死"，契约论—对价论

---

① 王泽鉴. 民法总则［M］. 北京：中国政法大学出版社，2001：86.

② 金海军. 知识产权私权论［M］. 北京：中国人民大学出版社，2004：7.

③ 金海军. 知识产权私权论［M］. 北京：中国人民大学出版社，2004：19.

④ 黎楚文. 论知识产权的本质——基于法律史和宪政哲学的考察［C］//广州2010年12月第二届全国知识产权理论问题研讨会（笔会）. 多学科关注下的知识产权论文集.

⑤ 徐瑄. 知识产权对价论的理论框架——知识产权法为人类共同知识活动激励机制提供激励条件［J］. 南京大学法律评论，2009（1）：89－104.

对当下重构知识产权制度有实用意义。按照徐瑄的对价理论，专利权人借助国家权力实现个人对技术方法在特定时间和地域的掌管和控制，它是行政机关审查批准的独占实施许可权和独占销售许可权，因此专利权也被理解为"特权"或"垄断权"。究其词源，"专利"一词在英文中为"patent"，意为公开、公布，是与"secret"即秘密、保密相对应的概念。为了最大限度地促成人类的创造性智慧公开，使之在更大范围内造福于社会，国家以"家父（理性国家）"的角色主持公平交易，在发明人的财产权保护与社会科技进步之间主持"衡平"与"对价"。专利法是对技术方法公开"对价"的平衡机制：国家尊重智力劳动者的自然权利，即一个创造性智慧的劳动者，如果愿意公开自己的智慧信息，国家将补偿给权利人一定时间、一定空间的独占使用权使其继续保持因该技术而拥有的生产优势地位。①

3. 知识产权客体的准公共品性质

知识产品或者说技术成果为无形财产，其提供者的收益与受益者规模无关，存在明显的外部性。知识产品具有非竞争性的特点，这个意义上类似于公共物品，可称之为准公共品。② 在当代，随着现代科学技术的发展，专业人员知识面的扩大，技术传播媒介的增加，一项技术成果问世后，人们可以更好地理解和掌握它，从而强化了其公共品特征。阿罗（Arraw，1962）认为企业的研发活动对其他企业的生产存在正面的外部性，却无法确定应该向这种外部性索取回报的对象和大小，而且很难通过法律手段完全抑制知识溢出。实际上，正是由于这种技术价值的溢出效应，才造成技术后发国家模仿、吸收发达国家先进技术的"后发优势"。

关于公共品供给的理论研究表明，在市场机制中，由于个体理性和集体理性不一致、搭便车等外部经济，公共品的提供者无法获得与其付出相应的收益，以至于知识溢出可能降低企业的创新激励，遂产生公共品供给不足。知识生产者负担了高额的研发成本，但和知识溢出受益者相比，在售价上往往难以拥有优势。受益者的这种搭便车行为容易导致市场失灵，表现为市场机制在公共品资源配置方面的零效率或者低效率。遵循理论上经济学关于理性人的基本假设，基于自然主义的完全理性更多的是与市场配置私人品的要求相符合，而公共品或许更强调自然属性与社会属性相结

---

① 徐瑄. 专利权垄断性的法哲学分析 [J]. 中国法学，2002（4）：95–101.

② 公共物品是这样一种物品，将它提供给额外一个人的边界成本严格等于零（是非竞争性的），并且不可能将人们排除在享有这种物品之外。"纯粹的"公共品包括国防、治安保卫等，准公共品包括具有自然垄断地位的公路铁路交通、电信服务等。转引自约瑟夫·E斯蒂格利茨，卡尔·E沃尔什. 经济学：第3版 [M]. 黄险峰，张帆，译. 北京：中国人民大学出版社，2005：245.

合、相互依赖的相关理性（王国成，2001）。因此，作为知识准公共品供给的知识产权制度，必须有一定比例的回应公共利益的公共产权，以使该项准公共品的供给与需求在社会经济活动中保持均衡。

顾及知识产权的准公共品属性，学者们试图从哲学的逻辑起点出发构建具有说服力的知识产权理论体系。在徐瑄的对价理论模型中，知识产权必须具备个人目标和公共目标的双重特性，即既要保护个人的特定的智慧表达，激励个人创造，又要体现智慧信息的共享性，促进知识积累，从而创造出更多的信息和机会，实现知识经济、信息经济的繁荣。运行这种激励机制的条件就在于知识先占者与社会公众的"对价"，智慧信息的先占者的财产权必须首先得到承认，社会公众以允诺的方式承认先占者对智慧信息在一定范围的独占，以此换取先占者独占空间和独占时间以外的效用，这样就形成了不同的知识活动主体间创造与继受、让渡与补偿的对价交换机制，实现表达自由的帕累托改进。表达自由及其对价交易持续发生，知识产权制度在知识私域和知识公域的双重目标遂得以实现。① 在这个理论框架中，知识先占者在私域拥有自由创造、自愿许可的权利；社会公众在公域拥有基于保障基本人权的学习、教育和知识共享权利，知识产权的技术边界、时间期限。合理使用、强制许可等制度设计也是对价平衡机制要求归入公域的内容，用于弥补知识公共品的供应不足缺陷。专利法的特别"对价"条件是，专利权人公开他的技术信息给社会公众，以此获得有限期地独占信息技术的权利；公开后的技术信息则是每个后续发明人自由学习的对象，后续发明人不仅没有因让渡选择自由而产生实际损失，反而增加了可选择的自由。专利法是最诚实的法律，它实现了制度设计时自由与自由的允诺。"对价"成为制度设计的原理和方法。具体到专利等同的规则体系中，本领域普通技术人员标准、侵权对比时间基点、禁止反悔、先用权制度、现有技术抗辩、反向等同原则等规范要素，则是专利法在对价过程中确立的基本架构的平衡条件，它们为专利司法维持平衡性保留了制度空间。

彼得·德霍斯用"共有"这个概念来映射知识产权的这种准公共品特性。他从洛克的财产劳动论出发，认为洛克关于财产的学说之真正价值在于，在向我们展示了利用自然权利理论来论证知识财产权的合理性时，主

---

① 徐瑄. 知识产权对价论的理论框架——知识产权法为人类共同知识活动激励机制提供激励条件［J］. 南京大学法律评论，2009（1）：89 - 104.

要依靠共有这一概念以及与之相关的形而上学理论体系。① 也许有多种理论可以用来支持知识财产权理论，然而在论及知识的共有属性时，选择就不多了。虽然洛克在撰写关于财产的论著时，可能并没有想到作为抽象物的知识财产，但是，把知识产权理论与洛克的财产权理论联系起来，能获得思想体系上的一致性和正统性。共有物是英国财产法中一个独特的法律概念，在洛克的时代，英国法中的共有物就已经有了一个复杂的法律形式。按照洛克和普芬道夫、格劳秀斯的理论，共有分为积极共有和消极共有。积极共有是这样一种共有：资源共同属于全体有共有权的人，任何人对这些资源的使用必须得到全体共有权人的一致同意。消极共有则指资源起初不属于任何人，但任何人都可以利用。由于共有知识必须以持续增长的方式进行培育，而消极共有更容易干预或者破坏这个过程。德霍斯建议选择积极共有而不是消极共有来规范知识财产权。一个典型例子就是人类的 DNA 序列，由于它们是自然产生的序列信息，故而不能被授予专利，它们将成为共有知识的一部分。正是由于普遍采用积极共有的财产形式，专利法对发明和发现做了区分，DNA 显然属于发现，一般不授予专利权。如果采用消极共有的财产形式，结论则相反，诸如 DNA 这种共有知识将变成少数具有雄厚经济实力和高超技术能力的人的猎场。在消极共有的产权形式下，财产权制度会诱使人们阻止抽象物成为共有物，而且这种财产权越强，这种效应就越明显。德霍斯所主张的"共有"，并非拒绝出于激励创新目的所做的对知识的私权独占制度安排，而是指出该种私权独占的哲学根源。这与徐瑄主张的"对价""允诺"具有十分相近的语境。

德霍斯认为，财产权有占有功能、调节功能、自卫功能和计划功能。当财产权对抽象物采取特权形式时，市场机制对准公共品可能不再是一个可靠的引导。在市场中，所有参与者都希望成为赢家。作为理性的机会主义的行为人，他们会寻找求胜的策略。面对搭便车现象，权利人通过改变他们拥有的独占权利的性质来改变博弈结果矩阵，是一个通用策略。知识财产权的阻止功能就是以这些策略为基础。所有的知识产权人都关注阻止他人的模仿行为，财产权的排他性功能无法充分发挥这种作用，阻止功能却能做到。因此，阻止功能才能最好地解释知识财产权的特征。知识财产权引发的阻止策略是一个经验型的问题。根据观察，权利人的阻止策略

---

① 彼得·德霍斯. 知识财产法哲学［M］. 周林，译. 北京：商务印书馆，2008. 本节精炼的德霍斯的知识财产法哲学观点均来自本书。该书中，译者将 intellectual property 翻译为"知识财产"，intellectual property right 翻译为"知识财产权"，有别于中国大陆地区的常用词"知识产权"，也有别于台湾地区的"智慧财产""智慧财产权"。笔者认为，译者的这种译法更加准确，尤其在法哲学范畴中更能与其他财产权制度贯通一体，而且，正如书中将"外部性"替换为"界外效应"一样，更"通"（明白），更"达"（准确）。

有两类：一是权利扩张策略。由于抽象物没有可以触摸的明显边界，这意味着其拥有者可以宣称被控物与权利物之间存在等同、相似或者同类关系，借此扩大其权利范围。权利扩张策略是一种将外部性内部化的做法，其核心思想是，由于权利范围扩大，相当一部分的溢出被"圈"进来，从而限制竞争者在市场中的替代可能、降低知识的溢出程度。二是利用这些权利作为谈判的筹码，以迫使竞争者做他们原本不愿意做的事情，如专利许可。

作为知识准公共品供给的知识产权制度，包括专利等同原则，恰恰是对知识财产权人行使阻止功能的回应。司法权允许权利人宣称的抽象物的边界达到何种范围，将影响其在何种程度上将外部性内部化，影响此种抽象物的溢出程度，进而影响社会知识资源的分配和社会整体福利。

二、知识产权与公共政策

知识产权既为私权，其客体又具准公共品性质。此种权利安排的缺陷是，私人之间单纯通过市场竞争无法解决非竞争性的知识产品的普遍供应问题，而公共物品供应不足将引发社会新一轮创新动力不足。

弥补这个缺陷的途径之一是政府干预。德霍斯注意到搭便车问题。他认为，在市场完全竞争的条件下，搭便车是最佳战略。搭便车本身不是问题，不管怎样，它有助于信息传播，并因此增加某种经济生产潜力。只是，由于知识具有准公共品性质，搭便车在确保足够资源以创造新知识时，给市场机制带来了问题。如何修补由此导致的市场失灵，一种选择是按照公共品供应采取集体行动的逻辑，通过资助研究，政府提供相应的公共供给来承担市场失灵的后果；另一种选择是确立财产权并允许这种重组的市场实施分配的功能。这两种修补方法都有赖于政府干预，呼唤政府的管理和控制。德霍斯提醒，事实上这样的结果也并不让人满意，政府的失败往往也表现在与知识产权有关的政策上。

阳光辉提出了基于知识准公共品特性而进行政府干预的若干方案，包括政府对基础研究进行投资；采用诸如政府资助、政府采购、补贴、管制、财产权、知识产权、合同、税收激励、技术和社会标准等多元化措施；建立构建式的集体决策和管理机制。[①] 当今世界各国流行的知识产权战略中就不乏政府干预。一个典型例子是，针对问题的复杂性，美国《贝都法》采取一种混合干预模式，允许和鼓励联邦政府资助的研究人员对他们的发明获得专利权；同时，政府将有价值的技术转让（或说服权利人转

---

① 阳光辉. 科技创新市场的国家干预法律机制研究 ［D］. 重庆：西南政法大学，2009.

让）给愿意将该成果商业化的市场主体。这种办法依赖知识产权制度刺激技术转让，实现了知识准公共品生产过程政府资助和知识产品市场控制双重功效，这种机制对基础研究工作产生了深刻影响。正如 Walter Powell 注意到的，由于大学将基础科学研究成果商业化，在生命科学领域的基础研究中心已经发生了突变。①

弥补这个缺陷的途径之二是知识产权的工具化。德霍斯旗帜鲜明地主张工具论。根据他的工具论，各个国家应当自由选择知识产权所服务的目的或目标，而对于像中国这样的处于设计和建立知识产权制度过程中的国家来说，工具化理论更有重要意义。②

世界知识产权组织曾表明："必须牢记一点，专利最初是作为技术转让和建立新工业的工具而出现的，这对于我们研究专利制度的演变问题十分有益。"③ 在工业经济时代，知识产权制度为资产者提供了取得财产的新方式；在知识经济时代，它成了"资本家"获取知识财产的保护神。④ 在TRIPS 协议的缔结过程中，发达国家以财产权的形式推行对知识产权的强保护，而发展中国家却极力淡化知识产权的私权性，同时又规定了知识产权制度的公共政策目标，对其进行限制。⑤ 在各国知识产权的制度设计以及实践上，却无不体现出强烈的产业政策立场。⑥ 看来，关于知识产权的法哲学认识，不仅仅是理论争议问题，更重要的在于它折射了不同国家的客观需求。

200 多年前的美国宪法知识产权条款（第 1 条第 8 款之第 8 项）就直接明确了知识产权的政策目标："国会有权……保障著作家和发明家对各自著作和发明在一定期限内的专有权利，以促进科学和实用艺术的进步。"美国专利法和著作权法就是以该条为宪法依据制定出来的，是这一政策目标的具体化。在 19 世纪的反专利运动中，人们把专利与垄断联系到一起，认为专利制度与自由市场经济的基本要求格格不入。⑦ 1806 年，普鲁士被拿破仑击败后，一批在亚当·斯密的理论熏陶下成长起来的新的公务员开始掌权，普鲁士政权积极地在德国内部推行自由贸易，专利制度被认为是

① 阳光辉. 科技创新市场的国家干预法律机制研究 [D]. 重庆：西南政法大学，2009.

② 彼得·德霍斯. 知识财产法哲学 [M]. 周林，译. 北京：商务印书馆，2008.

③ 世界知识产权组织. 知识产权纵横谈 [M]. 张寅虎，等译. 北京：世界知识出版社，1992：21.

④ 吴汉东. 科技、经济、法律协调机制中的知识产权法 [J]. 法学研究，2001（6）.

⑤ WTO/Trip 协定第七条.

⑥ 张平. 论知识产权制度的"产业政策原则" [J]. 北京大学学报（哲学社会科学版），2012（3）：121 – 131.

⑦ FRITZ MACHLUP, EDITH PENROSE. The patent controversy in the nineteenth century [J]. Journal of Economic History, 1950: 1 – 29.

自由贸易的障碍，普鲁士政府当时主张把德国境内的专利法全部废除。然而，反专利运动接近成功又骤然失败，① 实业界从专利制度得到的实惠大大压倒了"自由贸易"的空泛政治策略。② 德国第一次赢得了工业国的地位，无论是国内西门子公司等工业领袖还是美国等国际力量，都促成了1877 年德国再度建立专利法。再看看当时的瑞士，专利法曾两次被全民投票否定，直到瑞士民众感觉到要保护自己的最大工业——手表制造业，才在 1887 通过专利法，而且起初只适用于机械制造，后迫于德国的惩罚威胁才在 1907 年将专利法的保护范围扩展到化工生产过程。有学者认为，对于这一时期诸如德国等国家认识到专利制度能以所谓鼓励发明创造的幌子充当保护主义的保护伞，而非基于专利对经济增长的贡献的认识。③ 无论哪种认识，知识产权作为政策工具的脉络非常清晰。④

　　中国的知识产权法律直接明确了这种公共政策⑤取向，如《专利法》第一条规定："为了保护专利权人的合法权益，鼓励发明创造，推动发明创造的应用，提高创新能力，促进科学技术进步和经济社会发展，制定本法。"吴汉东等认为，公共政策调整与知识产权制度变迁密不可分，前者是后者出现的激发器。从知识产权制度的变迁规律看，作为公共政策，中国应注重知识产权制度建设与技术进步的互动性，把握知识产权制度安排的节奏性，强调知识产权制度与其他制度的兼容性。⑥

　　直接制定知识产权战略，以公权的力量推进政策目标的实现，这是知识产权工具化的"异化"。公共政策的介入不在于弥补权利的缺陷，而是"赤裸裸"地将知识产权作为实现产业发展、经济增长，乃至国际贸易的手段。

　　20 世纪 70 年代，随着欧洲、亚洲发达国家和新兴工业国家的经济崛

---

① 伊利齐·考夫. 专利制度经济学 [M]. 柯瑞豪，译. 北京：北京大学出版社，2005：10 – 13.

② 当时普鲁士的自由贸易运动更是一种将奉行保护主义政策的奥地利从德意志联盟中排除的政治策略。参见伊利齐·考夫. 专利制度经济学 [M]. 柯瑞豪，译. 北京：北京大学出版社，2005：12.

③ PETER DRAHOS & JOHN BRAITHWAITE. Information feudalism：who owns the knowledge economy? [M]. Earthscan Publication，2002：36.

④ 在哲学的高度上，正如彼得·德霍斯指出的，财产工具论提出了一个有限的否定的形而上学的命题：财产的自然权利是不存在的。对该命题的怀疑者会认为，从工具性角度对待财产，财产权似乎是任由国家摆布的。尽管如此，在知识财产中仍然存在一些将价值观制度化的权利，这种价值观被某个社会群体的个人视为重要的、富有意义的东西。转引自彼得·德霍斯. 知识财产法哲学 [M]. 周林，译. 北京：商务印书馆，2008：10.

⑤ W. 威尔逊（1985）认为，"公共政策是具有立法权的政治家制定出来的由公共行政人员所执行的法律和法规"，他将公共政策视同于法律法规，不符合本书的语境。相比之下，弗兰克·费希尔（2003）关于公共政策的定义更符合语义："我们将公共政策理解为对一项行动的政治上的决策，目的在于解决或缓和那些政治日程上的问题和经济、社会环境等问题。"

⑥ 吴汉东. 知识产权制度基础理论研究 [M]. 北京：知识产权出版社，2009：131 – 133.

起，美国产业界产生了竞争压力。1979 年，时任美国总统卡特第一次将知识产权战略提高到国家战略的高度。美国的知识产权战略主要沿着三个轨迹延伸：一是根据国家利益和企业的竞争需要，修改知识产权立法，扩大保护范围，如将一些新兴技术形式纳入知识产权保护范围。二是国家加强知识产权产业利益的调整，通过立法鼓励创新并推进科技成果转化。自1980 年《拜杜法案》、1986 年《联邦技术转移法》、1998 年《技术转让商业化法》之后，美国国会又于 1999 年通过《美国发明家保护法令》，使大学、国家实验室在申请专利、加速产学研结合及创办高新技术企业方面发挥更大的主动性。2002 年美国联邦贸易委员会和司法部反托拉斯局联合组成了一个委员会，公布了旨在促进创新的报告《促进创新：竞争与专利法律政策的适当平衡》。三是在国际贸易中通过 TRIPS 协定推行有利于美国的国际贸易规则，利用其综合贸易法案的特殊 301 条款对竞争对手予以打压。①

2002 年日本政府决定，要在 2005 年之前进行知识产权领域 100 多项相关制度的改革。为此，日本政府成立了"智慧财产战略本部"，颁布《智慧财产战略大纲》，制定《智慧财产基本法》，通过《与智慧财产的创造、保护以及利用相关的推进计划》。通过制定知识产权战略，日本启动了从"科学技术立国"向"知识产权立国"的转变。战略大纲指出，对于日本企业来说，当务之急是要有全球性竞争意识，并从战略的高度制订相应的对策；对于日本政府来说，一方面要督促企业迅速采取对策，推动高质量发明的出现，使其专利申请面向世界，另一方面要完善日本版的Boyh-Dole 制度，在法律环境的整顿上全力以赴。

美国联邦贸易委员会的报告和日本的战略大纲的最大共同点，就在于着眼于提升整个国家的创新能力，以便在国际竞争中赢得并保持优势地位；所不同的只是针对各自在知识产权制度方面的实际情况强调了问题的不同侧面。在美国，就其国内的知识产权保护力度而言，司法和行政当局始终保持着一种冷静的态度，十分注意知识产权保护与公众利益之间的平衡；然而，对外却一味主张强化知识产权保护，交替使用世界贸易组织和特殊 301、337 条款，对其认为不尊重知识产权的国家施加压力，挤压发展中国家的发展空间，其对内对外采用的是双重标准。在日本的战略大纲中，反思的是"向海外申请专利不足"，强调通过国家规则和日本官方驻外机构来强化在他国获得有效的知识产权保护；对其国内，则提出"大企业应当积极、广泛地开放本公司不使用的专利等知识产权，促使中小企业

① 易继明. 编制和实施国家知识产权战略的时代背景——纪念《国家知识产权战略纲要》颁布实施 5 周年 [J]. 科技与法律，2013（4）：70.

的利用，这对整个经济社会极为有益"，这是一种典型的"举国一致对外的知识产权战略"。① 显然，知识产权于发明者、企业而言，是私权；在公共决策的层面，如何进行权利的制度安排、如何服务于国家利益，其政策工具属性十分突出。

中国于 2008 年实施《知识产权战略纲要》（以下简称《纲要》），提出到 2020 年，要把中国建设成知识产权创造、运用、保护和管理水平较高的国家。《纲要》强调完善知识产权制度，还提出要"运用财政、金融、投资、政府采购政策和产业、能源、环境保护政策，引导和支持市场主体创造和运用知识产权"，"逐步提高知识产权密集型商品出口比例，促进贸易增长方式的根本转变和贸易结构的优化升级"。《纲要》反映了中国政府对知识产权制度与中国当前经济发展关系的认识，实则将知识产权作为激励创新，促进社会福利的一种政策工具。按照《纲要》，国务院 28 个成员部门组成国家知识产权战略实施工作部际联席会议，统筹全国战略实施工作，每年制定和发布《国家知识产权战略实施推进计划》。经过五年的实施，知识产权战略为社会创新活动注入了新活力。2012 年，中国发明专利年申请量已居世界首位，每万人口发明专利拥有量已接近"十二五"目标，PCT 国际专利申请量升至世界第 4 位。战略的实施带动知识产权应用和交易活动日益活跃。知识产权质押金额年均增长近 70%。战略的实施推动了知识产权保护力度大幅增强。2012 年世界知识产权组织 185 个成员国及组织在北京缔结《视听表演条约》，表明了对中国近年来知识产权保护工作的认可。② 中国贯彻知识产权战略的实践中，对知识产权的政策工具运用，与美、日等国并无二致。

三、制度经济学规则体系中的专利等同原则

知识产权与市场有着密切的关系。在对知识财产进行学术分析时，经济学理论是一种绝不能忽视的重要资源。③ 政治经济学长期以来关注社会体制中政治层面和经济层面之间的关系，新制度经济学则从交易费用及其对财产权和契约安排的影响这一视角来考察这种关系。将制度分析引入政治领域，是新制度经济学的最新动向。在新制度经济学把交易费用、财产权和契约关系等概念应用的历史经验中，一个重要的目标是建立一个完整的社会制度结构理论。交易的进行要依据规则，而且交易的本质是一种产

---

① 尹新天. 专利权的保护：第 2 版 [M]. 北京：知识产权出版社，2005：17.
② 田力普. 深入实施知识产权战略，有效支撑创新驱动发展写在《国家知识产权战略纲要》颁布 5 周年之际 [J]. 科技与法律，2013（3）：73.
③ 彼得. 德霍斯. 知识财产法哲学 [M]. 周林，译. 北京：商务印书馆，2008：10.

权的互换，背后涉及的是人的基本权利。如何制定规则或实施规则，包括知识产权司法原则，既是维护人的基本权利、界定产权的保障，也是市场效率的保证；既要符合知识财产的特性，也要回应不同国度的技术和经济实情。

按照新制度经济学的观点，制度是一个社会的博弈规则，或者更规范地说，是人为设计的约束，它组织着人类的相互交往。制度由正式约束（规则、法律）、非正式约束（行为规范、传统、自我行为准则）及其实施方式构成，它们一起决定了社会尤其是经济激励结构。① 新制度经济学视野中的规则，包括正式规则和非正式规则。正式规则为政治权力、经济提供法律和秩序，指政治规则、经济规则和契约。政治规则界定了政治的等级结构，包括其基本的决策结构、日常程序控制的外部特征。经济规则界定产权，包括对财产的使用、从财产中获取收入，以及让渡一种资产或资源的一系列权利。契约则包含了专属于交换的某个特定契约的条款。② 非正式规则诸如宗族规范、礼尚往来风俗、清浊廉耻的道德观念、崇尚慷慨和荣誉的伦理。司法原则或曰司法规则，一方面指司法权运行的程序规则，对于人民群众而言，就是诉讼程序法，这部分属于政治规则；另一方面，司法规则还包括司法权运行的实体规则，也就是司法裁判中用于界定当事人权利义务的规则，这部分可能涉及公民的基本权利，但更多地界定财产权、交易规则，故可模糊归属于经济规则。

专利权更多地体现为一种经济权利，专利等同规则无非也是用于界定权利之间静态横向和时间纵向之间的经济利益分配。同时，法院的司法判决有解决纠纷和规则治理的双重效果，不但为具体案件定纷止争，而且个案确立的规则具有相对稳定性，必将成为规范同类法律关系的准绳，为社会主体在同类社会关系中活动提供了规则预期。因此，法院或法官的每次裁判几乎就是一次公共决策过程，这就是所谓的"法官造法"。专利侵权的等同判定原则，既是专利法律制度的组成部分，也是法院或者法官在知识产权司法裁判过程中"造"的司法原则，属于新制度经济学中"经济规则"的一种。在制度经济学的规范体系中，专利等同原则之于"规则"，可以沿着"规则—正式规则—政治规则/经济规则—司法规则—专利司法规则"进行定位，也可以沿着"规则—正式规则—经济规则—知识产权法律规则—专利法律规则—专利司法规则"进行定位，专利等同原则处于规则体系中的多层下位。

---

① 道格拉斯·C. 诺斯. 制度、制度变迁与经济绩效 ［M］. 杭行，译. 北京：生活·读书·新知三联书店，1994：4.

② 道格拉斯·C. 诺斯，制度、制度变迁与经济绩效 ［M］. 杭行，译. 北京：生活·读书·新知三联书店，1994：65.

按照这个逻辑关系，技术进步与制度变迁之间互相影响的理论，可应用于研究技术进步与专利等同原则发展的互动关系。基于专利等同原则作为知识产品的产权规则之认识，必须在技术进步与制度变迁的背景中研究专利等同原则建构的效率。

第二节　技术进步、制度变迁与观念建构的基础理论

经济合作与发展组织（OECD）在 1988 年《科技政策摘要》中指出："技术进步通常被看作是一个包括三种互相重叠又互相作用的要素的综合过程。第一要素是技术发明，即有关新的或改进的技术设想。技术发明的重要来源是科学研究。第二要素是技术创新，它是技术发明（常常体现为全新的或改进的技术）的首次商业化应用。第三要素是技术扩散，它是指创新随后被众多使用者采用。"① 索洛认为，技术进步主要表现为产品和装备水平的提高、工艺技术的改进、劳动者素质的提高和管理者决策水平的提高。② 克拉克认为，技术进步包含诸如工具和机械的发明改良、生产技术方面的知识发展、新产品的开发、劳动生产率的提高、资本效益的提高、成本的降低、大批量生产技术的开发、产品质量的提高等。学者们论证的结果认为，技术进步的方向总是正向的。③

一、技术进步水平的测度

技术进步与经济增长紧密相关，技术进步往往被作为驱动经济增长的工具。冷战结束后，大量军工技术被转为民用，成为"铸剑为犁"的很好脚注。技术进步水平的测度经常在与经济增长的相互关系中进行。技术经济的研究领域包括工程（项目）层面的技术经济问题、企业层面的技术经济问题、产业层面的技术经济问题和国家层面的技术经济问题，④ 技术进步水平可以从这四个层面进行测度。

技术进步是一种无形变量，无法直接测度，因此，测度一个国家或一个行业的技术进步水平并不容易。学者们在进行研究时主要通过三种途径

---

① 葛晶：技术进步与美国"新经济"［D］. 长春：吉林大学，2005：3.
② 雷家骕，程源，杨湘玉. 技术经济学的基础理论与方法［M］. 北京：高等教育出版社，2005：49.
③ 王瑞泽. 制度变迁下的中国经济增长研究［D］. 北京：首都经济贸易大学，2006：93.
④ 雷家骕，程源，杨湘玉. 技术经济学的基础理论与方法［M］. 北京：高等教育出版社，2005：8.

进行间接测度：一是投入指数，比如 R&D 投入；二是产出指数，比如专利申请数量；三是技术影响指数，比如劳动生产率、全要素生产率。[①]

自 20 世纪 50 年代起，经济学家们纷纷提出了技术进步对经济增长的贡献的测度方法。索洛 1957 年在《技术变化和总量生产函数》一文中提出了"余值法"；肯德里克（J. W. Kendrich）在 1961 年《美国生产率的发展趋势》等著作中，提出了生产率、全要素生产率之测度方法；乔根森（D. W. Jorsenson）在 1987 年《生产率与美国的经济增长》中，提出了分布滞差函数，建立了用于分析经济增长的一般均衡动态模型。受资料限制，本书在研究专利等同规则与技术进步互动性过程中，主要采用技术影响指数进行测度。为了保证可比性，尽量统一采用劳动生产率，尤其是全要素生产率指标；谨慎采用投入指数和产出指数。

相比而言，投入指数和产出指数比技术影响指数受到更多不确定因素的影响，因而更容易失真。比如产出指数中的专利申请数量，以 2006 年为临界点，进入 21 世纪的中国经历了两次发明专利申请激增浪潮，第一次出现在 2001—2006 年，年平均增长率为 76.2%；第二次出现在 2007—2011 年，年平均增长率为 24.4%；2011 年中国的专利申请量突破百万件，跃居世界第二大专利申请国、国际专利申请世界第四。[②] 一个鲜明的对比是，根据汤姆森路透（Thomson Reuters）发布的"全球创新百强"企业名单，美国以 40 家企业居榜首，日本有 27 家企业入榜，中国尽管有炫目的专利申请量，却依旧无缘百强创新企业名单。显然，出现专利申请数量激增现象有多种原因，以此作为测度标准将导致对中国该历史期间技术进步水平的误判。另外，相对于专利申请数量，经过审查后的专利授权数量"挤掉"了多重"水分"，故在有后者数据的情况下，尽量不用前者数据。

作为测度指标的劳动生产率，是指各经济部门全部从业人员的每小时平均产值。根据技术进步的作用机理，技术进步的成果不仅通过提高生产的社会化、专业化及协作化程度来提高劳动生产率；而且，新技术的应用、新产品的开发也提高了劳动生产率。因此，劳动生产率水平基本反映技术进步水平。按照乔根森的划分，劳动生产率的增长可分为三个来源：一是资本深化，即每小时投入资本的增长率，反映了资本与劳动的替代情况；二是劳动质量提升，反映具有高边际产品的劳动力在全部劳动中比重的上升；三是全要素生产率（TFP, total factor productivity）增长。按照这

---

① 舒元，才国伟. 我国省际技术进步及其空间扩散分析［J］. 经济研究, 2007 (6)：106 – 117.

② 詹爱岚. 全球创新竞赛视域下的中国专利激增动因及创新力研究启示［C］//"知识产权与创新驱动发展"论坛暨中国知识产权法学研究会 2013 年年会论文集, 2013：705 – 712. 该文分析了专利激增的动因，指出专利激增现象同样在欧美国家具体历史阶段出现过。

种划分，采用全要素生产率来衡量技术进步水平，比劳动生产率更合理。

全要素生产率是新古典学派经济增长理论中用来衡量纯技术进步在生产中的作用的指标，指全部生产要素（包括资本、劳动、土地，但通常分析时都略去土地不计）的投入量都不变时，而生产量仍能增加的部分。纯技术进步包括知识、教育、技术培训、规模经济、组织管理等方面的改善。可以看出，所谓纯技术进步并不仅仅是技术发明、技术创新和技术扩散这些狭义的"技术进步"范畴，还包括制度变迁。著名的"索洛命题"（Solow's proposition）断言，技术进步是经济增长永不衰竭的动力，它是递增而非停滞不前的。索洛在 1957 年《技术进步与总量生产函数》一文中提出了用产出的增长率扣除要素投入的增长率后的"剩余法"（即"索洛剩余"），从而使技术进步的测算具可操作性。① 20 世纪 70 年代，美国经济学家乔根森和克里斯滕森又提出了超越对数总量生产函数的新概念，把技术进步的测算方法提高到一个新的水平。现在，世界银行和国际货币基金组织采用全要素生产率（TFP）来测算技术进步。

全要素生产率在美国被称为多因素生产率（MFP, multifactor productivity）。根据美国劳工统计局的定义，"MFP 是指以不变价计算的单位劳动和资本组合投入所产出的货物和服务的价值。其变化反映了影响生产过程的一些因素的变化，这些因素包括技术变化、劳动者劳动时间的变化、生产能力利用的变化、研究和发展、劳动者的技能和努力程度、管理水平等"。② 在实证分析中，总产出与投入要素的比值可以用来测算全要素生产率，测算过程涉及生产函数、产出、资本投入、劳动投入和中间投入等方面。③ 目前，采用全要素生产率被认为是测量技术进步的最合适的方法。④ 正如前文指出的，影响全要素生产率的因素不仅包括狭义的技术进步，还包括制度变迁。比如，在出现经济制度倒退或者说负的制度变迁的历史时期，尽管技术进步为正向，如果前者将后者抵消且有余值，则测量出来的全要素生产率为负数，⑤ 在这种情况下，全要素生产率表现出与狭义技术进步较大的误差。本书讨论技术进步与制度之间的关系，大多数语境中指

---

① 有些文献直接将索洛剩余称为全要素生产率。参见王瑞泽. 制度变迁下的中国经济增长研究 [D]. 北京：首都经济贸易大学，2006：20.

② 姜均露. 经济增长中科技进步作用测算：理论与实践 [M]. 北京：中国计划出版社，1998：283.

③ 全要素生产率的测算方法可归结为两大类：一是增长会计法，二是经济计量法。前者包括代数指数法和索洛残差法；后者包括隐性变量法和潜在产出法。详细内容参见郭庆旺，贾俊雪. 中国全要素生产率的估算：1979 —2004 [J]. 经济研究，2005（6）：51 –60.

④ 蔡伟毅，陈学识. 国际知识溢出与中国技术进步 [J]. 数量经济技术经济研究，2010（6）：57 –71.

⑤ 比如，我国在 20 世纪 50 年代中后期，就出现过这种情况。参见王瑞泽. 制度变迁下的中国经济增长研究 [D]. 北京：首都经济贸易大学，2006：93.

的是狭义技术进步，因此，在个别历史时期，全要素生产率之测量方法的误差不可回避地存在。

二、技术进步与制度变迁

按照新制度经济学的观点，由于制度安排决定了经济效率，一种制度安排的效率就可能不同于另一种，那么历史的进步和经济的发展就可以在制度变迁中去寻找原因。制度变迁就是高效率制度对另一制度的替代过程，它涉及制度创新。诺斯指出，制度变迁通常由对构成制度框架的规则、规范和实施的复杂结构的边际调整所组成。[①]

熊彼特认为，技术进步与市场经济制度相联系，是竞争过程的一个组成部分，是与经济增长交互作用的一个渐进过程。在经济增长的话题中，制度和技术是两个下位概念。研究者关注的是，源头上到底是技术创新（或技术进步），抑或是制度创新（或制度变迁）促进了经济增长。前者是"技术决定论"，后者就是"制度决定论"。第三种观点则认为，是技术进步和制度创新共同促进经济增长。

1. "技术决定论"中技术进步与制度变迁的关系

凡勃伦认为，制度就其性质而言，就是对物质环境引起的刺激发生反应时的一种思想的习惯方式，因此，制度必然随着物质环境技术的变化而变化。而且，物质环境（技术）是不断变化的，制度则是以往过程的产物，同过去的环境相适应，所以总是赶不上天天都在变化的环境（技术）。还有，制度具有保守的倾向，除非出于环境（技术）的压迫而不得不改变，一般总是想无限期地坚持下去。[②] 在强调技术变迁决定制度创新的同时，凡勃伦注意到了制度创新对技术创新的影响。他指出，商业制度导致新技术的引进，导致新技术在私人利益而非社会利益上的利用。[③] 以古典、新古典经济增长理论和新经济增长理论[④]为基础的"技术决定论"在技术内生和生产规模收益递增的假设下，深入研究了知识技术的发生机制，认为技术变革是个人追求自身利益最大化的结果，而广泛的分工和专业化是

　　① 道格拉斯·C诺斯. 制度、制度变迁与经济绩效［M］. 杭行，译. 北京：生活·读书·新知三联书店，2008：15.
　　② 凡勃伦. 有闲阶级论［M］. 北京：商务印书馆，1964：139－142.
　　③ 马尔科姆·卢瑟福. 经济学中的制度［M］//经济学中的制度：老制度主义与新制度主义. 北京：中国社会科学出版社，1999：115－116.
　　④ 新经济增长理论是在1956年美国经济学家索洛提出的新古典增长理论基础上改进而来的。新古典增长理论也叫内生增长理论，它明确了技术进步是推动经济增长的关键，但是把技术进步当作是经济增长的外生变量。1986年，另一位美国经济学家罗默以此为基础，提出了以"内生技术变化"为核心的"知识溢出"模型，开辟了新经济增长理论的先河。

技术进步的条件。"技术决定论"打开了索洛剩余的"黑箱",但把制度当作经济增长的外生变量,则缺乏对制度问题的深入考察。

2. "制度决定论"中技术进步与制度变迁的关系

"制度决定论"以新制度经济学为基础。新制度经济学把制度引入经济系统中,从内生化的角度出发,强调了制度对技术进步的决定性作用。首先,技术进步需要以制度的激励为其前提。技术进步是经济性的行为,其执行者受到个人收益最大化原则的制约。知识财产又具有一定的公共物品属性,如果不能有效地消除知识财产的负外部性,整个社会都会陷入无效率的怪圈之中。健全的知识产权制度能调动个人对其资源重新配置的积极性。资源的重新配置实际上就是熊比特所指的"生产组织的变动",即"创新"。其次,技术进步是制度变迁的结果。怀特海指出:"十九世纪的重大发明是发明方式的发明。"科学技术革命中最有意义的事情是科研体制的变革。发明家从事发明不是单纯地追求个人乐趣,更重要的是物质刺激。正是因为存在制度的持续变迁才诱发了技术的不断进步。再次,技术进步体现在制度变迁之中。诺斯等人将用于解释技术进步的理论适用于分析制度的变迁。在他们看来,"它们(制度)不过是技术流程的另一种形式(尽管或许是一种更为一般的形式)"。为此,诺斯的经济增长模型是一个以产权为基本立足点,以制度变迁为核心,包括了产权理论、国家理论、意识形态理论在内的严密理论体系,而不是以往以技术为出发点的经济增长模型。最后,制度也是造成技术进步与生产增长率发生偏差的重要原因。诺斯等人指出,制度由于政府等主体谋求自身效益的制约,导致无效率制度胜过了有效率制度而被维持;而制度变迁的巨大成本又使得无效制度在特定的区域内不能在短时间内得以变革,社会发展就被锁定在一个恶性的循环状态之中。因此,落后国家即使采取诸如进口替代、出口替代等措施试图消除其与发达国家之间的技术资源落差,由于无效制度的路径依赖,仍然无法对经济增长起持续的推动作用。[①]

制度决定论克服了技术决定论的弱点,认识到市场经济制度对于技术进步的诱导、对于技术扩散的信号作用。按照新制度经济学的观点,制度变迁的关键在于组织和制度在相对价格与潜在利润的变化下进行持续的交互作用。然而,制度不可能自己给自己提出变迁的要求,规定变迁的任务,指出变迁的方向。[②] 总体看来,制度决定论所阐述的制度变迁动力机制尚停留在用制度说明制度的层面。尽管如此,新制度经济学已经注意到技术进步对制

---

① 王晓松. 新制度经济学视野中的中国技术进步研究 [D]. 长春:东北师范大学,2003:13 – 15.

② 何恒远. 技术与制度的互动研究——经济增长的一个理论视角及个案检验 [D]. 湘潭:湘潭大学,2003:28.

度创新的影响。例如，技术进步能够促使产出在一定范围内发生规模报酬递增，并使更复杂的组织形式的建立变得更有利可图；技术变迁产生了工厂制度，并在城市工业社会中，促成经济活动的凝聚。再如，技术进步不仅增加了制度安排改变的潜在利润，而且降低了某些地区制度安排的操作成本，诸如电话、计算机等使信息成本迅速降低的技术革新，使改进市场和促进市场流通等方面的制度革新变得有利可图（戴维斯、诺斯，1996）。

3. "共同决定论"中技术进步与制度变迁的关系

技术与制度"共同决定论"[1] 试图调和、折中"技术决定论"与"制度决定论"之间的争论，为经济增长提供二元的而不是单一因素的决定论思路。拉坦认为，技术创新与制度创新，一方不能决定另一方，二者之间是相互影响、相互依赖的关系。他还认为，引起技术创新与制度创新的原因是非常相似的。一是对技术创新与制度创新的需求的原因非常相似；二是技术创新与制度创新的供给转变是由类似力量形成的。科学与技术知识的进步降低了由技术创新形成的新收入流的成本，社会科学与有关专业知识的进步降低了由制度效率的收益（包括解决冲突时的技能提高）所形成的新收入流成本。[2] 还有观点认为技术与制度在相互影响、相互促进中发展。技术创新是一种基础的决定力量，正是它推动和决定了制度的变革和创新，且随着某些根本性制度的创新，制度对技术创新也越来越成为一种决定性推动力量，技术创新与制度创新之间是一种交互决定关系。[3] 共同决定论试图调整技术决定论和制度决定论的视角，但很明显，无法摆脱"不可知论"的思维范式，陷入了"蛋生鸡，鸡生蛋"的循环悖论。

事实上，无论在哪种论调中，技术进步与制度创新两者互相牵动并互相制约的关系已十分明显。将其置于经济增长的语境中，两者犹如复杂系统内的齿轮铰合关系，一个齿轮的转动必将引起另一齿轮的联动，到底哪个驱动哪个，抑或是两轮齐驱，只不过是论证的逻辑起点不同，动力源泉也许得到系统以外去寻找。

在制度决定论中，造成制度变迁预期收益大于预期成本的原因，可能是生产力水平的变化（技术进步），也可能是社会系统的开放性。对既定的制度而言，前者形成"资源与技术压力"，后者则形成"制度比较压力"。释放这种"压力"而非放任其存在的动力源在哪里？答案在更加宏

---

① 主张"共同决定论"的学者，国外有拉坦（Ruttan，1978）、马斯兹（Mathews，1986），国内有王忠民（1997）、高树枝（1999）、袁庆明（2002）等。转引自何恒远. 技术与制度的互动研究——经济增长的一个理论视角及个案检验 [D]. 湘潭：湘潭大学，2003.

② 拉坦. 诱致性制度变迁理论 [M] //财产权利与制度变迁——产权学派与新制度学派译文集，上海：上海三联出版社，上海人民出版社，1994：338 - 339.

③ 袁庆明. 技术创新与制度创新的关系理论评析 [J]. 中州学刊，2002（1）：51 - 53.

观的逻辑起点——人身上：动力源于人类追求产出结果——经济增长的路径设计中，"归结为一点，即人类对净收益或经济增长永不衰竭的追求"。[①]

三、技术进步与专利制度

1. 技术进步对专利制度的牵动作用

第一次工业革命发生在 18 世纪中叶至 19 世纪中叶，以蒸汽机的发明为标志，实现了生产方式从手工作坊到机械化大生产的改变。它不仅提高了人类对自然资源的开发和利用程度，而且技术本身成为一种资源，一种比自然资源更为稀缺的资源。社会经济生活促使人们寻找一种适当的制度安排来遏制技术资源的滥用并规范技术产权，如同以前确立了诸如土地、矿产等有形物一样。这种技术的"比较压力"终于推动了制度的变迁，专利制度得以建立。现代意义的专利法是在 1624 年的英国以"独占法"（或者称为"垄断法"）的名义出现。第二次工业革命发生在 19 世纪中叶，人类从蒸汽时代进入电气时代。这个时代，专利制度已在主要工业国家普遍建立，但是专利权的地域性与众多领域的革命性技术进步，以及日益增长的国际经济交流越来越不适应。以 1873 年维也纳国际博览会为契机，专利保护的国际合作催生了《保护工业产权巴黎公约》，踏出了专利制度国际化的重要步伐，确定了国民待遇原则、优先权原则，专利申请国际化由此开始起步。第三次工业革命（此次革命应该称为科学技术革命更恰当）从 20 世纪开始，以微电子、原子能、电子计算机、空间技术、信息技术为标志。这个时期，高技术含量的知识产品大量涌现，极大地冲击着专利制度。世界知识产权组织、关贸总协定、世界贸易组织的 TRIPS 协定就是在这个背景下产生的。专利制度中，受保护的客体不断拓展，保护措施不断完善。关贸总协定的知识产权协定规定，"一切技术领域中的任何发明，无论产品发明或方法发明，只要具有新颖性，含创造性特征并付诸工业应用，均应有可能获得专利"。专利制度成为社会制度变迁中对技术进步反应最为敏感的部分，专利制度发展的每一步，都打上了相应的时代技术进步水平的印记。

2. 专利制度对技术进步的牵动作用

在知识产权的对价理论中，专利权不过是社会契约的文本，它实现了权利人与社会公众的利益交换，即权利人获得了一定期限的独占权，社会公众则得到了发明创造的知情权。一方面，专利权边界相对清楚，大幅度

---

① 何恒远. 技术与制度的互动研究——经济增长的一个理论视角及个案检验［D］. 湘潭：湘潭大学，2003：36.

地减少了不确定性。权利的独占性对权利人的激励则是不言而喻的。社会公众的知情权同样重要，它不仅促成资本与技术的联姻，使得技术进步给权利人和投资人带来回报，而且使同行业的研究者避免重复研究，节省了社会成本，还在独占期届满后进入社会公有领域，成为人类进步的阶梯，加速了技术创新的步伐。因此，纳尔逊把专利制度看作是非常重要的"制度设置"。① 另一方面，专利权既为独占权利，则大大限制了可供交易的知识成果的供应量，降低了技术成果从潜在生产力转化为现实生产力的可能性，尤其是不恰当延长独占期限，或者通过等同原则不恰当地拓展专利保护范围，均将延长技术进步的循环周期，阻碍技术成果在更大范围内得到传播。在国与国的相互关系上，技术落后国采用与技术先进国相同水准的知识产权保护高度，事实上将导致后者的技术垄断和价格垄断。

　　技术进步与专利制度的关系，再现了技术进步与制度变迁的齿轮铰合效应。靠着卓越的发明天分、超乎常人的工作精力和不畏艰苦的探索精神，爱迪生一辈子拥有了数以千计的发明成果。显然，爱迪生的成果还得益于当时美国专利制度对其发明利益的有效保护、得益于当时美国宽松的社会经济环境为发明创造提供了巨大的市场和空间。② 同时，他在电灯、电话、电报和电影方面的发明，促进了第二次工业革命。正如上文所述，第二次工业革命极大地推动了专利制度的变迁。

四、技术进步、制度变迁与观念建构

　　观念是人们在生产、生活实践中形成的各种认识的集合。观念包括心理结构、思维方式和价值观，其核心是价值观。在制度经济学的规则体系中，指引人们行为的观念属于非正式规则。建构论认为，人类不是发现了这个世界，而是通过引入一个认识结构在某种意义上"创造"了它。康德认为，正确的认识特别是各种科学知识，实质是由一系列"先天综合判断"构成的，科学认识是感性经验同理性形式的双向建构过程。诺斯则提出"先存的心智构想"（preexisting mental constructs）③ 来定义观念。建构论认为，我们理解世界的方式、使用的概念及分类都具有历史和文化的特性，因而观念和知识的产生是一个社会过程，观念、知识与社会行动相互

　　① 纳尔逊. 美国支持技术进步的制度［M］//多西. 技术进步与经济理论. 北京：经济科学出版社，1992：380.

　　② 杨利华. 美国专利法史研究［M］. 北京：中国政法大学出版社，2012：194－197.

　　③ 道格拉斯·C 诺斯. 制度、制度变迁与经济绩效［M］. 杭行，译. 北京：生活·读书·新知三联书店，2008：7.

影响、相互作用。①

技术不是脱离人孤立存在的力量。R. K. 默顿在谈及 17 世纪中期以后科学和技术在英国的发展时指出，"所有这一切并不是自发生成的。其先决条件已深深扎根在这种哺育了它并确保它的进一步成长的文化之中，它是长期文化孵化生存的一个娇儿"。② 一方面，文化价值观念可以说是技术进步的"遗传基因"。不同的传统习俗、群体心理、思维方式和行为模式将塑造迥异的技术文化形象和技术进步路径。价值观念"锁定"了社会主体的心理依赖，人们以它为尺度去量度、评判、裁定现实事物和现象，审视实际生活。社会主流的价值观念则被蕴含于社会制度规范之中，为社会群体及个体成员间复杂的交往、交换提供了共同的标准和调节手段，其对技术进步的影响尤为明显。另一方面，技术进步也瓦解、重构着价值观念。在技术进步与制度变迁的互动关系中，技术进步引致的制度变迁并不是空穴来风，其传导过程基本如下：技术进步—经济增长—观念更新—制度变迁。忽视观念这个"人"的因素，将技术进步与制度变迁的互动关系理解为自然而然发生过程，显然不得要领。

观念本身具有强大的功能效用。杨光斌在《观念、制度与经济绩效——中国与印度经济改革的政治学理论价值》一文中认为，中国和印度的制度创新带来了经济上的加速度增长，验证了制度变迁理论的一个基本假设，即制度安排的变迁导致经济绩效的变化。但是，两国制度安排上的变化是在既定的制度结构不变的前提下发生的，而两国的制度结构又是如此不同，可见，两国的制度创新和经济增长主要来自思想观念的革命性变化。③ 作者嵌入建构论，提出如图 3 - 1 的"制度范式"结构④：

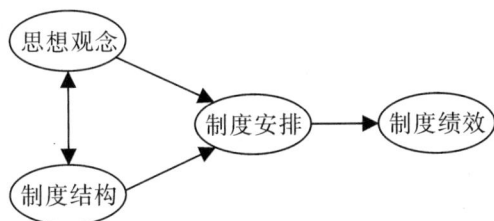

图 3 - 1 嵌入建构论的制度范式

---

① 张晓虎. 制度变迁的价值观念基础——建构论视角下的中国艾滋病问题 [D]. 长春：吉林大学，2010：18.

② 王黎黎. 影响技术进步的文化价值观念研究 [D]. 杨凌：西北农林科技大学，2013：1.

③ 杨光斌. 观念、制度与经济绩效——中国与印度经济改革的政治学理论价值 [J]. 中国人民大学学报，2006（3）：114.

④ 杨光斌. 制度范式：一种研究中国政治变迁的途径 [J]. 中国人民大学学报，2003（3）.

　　该结构的含义是，思想观念影响制度结构并改变制度安排，制度结构影响制度安排，制度安排决定制度绩效。在经典的马克思主义政治理论中，思想观念经常被视为制度结构的先导和灵魂，是进入了对方体内的赶海泥人。从此结构图，我们看到了思想观念之于制度结构的独立性和生命力。

　　观念是多层次的。在一个多元社会中，除了占统治地位的主流价值观念外，还存在着多种价值观念。比如，对于"山寨"现象，官方与普通民众的价值观念并不相同。官方的价值观念被贯彻在法律、政策、指令中，以国家强制力为依靠，具有天然的优势。在普遍存在技术进步水平与知识产权共同规则紧张关系的发展中国家，普通民众的价值观念则往往由于朴素的实用主义而拥有更多数的支持者，成为官方推行政策过程中"投鼠忌器"的掣肘力量。事实上，由于制度结构的凝固性，在官方的主流意识形态中，价值观念总是早于制度结构而"苏醒"，成为制度结构的"异化"力量。

　　按照图3-1的制度范式，普通民众的价值观念将作为制度安排的一极，部分地左右着制度安排；官方价值观念的影响力则不言而喻。当技术进步推动经济增长出现质变之时，官方价值观念的"异化"力量加速增长；同时，非主流价值观念发生裂变，与主流价值观念出现大面积重合，社会总价值观念的生命力得到大幅增强，与制度结构共同决定了制度安排，导出实在的制度绩效，既定的制度变迁目标真正发生。正是在这个意义上，胡玉明认为观念驱动行为，观念可以改变历史的轨迹，观念也可以创造奇迹；先进的观念有助于推进人类社会的进步，落后的观念却阻碍人类社会的进步。[①]

　　然而，在这个质变节点到来之前是一个漫长的量变过程，充满着观念与制度结构、主流价值观念与非主流价值观念的博弈。此博弈过程就是观念重构的过程。此过程中，掌握"公器"的法律、政策实施群体的观念先行具有十分重要意义。这种先行的观念包括对技术进步与制度变迁的互动关系的认识、对全球知识产权共同话语与本土资源的认识，以及对思想观念更新的重要性的认识。以此观念为圭臬，专利等同原则的应用才有可能适应于本国技术进步水平，并发挥推动技术进步的作用，共同促进经济增长、增进人民福祉。

---

　　① 胡玉明. 观念改变历史轨迹［N］. 中国注册会计师，2004-04-23：75-77.

第三节　专利等同原则在技术进步轨道中的产权效率

在制度经济学的产权分析框架中，科斯提出了交易费用和边际成本概念。他在《社会成本问题》中以妨害（nuisance）侵权问题为例，对法律制度进行了经典的经济分析。科斯认为侵权问题具有"交互性"：以互相冲突的方式使用财产的双方都将引起妨害；避免对其中一方的妨害将会使另一方受到妨害，最后必须决定的是到底允许谁损害谁（权利的初始配置）。经济学角度的推演结论是"避免更严重的损害"（资源配置效率最大化）。这个思路被后人总结为"科斯定理1"（Coase Theorem）：如果交易成本为零，无论权利初始配置如何，当事人都能通过交易实现资源最优配置；或者说，假定交易成本为零，只要权利界定清楚，当事人就会进行互利的交易，市场机制就能实现效率最大化。然而，这个定理犹如"摩擦力等于零"物理模型，仅具备逻辑起点的意义，人们更关心的则是交易费用为正的现实世界。因此有了"科斯定理2"：如果交易成本为正，当事人就不一定能通过交易实现资源最优配置（"市场失灵"）。此时，如果法律制度的首要目的是效率最大化，在运用法律制度进行权利初始配置时就要考虑：假设交易成本为零，当事人会通过谈判达成什么样的协议（"模拟市场"）；或者直接将权利配置给能以最高的收益使用资源的一方（"政府替代"）。①

科斯定理分析了产权和效率之间的各种假设，力图使产权更清晰；并假定，如果产权能够更清晰，应该对效率产生更大影响。"产权清晰、效用最大化"不是简单的关于产权和效率的经济学命题，还可视为以产权公平配置为前提、效率最大化为目的的社会经济体构造的原理、方法和实践。② 诚然，科斯定理在引入法理学和被介绍到中国的过程中受到诸多质疑，比如经济学的"产权"概念与海洋法系中"财产权"和大陆法系中"物权"的概念的区别、经济学片面追求效率而无视公平的"冷血"嫌疑、交易成本与"界权成本"等问题。尽管如此，科斯的这种经济学研究思路令人耳目一新。正如凌斌指出的，科斯的普适贡献在于"进路转变"："当经济学家比较那些替代性社会安排时，适当的程序是去比较不同安排产生的总体社会产品"；而"科斯定理及其推论其实只是科斯进路的副产品"；要真正对法律确权过程的种种问题深入理解，依然应当遵循"科斯进路"，

---

① 苗壮. 科斯定理及其应用：上［N］. 法制日报，2007 – 10 – 28.
② 徐瑄. 财产权及其交互性——马克思和科斯发现了什么［J］. 暨南大学法律评论，2007 (1).

从比较替代制度的社会整体福利角度入手。①

一、技术进步轨道中的模仿创新

最早提出技术的自然轨道概念的是纳尔逊和温特，后来多西提出了创新的技术轨道概念和思想。在多西看来，某一技术领域如有大的进展，当这一进展在某个时段相对稳定时，相应的技术体系就可能形成一种技术范式；如果该技术范式较长期地支配该领域的技术活动，特别是创新活动，则这一技术范式即形成了一条技术轨道。② 在技术创新市场③中，创新者顺其而上则畅，即高效率、低成本地推出创新；逆其而行则亡，即可能在技术活动中屡遭挫败。作为理性人，创新者不会做扑火的飞蛾，而总是选择顺畅的道路上行。

从哲学角度看，事物的发展总是渐进的，并且是不断积累的量变，可能突变为质变。技术进步的轨道也是如此，总是从初级到高级，从简单到复杂，这个积累过程是不可逾越的。这种技术进步轨道直接体现为，改进型的技术创新占主要部分；开创型的技术创新则如"圣人"一样，"一千年才出一个"。其实，即使是开创型的技术创新，究其细节，也不过是"小步快跑"的结果，或者是融通若干领域诸多细小创新的集成而已。根据美国科学基金会在 1976 年所做的一项调查分析，全球在 1953—1973 年产生的约 500 项主要技术创新，其中 90% 属于改进型技术创新，也就是模仿创新。国内学者则证实，在世界技术进步历史上，后起的模仿创新者可取代最初的原发创新者成为某领域的市场领导者。美国、日本、韩国等国家在发展早期都是被大量的模仿创新所推进的。④ 例如，韩国三星公司在早期以技术模仿为主，为尽快缩短与技术领先者的差距，实施了模仿创新和技术追赶战略；日本佳能公司之于美国施乐公司在复印机技术方面的赶超也是如此。即使在技术创新能力较强的发达国家，模仿创新也受到充分重视。有研究认为，目前国际上技术创新活动有从原始创新转向非突破型创新和在现有技术基础上的模仿创新的趋势，在很多高新技术领域表现尤

---

① 凌斌. 界权成本、洛克世界与法律经济学的视角转换［J］. 北大法律评论，2012（1）：159 – 178.

② 雷家骕，程源，杨湘玉. 技术经济学的基础理论与方法［M］. 北京：高等教育出版社，2005：24.

③ 阳光辉在其博士学位论文《科技创新市场的国家干预法律机制研究》（2009）中认为，科技创新市场是指包括科技创新知识的投入和产出、供给和需求的市场，不仅包括具有竞争性的私人技术创新市场，也包括具有公共物品性质的基础科学创新市场。在该处，本书的技术创新市场针对前者，指某一技术领域中，私人对技术财产权的抢占。

④ 赵晶媛. 技术创新管理［M］. 北京：机械工业出版社，2010：173.

其明显。① 正如西方一句著名的谚语所说："模仿是竞争的生命线。"

　　技术演化规律牵导着模仿创新。技术演化规律包括尾随企业自身技术轨道的刚性，特定技术和商品的生命周期的演进，企业发展中的技术替代等。模仿创新的一个重要特点是企业通常迷恋于顺沿本企业的技术轨道模仿他人的率先创新，因为这种"顺轨模仿"交易费用较低。特别是当企业之间拥有相同或相近的创新技术体系时，在特定技术的市场生命周期内，某些企业的率先创新必然会引发另一些企业的模仿行为。同一技术生命周期内，通常包含着若干种商品的市场生命周期，尾随企业多数会在创新商品的市场生命周期成熟前期的较后时点，或成熟期的较前时点转变为模仿者。特别是在进入成熟期后，率先者才可能向观望者和尾随者显示较为完备的创新行为信息以及市场信息和盈利信息，这期间市场上的模仿创新最为活跃。②

　　适度的模仿创新通过模仿扩张中的乘数效应、③ 增值效应和优化效应强化了经济增长。熊彼特将经济视为一种循环流，强调成功的创新被其他企业模仿，直到创新被吸入到一种新的循环流范型为止，这才是经济增长的本质。他这里所强调的，正是模仿创新的乘数效应，即模仿创新得以实现的投资因素和消费因素是经济增长的基本变量，二者任何程度的微量增长，都将带动整个经济数倍于前述变量本身变动的增长幅度。现实中的模仿，多数伴随着改进，甚至会实施二次创新，从而引发模仿创新的增值效应。模仿创新的优化则主要表现为：①促使模仿创新者成为率先创新者；②通过卖方竞争和供求竞争机制，优化投向市场的被模仿商品和商品结构；③围绕模仿者发生的竞争会使稀缺的资源趋利而流，从而实现经济体中资源的优化配置。遗憾的是，现实中的模仿往往脱离理性。在模仿扩张达到边际产量后，总还有一些企业继续模仿，从而导致模仿的过度扩张。究其原因，主要是模仿创新产品供求信息的获得难以及时、完备和准确，以及一些新模仿者的非理性。过度模仿导致生产能力过剩、供给过剩，资源配置效率降低。

---

　　① 冯晓青. 技术创新、知识产权战略模式的互动关系探析 [C] // "知识产权与创新驱动发展"论坛暨中国知识产权法学研究会 2013 年年会论文集，40 - 49.

　　② 雷家骕，程源，杨湘玉. 技术经济学的基础理论与方法 [M]. 北京：高等教育出版社，2005：65.

　　③ 技术创新的乘数效应：率先技术创新投资增加了 ΔI_i，产生了率先创新的技术成果。由于技术创新的外溢效应，必然扩大社会对技术创新成果的利用，从而引起社会收益的增加 ΔY，并且社会收益的增加是率先创新投入量 ΔI_i 的数倍。乘数记为 $\theta = \Delta Y / \Delta I_i$。

二、专利等同原则对于技术进步的特殊价值

在技术进步轨道中，专利技术成果通过两道"关卡"得到精确的权利保护。在专利申请这一关中，行政授权的专利保护范围为技术成果画了一张"文字肖像"；在司法保护这一关中，司法权关于等同范围的界定，通过规范要素的组合刻画了这张"文字肖像"的外部边界。在这个意义上，等同判定过程就是对专利权的"二次确权"，等同原则遂成为技术进步轨道中的产权规则。在行政授权过程中，实用新型专利未经实质审查；发明专利虽有实质审查，但是在有限的对比文件、有限的异议时间中进行的，表现为实质审查的非充分性。专利侵权诉讼中，专利权面临着被证伪的容易性，被诉侵权人只要收集到一个在专利申请日之前的已有技术，即可阻却侵权诉讼。因此，等同原则就是在创新领域针对技术模仿进行规则治理的司法原则，等同原则规范要素的不同组合决定了等同范围的严宽程度，从而决定模仿创新的规模和程度，起到控制技术进步节奏的作用。司法权通过对技术的"二次过滤"，影响着模仿创新乘数效应、增值效应和优化效应的发挥。同时，等同原则适用标准的严宽决定着专利权的宽度，意味着在静止状态下专利权受保护的强度，起着把握技术成果质量的作用。在技术创新市场，等同原则的严宽更意味着能否为关联技术的后继创新开辟空间，起着调节市场结构的作用。

各国专利立法的通例都将专利等同原则的适用划入司法权"自由裁量"的范围。在全球经济一体化的今天，各国基本知识产权法律制度已趋于一致，各国法律体系有开放的一面，但是，作为主权象征的法律系统，基本面是封闭的，服从于一国国家和民族利益，专利等同原则无疑义地归属这块可进行动态管理的"自留地"。中国是单一制国家，作为"自由裁量"结果的等同原则可以理解为贯彻在整个司法系统中的司法政策。美国是联邦制国家，司法体系既有联邦法院也有地方法院，但是专利司法原则是基本统一的，联邦巡回上诉法院就是为了统一专利司法原则而设立的。可见，无论在单一制的中国还是在联邦制的美国，均存在专利等同原则的系统封闭性。

在发展中国家，普遍存在着技术进步水平与国际共同规则的紧张关系，光靠市场的力量只会使情况越来越糟。"专利法要成为一种有效的制度，必须使革新的流动随着时间的流逝达到最佳程度——专利法必须平衡今天的革新与明天的革新。这一目标通过减少寻租而实现了。专利法不仅应当避免浪费性的竞争性的研究和开发，也不应当占据合乎社会需要的未来的研究和开发的空间。专利法确实包含了很多的规则用以平衡今天的发

明和明天的革新，限制对未来研究和开发的侵蚀。"① 基于此，一种被称为
"知识产权法政策学"的适用法律技巧在立法、行政和司法等领域中被提
出来。日本学者田村善之认为，如果现行法律制度阻碍效率性是很明显
的，而且也不存在与其他相邻部门在操作上的不同，也不涉及政治责任，
同时技术适格性的问题逐渐在消除，应当考虑允许司法的积极介入。他认
为，不应否定司法权产生的创设、强化知识产权的解释，在进行这种解释
时应该踏寻着法条的构造、揣摩法律制度的要旨进行，但是，围绕着知识
产权制度形成过程中被扭曲了的问题，可以依靠司法的判断为之打开一道
考虑到利用者的而与法律旨趣无关的通风口。② 以等同原则为例，如果被
诉侵权物不在专利权要求范围之内，专利法关于权利要求的要旨中对是否
保护当事人的预测可能性又不明确，在针对判断是否容易置换专利权利要
求中的特定要件的问题上，是做出肯定专利权侵害的解释抑或相反，应当
权衡侵权纠纷有没有被过高标准的法律制度所扭曲，而将之理顺。田村善
之所称的"知识产权法政策学"与前文所述的公共政策意蕴相同。在司法
政策和思想观念的共同作用下，适合于本土具体历史时期的等同原则适用
标准最终形成。

　　知识产权法律系统中专利等同原则受制于技术进步水平，同时作用于
技术进步。在系统论中，复杂系统是指非线性系统且在临界性条件下呈现
混沌现象或混沌性行为的系统。③ 非线性是动力学方程中系统内部多因素
交叉耦合作用机制的数学描述。混沌学是非线性科学的一部分，一般定义
为在确定性系统中产生的貌似随机的不规则运动。在一个确定性的系统
中，其行为却表现为不确定性、不可重复性、不可预测性，这就是混沌现
象。E. N. 洛伦兹在 1972 年提出了混沌学中著名的"蝴蝶效应"。④ 在一个
复杂系统中，在一定的阈值条件下，其长时期大范围的未来行为对初始条
件数值的微小变动或偏差极为敏感，初值稍有变动或偏差，将导致未来前
景的巨大差异。正是由于复杂系统中诸多因素的交叉耦合作用机制，才导
致复杂系统的初值敏感性即蝴蝶效应。"蝴蝶效应"这种哲学概括，与中
国儒家思想中的"失之毫厘，谬以千里""一着不慎，满盘皆输"是同一
个道理。新制度经济学家诺斯也指出，由于历史和时间的重要作用，在制

① KENNETH W DAM. The economic underpinnings of patent law [J]. The Journal of Legal Studies, 1994: 247.

② 田村善之. 日本现代知识产权法理论 [M]. 李扬，等译. 北京：法律出版社，2010: 23 - 25.

③ 约翰·霍兰. 隐秩序——适应性造就复杂性 [M]. 周晓牧，韩晖，译. 上海：上海科技教育出版社，1994.

④ 1972 年 12 月，美国麻省理工学院 E. N. 洛伦兹在美国科学发展学会上发表了《蝴蝶效应》一文，提出了这样一个论断：一只小小的蝴蝶在巴西上空扇动翅膀产生的气旋，可能在一个月后的美国得克萨斯州引起一场风暴。

度变迁中初始条件的微小差异会由于制度的报酬递增和反馈功能而陷入无
效率的制度锁定状态。①

专利等同原则在制度经济学的规则体系中处于多层下位，并不天生地
具备这种效应；其只有在一定的阈值条件下才具备。诚然，在专利司法原
则中，等同原则是一个无法回避的难点问题，其涵盖了专利制度的目的和
诸多激励、约束机制。尽管如此，等同原则仍不足以具有"初始条件数
值"的意义。真正能导致"蝴蝶效应"的是它在技术创新市场的作用。模
仿是创新活动的重要知识来源和必经阶段。经验告诉我们，被作为专利予
以申请的智慧成果，大多只是巨人肩膀上的一小步，其只有站在巨人的肩
膀上才能完成这一小步。其他创新成果也大致如此，只有在充分吸收已有
知识的基础上，才能实现飞跃，而飞跃之前往往无法跨越模仿阶段。加上
创新主体之间的信息不对称，或者利益驱动，模仿的现象遂不可避免。竞
争激烈的地方，甚至有技术间谍出没。在中国，这种模仿被称为"山寨"。
用系统论的语言，技术创新市场这个复杂系统的诸多因素交叉耦合，已使
"何种模仿才算合法"成了极为敏感的问题。司法权在等同问题上秉承的
态度，无疑将正本清源，通过个案的适法树立规则，规范创新市场中的技
术模仿行为。例如，也许仅仅处理珠三角地区两家陶瓷企业之间的纠纷，
却可能影响了境外某陶瓷企业是否对境内某企业提起诉讼的决定，也可能
关系到某项陶瓷技术的更新换代。从这个意义上讲，等同原则的精神将在
作为复杂系统的技术产业领域，以及社会制度规则体系中逐层传导，起着
"蝴蝶效应"的作用。②

三、专利等同原则的产权效率分析

诺斯认为，制度及其变迁方式无时无刻都会影响经济增长的实效。③
在整个制度结构中，产权制度从根本上决定着整个社会的创业与敬业精
神，决定着经济中的资源配置效率。交易费用的降低是通过维持交易活动
与价值模式规范要求之相对一致性，以及维持制度结构本身的相对连贯性
等得以实现的，制度效率特别是产权效率是市场效率的关键性决定因素。
所谓资源配置的帕累托最优配置，仅在制度有效地使交易费用趋于零，技

---

① 陈书静. 诺斯经济哲学思想研究［M］. 上海：上海人民出版社，2008：241.

② 2012年，中国媒体有多则报道，好心搀扶老人者却被法院"过错推定"判定为侵害人。
这个司法规则就如同专利等同认定规则，在整个社会规范体系中地位不显，但其产生的传导效应
却是惊人的。它直接颠覆了乐于助人、见义勇为的社会伦理，重塑着有别于传统社会道德的法律
理性。

③ 道格拉斯·C. 诺斯. 制度与经济理论［J］. 美国经济学家，1992（1）.

术理性唯一的决定资源配置时才可能实现。① 制度均衡是指相应制度条件下的对立势力中的任何一方，都不具备改变现状的动机和能力的均衡状态。当制度状态处于帕累托最优配置时，一方获得利益已无法不损害他方利益，既定的制度安排和结构是令人满意的，人们无须也无意改变它，这种制度均衡为满意均衡。② 满意均衡制度结构中，经济寻租的机会趋于零，那些无力或不愿进行率先创新的企业家不得不将创新的主要努力放在模仿创新上，从而为实施模仿创新提供了制度空间。可见，制度创新尤其是产权制度创新，诱发着模仿创新的发生。有效率的制度与有效率的技术一样，共同决定着低的生产成本和交易费用，能够提供有效的激励，以支配那些可获得最大报酬的知识和技能的应用。不可忽视的是，满意均衡的产权制度安排，有效率地界定了产权边界，从外部阻却了过度模仿的发生。在不同国度或者既定国度的不同社会经济发展阶段，不同知识产权司法政策下的专利等同的范围不尽相同，它将扰动技术模仿创新的边界，导致对某一技术创新的模仿扩张和合理边界的移动。而一旦等同规则被确定，它规定了合法模仿的范围，从而确定了技术模仿的边际产量，模仿创新扩张至此边际后，技术创新创造市场和获取利润的能力趋于耗尽，过度模仿遂得以遏制。

李会明认为，产权效率是产权运行的效率，指产权运行过程中单位交易费用所实现的有效收益，可以用公式表示为：

产权运行效率 = （产权运行收益 - 产权运行成本）/产权运行成本

很明显，提高产权效率的途径是提高产权运行收益和降低产权运行成本。在产权运行收益既定的情况下，产权效率的高低取决于产权运行成本。而影响产权运行的因素，一为产权明晰度，二为产权安排的合理性。③ 产权明晰度达到最优的三原则是普遍性、排他性和可转让性。普遍性是指产权界定必须涵盖所有资源及其所有相关用途；排他性是指产权被界定给诸如自然人或者法人这样唯一的一个经济活动主体；可转让性是指资源可以从一个主体自由地让渡到另一个主体。产权安排达到合理最优则必须遵循波斯纳规则（Posner' Rule），即按照交易成本最小的规则安排产权。科斯把交易费用划分为政府交易费用、企业交易费用和市场交易费用。基于

---

① 雷家骕，程源，杨湘玉. 技术经济学的基础理论与方法［M］. 北京：高等教育出版社，2005：81.

② 雷家骕，程源，杨湘玉. 技术经济学的基础理论与方法［M］. 北京：高等教育出版社，2005：83.

③ 李会明. 产权效率论［M］. 上海：立信会计出版社，1995：28 - 36.

这种划分，需要比较政府交易、市场交易与企业交易这三种交易方式所产生的交易费用的大小。如果市场交易费用很高，高于企业内部交易所需要的管理费用，企业为了减少交易费用将选择合并或联合，以企业内部交易代替市场交易，此时，企业规模将扩大；反之，如果企业内部交易费用大于市场交易费用，企业规模将缩小，更多的交易市场完成。政府交易对市场交易的替代关系也如此，当市场机制培育不充分、市场主体契约精神缺失，管制性（或者指令性）的行政安排（或者司法安排）将代替市场交易发挥作用。如图 3 - 2 所示：

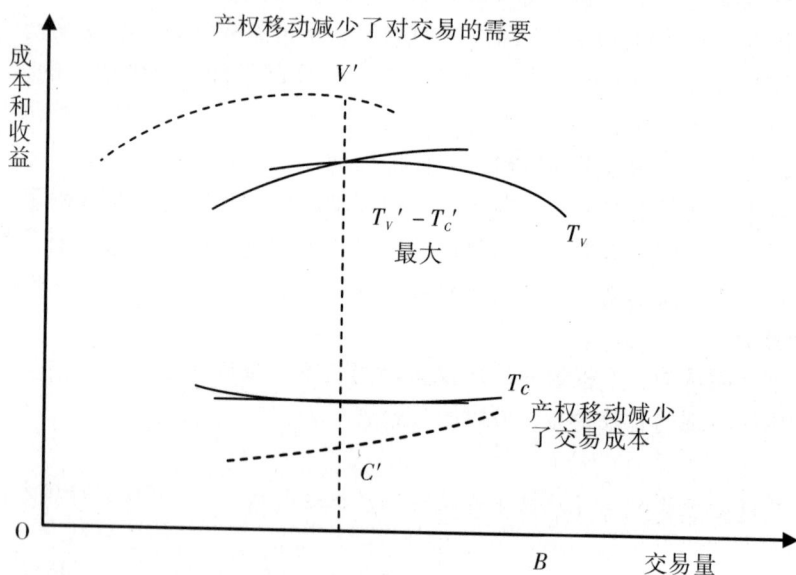

图 3 - 2　产权安排最优示意图

注：本图示参考了李会明《产权效率论》第 36 页的内容。

图中纵轴表示成本和收益，横轴表示交易量。T_c 为产权运行对于既定的产权安排下的成本收益曲线，T_v 表示收益曲线。一般而言，对于既定的产权制度安排，T_v 曲线总是向右上方倾斜，意即随着交易量增加，产权收益随之增加，当所有有效交易发生，收益达到最大点 T_v'。与此同时，如 T_c 曲线所表示的，交易成本也随着交易量的增加而增加。当交易量达到 T 时，收益曲线 T_v 和成本曲线 T_c 的斜率相等，产权运行的边际成本等于边际收益，T_v' 减去 T_c' 的差额最大，即净收益最大。在既定的产权安排下，作为理性人的市场主体可以根据不同交易场合（市场交易、企业交易抑或政府交易）中的交易费用高低，通过在不同交易场合的切换策略实现收益最大化。其在既定的收益水平上减少交易量，或者在既定的交易量前提下增加新收益，将使 T_v 向左上方外推；同时，其在既定成本水平上增加交易量，或者在既定交易量上降低成本，将使 T_c 曲线向右下方外推，这两种策略活动的实施都将扩大 T_v' 减去 T_c' 的差额，即扩大净收益。市场主体的这种策略活动，导致知识产品在不同交易场合的配置，结果是促成了知识产权制度的重新安排。

专利等同原则是一种司法规则，担负着产权制度供给的任务，使专利权权利边界明晰，交易费用降低，产权运行成本降低。技术发明创造在获得行政授权之后，专利证书以记载专利保护范围的形式明晰了该知识产品的技术边界，而将该项专利的等同范围如何确定留给司法权。司法程序中的专利等同认定，可视为该知识产品的"二次确权"，既定的等同原则澄清了专利保护范围语言表述作为权利人与社会公众之"契约"在被不同解读之后的纷争。可见，等同原则在为技术产品提供普遍性、排他性和可转让性的明晰产权方面的功能是不言而喻的，此为其一。其二，套用产权交易的三种方式，专利权的企业交易表现为技术模仿创新的自我实施，市场交易表现为技术模仿创新的许可实施，政府交易则表现为技术模仿创新的强制实施，以及对侵权行为的公权干预，包括行政查处和司法惩罚。这三种交易的替代关系是：如果技术市场不发达，市场交易滞缓，专利权人将选择由自己完成技术模仿创新。如果市场中的技术交易获利丰厚、富有效率，专利权人将选择把模仿创新任务"外包"，热衷于专利许可，自身则聚焦于核心技术或者新一代替代技术的研发。同样，如果交易市场不太发达，行使公共权力的行政或者司法当局不得不以管制、指令或者更多专利侵权司法赔偿的方式替代市场机制，此时侵权被视为知识产权交易的非合作方式。反之，政府交易让位于市场机制。

毋庸置疑，市场经济中的经营者总是试图在既定的产权安排中将收益曲线 T_v 推向左上方而将成本曲线 T_c 推向右下方，以此增加其净收益，具有强敏感性。因此，作为知识产权制度安排组成部分的专利等同范围过大，专利权人独占范围过大，往往导致不当的技术垄断，模仿创新的难度加大，模仿扩张的乘数效应、增值效应和优化效应减弱。在知识产品普遍供应不足的社会中，由于社会公众（不特定的技术竞争者）与权利人通过谈判达成技术交易难度加大，侵权这种非合作交易现象将变得更常见。此时，这项知识产权制度安排是效率低下的，应予调整。在新兴市场，这种现象尤应警惕，改善产权效率的做法是适当退缩专利等同范围，保证适度的技术模仿，并使政府交易趋近于市场交易。意即当交易成本为正，效率导向的权利配置方式是模拟市场；假设交易成本为零，观察当事人会通过谈判达成什么样的协议，结论是专利等同范围适当退缩。这个思路采用的是"科斯进路"：对于社会整体福利有待改善的新兴市场，效率具有优先性，替代制度的社会整体福利产出成为权利配置的主要考量因素。显然，专利等同范围的退缩将牺牲产权制度对权利人的部分激励。沿着这个分析思路，在技术创新市场得到充分发展后，这个做法将在新的时间点上显得不合时宜，伴随市场成长的"再平衡"做法是适当扩张专利等同范围，激励技术进步，提升技术市场素质。

四、知识产权司法原则的正义与理性

司法原则如果离开公平、正义，将失去生命力，因此，追求公平、正义是知识产权司法原则的首要任务。然而，当我们撩开正义的面纱，却发现正义有着一张变化无常的脸，随时可以呈现不同形状。正如博登海默所考察到的，柏拉图认为各尽其职就是正义；亚里士多德认为比例平等就是正义；马克思与恩格斯认为实现资源与经济地位的平等化就是正义；康德则认为正义是"一些条件之总和，在那些条件下，一个人的意志能够按照普遍的自由法则同另一个人的意志结合起来"。①在笔者看来，最大限度地实现社会共同福利，是正义的一个重要方面。正义的这个内涵引申开来，就是公共利益、民族利益或者国家利益。一个民族国家，无不把这种利益贯穿在法律和公共政策中，并将之默认为公共机构的"理性"（政策理性）。同时，社会共同利益的最大化，正是制度经济学家们所提倡的价值，其本身也是制度效率、产权效率的要求。如此看来，正义和效率这两个范畴被打通了，知识产权司法原则获得了公共政策的合理性辩护。②事实上，正如上文所述，这种理性已被植入各国的法律制度中。

冯晓青认为，知识产权法的公平正义取向体现在从事智力创造自由；体现在确保公平合理分享社会知识财富，包括当事人之间权利义务对等以达到知识财富的公平和合理分享，通过合理分配权利义务以确立知识产品资源分配的正义标准、正义模式和正义秩序，确立专有与公有领域的划分以及权利限制与反限制。③知识产权的正义与理性精神进入司法原则后，往往体现为利益平衡。冯晓青教授对利益平衡有深入研究。徐瑄教授的对价理论，核心就是利益平衡。有研究者甚至认为，"利益平衡原则在知识产权法上无处不在，以协调各方面利益冲突"。④如果说知识产权司法裁判过程是一个利益平衡过程，那么，专利等同的司法判断是一个重要方面。

---

① 这就是博登海默笔下著名的"普洛透斯似的正义之脸"，参见 E 博登海默. 法律哲学与法律方法 [M]. 邓正来，译. 北京：中国政法大学出版社，2004.
② 在哲学意义上，共同福利的一般性原则，一不等于个人欲望和个人要求的总和；二不是由政府当局所做的政策决定。参见刘洁. 论博登海默的正义观 [J]. 理论界，2006 (9)：76.
③ 冯晓青. 知识产权法的公平正义价值取向 [J]. 电子知识产权，2006 (7)：17 – 20.
④ 陶鑫良，袁真富. 知识产权法总论 [M]. 北京：知识产权出版社，2005：18.

正如学者指出的，"等同原则虽然从形式上看更多是一个技术判断问题，但究其实质则映射出专利权人与社会公众之间、个人经济利益与社会长远进步之间的利益平衡问题"。① 从利益主体的范围和利益冲突的角度，利益平衡分为权利人与社会公众之间的平衡、发达国家与发展中国家的平衡、知识产权权利冲突中的平衡等内容。② 在开放的经济体中，司法裁判权面对的是一体化了的知识产权纠纷，既有与内生创新机制相关的问题，也有国内外当事人的"短兵相接"，法院并不直接适用诸如 TRIPS 协定这样的国际条约，而是援用国内法调处矛盾。这个调处过程毋宁视为一个利益平衡过程，过程中创设的司法原则在某个时期具有相对稳定性，成为当事人处理类似法律关系的行为规范，因此，也是司法权参与技术领域规则治理的过程。

在部门法的关系上，知识产权法与竞争法之间的平衡也是司法原则要面对的重要课题。诸如专利法、著作权法、商标法等知识产权单行法，其主要内容是设定了利益主体对某种技术、作品、商标的专有权利，或曰垄断权利；反不正当竞争法等市场竞争法律，则从相反方向约束这种垄断权。显然，有限垄断权是知识产权激励机制中的因子，为天才之火添上了利益的柴薪，是知识产权司法原则必须固守的。但是，脱离特定社会经济发展环境和阶段的知识产品垄断权，将堵塞再创新空间，窒息市场活力，破坏有效竞争秩序。可见，司法原则不仅要在技术创新市场中协调知识产权有限垄断与反不正当竞争、反垄断的关系，扮演技术创新市场中"有形之手"的角色，制定创新成果的交易规则，为创新成果交流的"市场失灵"排除障碍；还要运用知识产权法本身的权利限制规则，划定专有知识与公有知识的合适边界，为创新活动留出适当空间，促进创新成果的运用。

我们看到，司法原则的这些价值，都是在特定的经济社会背景下实现的。正如有的学者所言，"所有的知识产权法律都是其所处社会和经济政治环境的产物，尽管这一点不是一直在各种历史统计中被强调"。③ 具体而言，特定社会的技术创新水平构成了知识产权司法原则的制度背景；非但如此，在制度经济学的视野中，作为正式规则的一部分，知识产权司法原则还存在与技术进步的联动关系，这是制度与技术之间关系的投射。沿着制度与技术相互关系的逻辑可以推知，知识产权司法原则一方面要回应技术领域的正义与理性的呼声，另一方面则要紧跟创新水平的脚步。这就是

①　魏玮．等同原则在专利侵权诉讼中的适用与利益平衡 [J]．法律适用，2005（3）．

②　陶鑫良，袁真富．知识产权法总论 [M]．北京：知识产权出版社，2005：18－19．

③　ALISON FIRTH. Introduction, prehistory and development of intellectual property system [M]．Sweet & maxwell, 1997: 3.

技术创新领域规则之治的要义。

公共政策不仅支配着一国的知识产权制度，同时也是知识产权制度立法、行政、司法过程中活的灵魂。在知识产权制度基本原则必须遵守TRIPS 协定的大前提下，将公共政策选择运用在执法、司法过程中，不失为释缓技术进步水平与知识产权制度紧张关系的明智选择。在崇尚分权与制衡的权力治理结构中，司法权摆脱了对政党的依附和对行政权力的跟随，但其仍然置于具体的社会发展历史阶段和具体的民族国度，甚至与政党政治和行政权力存在千丝万缕的关系，从这个具体定位出发，司法权的行使除了遵守制定法和前例以外，其拥有的"一亩三分地"——自由裁量权，也必将在社会主流意识形态和民意的约束中运行，恪守公共政策理性。

小　结

专利等同判定过程是对专利权的"二次确权"，等同原则是技术进步轨道中的产权规则。等同原则之于技术进步的特殊价值在于，等同范围的大小即等同原则适用标准之严宽，体现技术领域的正义与理性，决定着技术模仿创新的规模和程度，把握着技术进步的节奏，控制着技术成果的质量，调节着技术后继创新的空间，影响着技术创新市场结构。本章在技术进步与制度变迁的视野中考察专利等同原则，将其作为处于多层下位的子规则进行研究，在等同原则的适用上提出了产权效率的命题。

第四章　专利等同原则与技术进步的互动性

第一节　专利等同原则与技术进步互动模型

总体而言，影响技术进步的因素是多方面的，不仅包括资本积累、劳动者素质等生产要素质量的提高，还包括规模经济、思想观念、组织管理、制度创新等的变化。专利等同原则的严宽标准在不同技术进步水平的国家会有不同，在同一国家不同技术进步阶段也会有不同；国家之间的博弈、国家民族利益、经济社会发展状况、观念等非正式规则等因素，也影响着等同原则的严宽。技术进步与制度变迁存在着互相牵动并互相制约的关系，基于专利等同原则是技术进步轨道中的产权规则之认识，本书提出的研究假设是：

专利等同原则与技术进步水平存在互动关系。在可调节的等同范围中，技术进步水平与专利等同范围呈正相关关系，两者互相适应、互相推动。

技术进步与制度创新互动关系用简化模型表达如下：

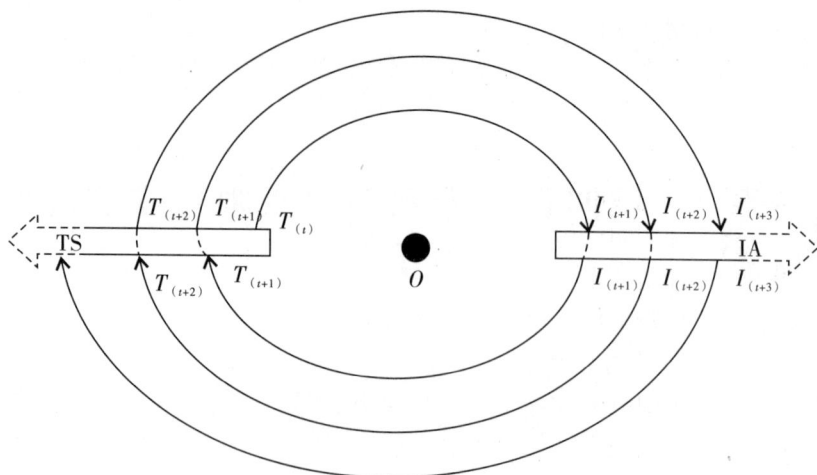

图 4 - 1　技术进步与制度创新互动的涟漪圈

图 4 - 1 中，TS（technology standard）为技术水平，IA（institution arrangement）为制度安排。在一个常态社会中，[①] 以 O 点为持续观察的起点，技术水平与制度安排总是随着时间变化有提高或优化，表现为正向的技术进步和制度创新。对于人类社会而言，这种技术进步和制度创新是没有止境的，因此，TS 和 IA 从 O 点起始朝各自方向无穷尽地延伸。在时间维度上，$T_{(t)}$ 为 t 时间点的技术水平，$I_{(t+1)}$ 为 $t+1$ 时间点的制度安排；相应地，$T_{(t+1)}$ 为 $t+1$ 时间点的技术水平，$I_{(t+2)}$ 为 $t+2$ 时间点的制度安排。由于技术水平 $T_{(t)}$ 的激励，就会推动制度安排进入 $I_{(t+1)}$ 状态；而 $t+1$ 时间点的制度安排又为技术进步奠定了基础，提供了条件，进一步促进技术进步达到 $t+1$ 水平；技术水平 $T_{(t+1)}$ 的发展又会引发制度安排进入一个新的状态 $I_{(t+2)}$……如此循环，技术进步和制度创新互相牵动互相制约，形成了一个以时间起点 O 为原点不断循环朝外拓展的涟漪圈；同时，在技术进步的乘数效应和加速效应[②]的作用下，该涟漪圈的外拓步伐越来越大，技术的更新换代以及与之相适应制度创新安排越来越频繁。

专利制度乃至专利等同原则是制度安排的一种，如果将专利等同原则代入涟漪圈模型，将得到一种直观的认识：无论是在与具体技术创新市场技术进步水平的关系中，还是在与一国总体技术进步水平的关系中，专利

---

① 此处的"常态"指无战争、无重大自然灾害等和平有序的社会。

② 加速效应：由于已有技术创新成果的广泛使用，引起社会收益的增加，并使创新者为了获得新的比较优势，而与其他企业展开竞争。双方在相应领域的竞争，又会导致该领域技术创新的增加，继而，又会引发新一轮技术创新的投资追加 ΔI_n，且新一轮技术创新投资的增量是前一轮技术创新投资增量 ΔI_i 的倍数。技术外溢的加速数记为 ε；$\varepsilon = \Delta I_n / \Delta I_i$。

等同原则作为制度安排要与技术水平相适应。在此基础上，更优的专利等同规则安排还应当具有与技术进步的互动功能，唯其如此，才能铰合运转促进经济增长。在起始状态中，被代入涟漪圈模型的专利等同原则可能直接表现为等同范围由小到大的朝外拓展，而等同范围的无限拓展意味着垄断，因此，当等同范围拓展至边际，表明专利制度已无法从等同范围的变化得到优化，专利制度的其他组成部分将启动变迁，以适应持续正向的技术进步。值得指出的是，等同范围可调适的范围并不大，但其初始值的轻微变动在技术创新市场产生的影响将敏感传导、逐层扩大，即前文所述的"蝴蝶效应"；在等同范围可调适边际内，制度创新与技术进步互动的涟漪圈模型表达了等同范围与技术水平的互相适应性。该模型的输出结果将克服技术水平与专利制度安排的紧张关系，技术水平和制度创新在互动中都得到外拓进步。

　　显然，此模型是在影响技术进步的诸因素和影响专利等同原则的诸因素均处于均衡状态下的理想轨迹。由于专利等同原则处于制度规则体系中的多层下位，这些诸多因素中的一个或若干个因素发生打破均衡的变化，都将导致这个互动轨迹的扭曲，从而使等同原则的适用发生左右摇摆，或者使技术进步不因等同原则的变动而变动。比如在国家之间博弈过程中，出于某种利益交换，一个发展中国家可能接受较高知识产权保护水平，表现为专利等同范围畸大，很明显，此时该等同范围并非决定于本国技术进步水平。从国际贸易的角度看，某一技术领域等同原则的左右摇摆可能还存在着贸易保护主义的因素，而非单纯与其国技术进步水平的对应问题。另一方面，一个国家某个时期技术进步水平发生明显变动，可能无关乎专利等同范围的严与宽。比如中国农村"联产承包责任制"推行初期，大量农村生产力从不适当的制度中释放出来，相比于"公社化"时期，农业技术进步得到明显提高，这种提高与制度变迁有关联，却与专利等同原则毫无关系。这种其他因素扰动的状况不影响本研究假设。本研究假设的意义在于观察其他条件给定、均衡的情形下，专利等同原则是如何与技术进步互动的。

　　与专利等同原则相关联的技术进步水平，既包括具体某专利的技术进步水平，也包括技术创新市场内的技术进步水平，这是产业层面上的技术进步；还包括一国的总体技术进步水平，这是国家层面上的技术进步。

第二节　专利等同原则与专利高度的关联性

诺斯对专利制度的建立给予了很高评价："一套鼓励技术变革、提高创新的私人收益率，使之接近社会收益率的激励机制，仅仅是随着专利制度的建立才被确立起来。"[1] 专利等同原则与技术进步的互动机理如何？不妨以解剖麻雀的做法，从专利权的经济结构入手研究。

一、专利的高度、长度和宽度

1. 专利的高度

专利的高度指获得专利权的发明创造与现有技术的相对距离。专利的实质要件是新颖性、创造性和实用性，或者美国专利法上的"非显而易见性"。用形象的类比，新颖性和创造性就是专利的高度。它是发明创造获得专利权所必须满足的，在新颖性和创造性方面与现有技术的必要距离。专利的授权审查实务中，专利高度被量化，诸如这样的表述：在专利申请日之前没有同样的发明在国内外出版物上公开发表过、在国内公开使用过或者以其他方式为公众所知悉；与现有技术相比，该发明具有突出的实质性特点和显著进步。美国专利法上的表述为"在该技术领域里具有中等技术水平的人员无法从说明书中看出技术改进后的效果"。[2] 显然，只有具备相应的实质要件，符合一定的"门槛"高度，发明创造才有可能被授予专利权。实用新型专利被称为"小发明"，指的就是两者的门槛高度比较，实用新型专利低于发明专利。必须指出的是，无论实用新型专利还是发明专利，在各自门槛之上，每个具体专利的高度又是参差不齐的，它将决定着专利的长度和宽度。

2. 专利的长度

专利的长度用于类比专利权的保护期限，或者说专利的寿命。从对价理论看，专利的长度是社会公众用于换取专利公开信息而给予权利人的独占期间。确定最佳的专利保护期限是制度经济学家普遍关注的问题。罗伯特·考特（Robert Cooter）和托马斯·尤伦（Thomas Ulen）等经济学家认为，应使专利的社会成本与社会收益相平衡，以此来确定最优专利期。一个发明者享有垄断权的边际社会成本是递增的，而在一定时期内创新的边

---

① 道格拉斯·诺斯. 经济史中的结构与变迁［M］. 上海：上海人民出版社，1994：185.

② 1984 年高顿诉美国商标专利局案，转引自国家知识产权局专利文献部. 知识产权简讯［J］，2003（50）.

际社会收益是递减的。如图 4 - 2，当边际社会成本曲线 MSC 与边际社会
收益曲线 MSB 交于点 A，即 MSC = MSB，此时确定的专利保护期最合适。

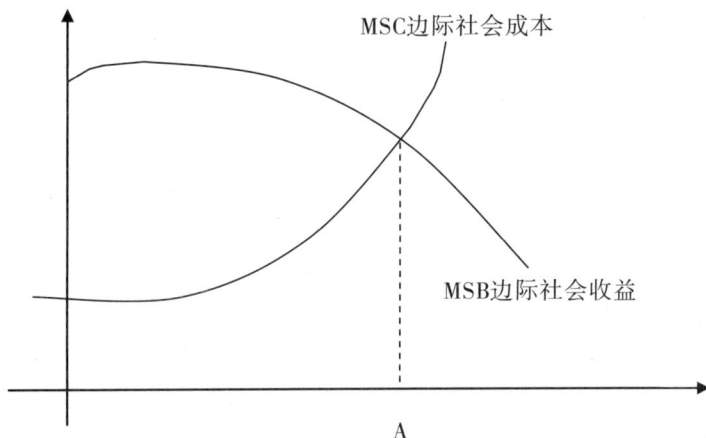

图 4 - 2　专利长度的成本收益图

注：横轴表示以年为单位的专利保护期，纵轴表示技术创新的成本或收益。

　　关于专利保护期限的这种求解方法可能仅对具体某一行业有效。很明
显，信息产业更新换代非常快，农业机械却难有这样的速度，如果将这种
求解结论应用于所有行业，不能令人满意。因此，西方学者自 20 世纪 60
年代末就对专利长度问题进行了深入研究，得出的结论是"固定专利长度
在理论上不是最优的，虽然在现实中可能无法避免"，最优的专利长度应
根据不同行业有所区分，或长至无限长，或短至零，都可能最优。[①] 有些
技术诀窍或者化学配方宁愿选择作为商业秘密进行保护，也不愿申请专
利，除了维权成本高、技术溢出无法掌控以外，专利期限的有限性是一个
重要原因。[②]

　　3. 专利的宽度

　　专利的宽度指专利的保护范围，包括专利权的范围界定和制约模仿行
为影射范围。它限定了允许模仿产品类似于专利技术特征的最大空间。专
利的宽度在专利法上一方面体现为专利权的内容，如专利产品的专属制造

　　[①]　高山行，江旭，范陈泽，等．企业专利竞赛理论及策略［M］．北京：科学出版社，
2005：21.

　　美国专利法上，外观设计专利的保护期限有 3 年 6 个月、7 年和 14 年三种可供申请人选择。
引自曾一昕，邱力生，刘华，等．知识产权保护制度的经济学分析——软件知识产权精要［M］.
北京：中国社会科学出版社，2008：37.

　　[②]　美国的可口可乐公司就拒绝为其饮料的配方申请专利。一旦申请专利，则意味着公开，
遏制模仿遂成难题，也意味着专利产品生命周期的有限性，期限届满后其将成为公共财富。

权、销售权、进口权。2008 年中国修改《专利法》时将专利产品的许诺销售权也归为外观设计专利专属所用，拓展了该项专利权的内容。另一方面则体现为权利要求的解释，采用周边限定主义、中心限定主义还是折中主义，以及专利权的限制与例外、等同原则的严宽标准等因素，均影响着专利的宽度。以等同原则为例，将更大的范围纳入等同范围，就拓展了专利的宽度；相反，则压缩了专利的宽度。从宏观的角度看，专利的宽度拓展过大将增加社会成本，甚至阻碍技术进步；宽度压缩过小则将导致对权利人激励不足。①

专利的高度调整的是纵向上不同技术水平创新者与改进者之间的利益分配；专利的宽度是横向的；专利的长度则是时间维度上的。专利高度与专利宽度的关系可用"立竿见影"来比喻：前者为竿，后者为影；竿越长，则影越长。实用新型专利高度不及发明专利，相应地，前者受保护强度弱得多，在诸多申请诉前禁令的专利纠纷中，发明专利权人申请的成功率大大高于实用新型。② 日本专利司法中在适用等同规则过程中，在考察作用效果是否具有可置换性时区分定性抑或定量，实际上就是对专利高度的度量。甚至，实用新型专利的保护期限仅为发明专利的一半（10 年），可以说，专利高度也决定了专利的长度。在专利等同特征判断上，关于被诉侵权物的相应技术特征是否应纳入专利权人"可预见"的范围，实际上是给不给后继改进者留下足够空间的问题。在这个意义上，等同原则的判断标准影响到专利的宽度和长度。

二、专利等同原则与具体专利高度的关联性

在图 4 - 3 中，a 表示社会总体技术水平，b 表示具体某专利的高度，C 表示具体某专利权利要求范围，C′表示专利的等同边际，近似于专利的宽度。

---

① 林秀芹，等. 促进技术创新的法律机制研究 [M]．北京：高等教育出版社，2010：18.
② 自《最高人民法院关于对诉前停止侵犯专利权行为适用法律问题的若干规定》于 2001 年 7 月 1 日施行后，各地法院开始了诉前禁令实践。笔者调查了广州市中级人民法院知识产权庭 2002 年至 2012 年申请诉前禁令的专利案，数据表明，10 年中申请案共 6 宗，其中发明专利案 3 宗，全部被裁定准许，非发明专利案 3 宗，全部被裁定驳回。

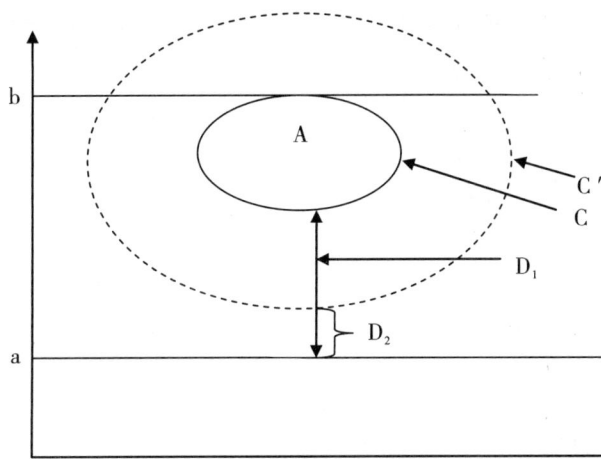

图 4-3　专利高度与社会总体技术水平的相对距离

回到等同原则的语境中，a 线以下的区域可视为现有技术，属于公共领域。D_1 为专利权利要求与现有技术的距离，D_2 为专利等同范围与现有技术的距离。虽然专利权利要求范围为 C，按照判定等同的基本规则拓展至 C′ 也是允许的。拓展至 C′ 后，专利技术与现有技术的距离从 D_1 缩短为 D_2。

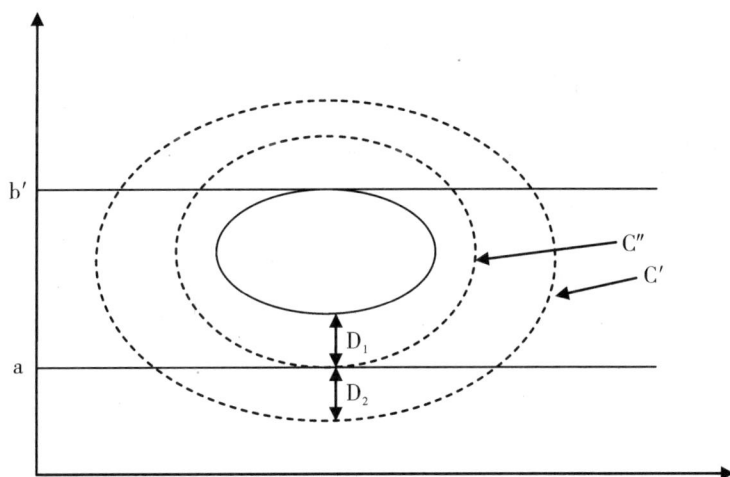

图 4-4　专利高度下降后与社会总体技术水平的相对距离

但是，如果专利的高度不够，降至 b′ 的位置，以致 D_2 为负数，此时，应当适用现有技术抗辩。也就是说，现有技术限制了等同边际的扩展，专利技术与现有技术的距离应缩短至实际距离 D_1。在现有技术的压缩下，专利的等同边际从 C′ 退至 C″（如图 4-4）。这个动态过程再现了作为规范要素现有技术抗辩在等同原则适用中的作用机理。这个作用机理表明，当技术创新不足导致专利的高度不够时，等同原则的规则体系的自我约束机制足以解决问题。

第三节　专利等同原则与产业技术进步的关联性

一个国家中的不同产业、不同技术领域往往表现为发展不均衡状态，出于发挥本国比较技术优势的产业政策考量，专利等同原则的适用标准在不同的技术领域会有所差异。

一、产业技术创新市场的博弈分析

博弈论是关于包含相互依存情况中理性行为的研究，是关于"理性人的互动行为"的理论。所谓相互依存，是指博弈中的任何一个参与者受到其他参与者的行为的影响，反过来，其行为也影响了其他参与者。博弈论中所谓的理性，有别于道德标准，参与者试图去实施自己认为可能最好的行为，尽管这样的行为有可能损害了其他参与者。借助纳什均衡等术语，博弈论为整个社会科学提供了一种规范语言，并成为任何一种社会科学理论的理想图景。包含个体理性决策的博弈论在今天的社会科学体系中起着社会物理学的作用，它与社会选择理论一道成为社会科学的两大基石。今天我们可以更宽泛地把经济学定义为"对所有社会制度（institution）中的激励（incentive）的分析"，从而"社会科学的功能性目标并非仅仅在抽象意义上预见人类行为，而是分析社会制度和评价关于制度革新的建议"。[①]

以创立者约翰·纳什（J. John Nash）命名的纳什均衡（Nash equilibrium），是博弈论中占据核心位置的术语，纳什证明了这种均衡在任何有限博弈中的存在性，此即博弈论基本定理（Nash，1950 & 1951）。在现代经济学中，均衡是一个基本概念，无论是微观经济中的商品价格的决定、消费和生产的最优分析、要素供给与需求分析，还是宏观经济体系中总供给与总需求、产品市场与货币市场、经济稳定增长等，都是以均衡假设为基础的。纳什均衡是指在相互影响的策略选择中，每个参与者采取的策略必定是对于其他参与者策略的预测的最佳反应。通俗地说，每个人都依据别人的行动或可能采取的行动，做出自己的决策。这一状态描述的是策略互动的主体之间可能达到的一个稳定状态，如果互动是在不同规则或制度之

---

① 丁利. 非合作博弈论与纳什均衡——一个概览［C］//2006 年度（第四届）中国法经济学论坛会议论文集，2006.

下进行的，那么所达到的稳定状态或纳什均衡是不一样的，也就是说可能出现多个纳什均衡。

在某一具体的技术创新市场中（比如 LED 照明设备市场），可以把市场参与者分为 N 个创新者，G 代表政府。假设创新者的平均投入是 E，市场容量是 M。

模型解决的主要问题是，如何通过专利制度的合理有效实施，增强社会创新能力，提高社会总收益。

根据专利法的规定，只有最先完成发明创造，并成功申请专利的创新者才能获得市场收益。在完全知识产权保护（包括行政保护和司法保护）下，假设专利制度的维护成本为 Q，并假设最新完成发明并获得专利的创新者是 P，他将获得全部的市场收益 M，其余（$N-1$）个创新者的收益将为零。据此，由于成功创新者的收益是最大的，所以能够极大激励社会创新，在社会总体收益中，不仅有创新者的经济收益 M，还有完全知识产权保护带来的消费者创新收益 I（创新）$\times C$（消费者收益），并且收获了制度和伦理收益 F。

在此轮博弈（知识产权完全保护模型）中：

社会总投入（成本）：$B = N \times E + Q$

社会总收益：$A = M + I \times C + F$

社会净收益：$A - B = M + I \times C + F - N \times E - Q$

但是，由于专利权人以外的（$N-1$）个创新者的收益将为零，其中 N_1 从跟随者将成为模仿者（搭便车人），他的收益是 M_1，成本依然是 E，这样 P 的收益将减少为 $M - M_1$，如果 N_1 的行为并未承担超过 E 的更多成本，可能将鼓励更多的跟随者进入市场，称为 N_2，N_3……从而导致 P 的收益继续减少，当减少到平均成本即 E 时，整个市场享受了平均的收益和成本，形成新一轮均衡。因为创新是需要投入的，而企业是理性的，在这一轮博弈中，创新行为没有带来额外的收益，所以在这一轮博弈中将出现无创新投入，但分享创新成果的成员 K，他的成本为 0，通过搭便车行为可以获得市场预期平均收益 M/N，此轮博弈的均衡结果为零创新市场，社会总收益是严重下降。与上一轮均衡结果相比，非但消费者创新收益 $I \times C$ 消失，还损失了制度和伦理收益 F。

在此轮博弈（知识产权完全不保护模型）中：

社会总投入（成本）：0

社会净收益等于总收益：$A = M + （-F）$

以上是两个极端例。现实的情况介于两个极端例之间，可以据此建立起一个简化模型。

由于模型简化的需要，本书把模型的变量设定为：

①专利制度的维护成本 Q 与专利保护力度 T 正相关，即 $Q = T \times t$（其中，t 为保护系数，可以通过边界条件获得）。

②社会创新投入 E 与专利保护力度 T 正相关，即 $E = T \times f$（其中 f 为关联系数）。

③调整保护力度 T 的方法限于对专利保护范围（W）和赔偿数额（侵权成本，R）的大小调整，即 $T = W + R$，$Q = (W + R) \times t$，$E = (W + R) \times f$。

因此：

社会总成本：$B = N \times (W + R) \times f + (W + R) \times t$

社会净收益：$A - B = M + I \times C + F - N \times (W + R) \times f - (W + R) \times t$

就市场总收益而言，M 是创新成功者即专利权人的收益，之后跟随者的收益 M_i 由于将承担侵权成本，逐步递减，与 T 负相关，即 $M = \sum M_i \times N_i$。

下面，在上述简化模型中观察专利保护范围 W 变化对技术创新市场收益的变化：

当专利保护范围 W 的扩宽（等同范围 W_1 的扩宽是其中一方面）导致专利保护力度 T 的提高，这种知识产权保护保证了消费者创新收益 $I \times C$ 的存在，不但激励了专利权人，使其获得丰厚的市场收益 M，同时刺激外围和后续技术创新，获得制度和伦理收益 F。但在另一维上，保护范围 W 的扩宽也导致了专利公权维护成本 Q 和私人投入 E 的增加，抵消了部分社会收益。因此，专利等同范围 W_1 的变化既影响社会总收益 A，表现为正相关；同时它也影响社会总成本 B，表现为负相关。

对于技术创新市场而言，模型追求的是社会净收益 $A - B$，当等同范围 W_1 的变化导致边际收益等于边际成本时，技术创新市场出现了帕累托最优状态，博弈参与者不但没有任何一方受到损害，而且社会净收益实现了最大化，技术创新市场达到最佳状态。在帕累托最优状态下，作为专利保护范围提供产权制度供给的等同原则确定的等同范围 W_1，与市场博弈的结果重合，效率最优。

在不同的司法政策环境中，由于专利等同范围不同，专利权人与其竞争者在相互的策略行动中形成了不同的纳什均衡。在每一个纳什均衡状态中，任何一个参与者在其他参与者保持在此局势的条件下，单独偏离此局势时，都将意味着专利侵权的司法惩罚，其期望收益不会因偏离局势而增大。有如甲、乙两人分蛋糕，都希望自己得到的那块大一些，但在既定的博弈规则（具体的专利等同规则）中，跨越知识产权边界的"非分之想"者，他要么通过专利许可的方式获得专利等同技术的"开采权"，此为合作博弈；要么先侵权后赔偿，此为非合作博弈。两者的不同博弈方式不影响社会技术总量，也不影响产权规则。在信息充分的理想情况下，侵权的司法赔偿与专利许可费用是相当的。为了将非合作博弈驱赶为合作博弈，有的知识产权司法政策提倡惩罚性的侵权赔偿，这样，"先侵权后赔偿"不再是专利许可的替代，而是要支付比后者更高的费用，超额部分可用于弥补司法权运行的成本，可视为违法成本。在新兴市场国家，由于信息不对称、市场自由度不高、市场主体契约精神匮乏等原因，司法政策往往自觉或不自觉地钟情于填平性的侵权赔偿。也就是说，司法当局不强求专利权人与竞争者的合作博弈，而是让其发挥与专利许可这样的产权交易相当的作用。出于扶植创新产业的考虑，其中发生的司法权运行成本只能从其他税收中获取弥补。此情形可视为政府对市场的替代。在发达国家，以契约自由为代表的市场经济机制运行比较成熟，专利法律制度也驾轻就熟，社会整体行政成本较低，专利司法自然而然地追求低成本，意欲将更多交易留给市场去自发调节，而非政府干预，因此司法政策选择惩罚性的侵权赔偿制度。实际上，按照 TRIPS 协议的制度安排，侵权赔偿应当包含权利人因侵权而支出的合理费用，既符合填平性的侵权赔偿政策，也可用于惩罚性的侵权赔偿政策。

博弈论中，参与者被假设为理性的经济人，总是实施自己认为可能最好的行为。这种自我利益和效用的追求，一方面体现为甲与乙的竞争与"倾轧"；另一方面，所谓"无国哪有家"，参与者为了更好地实现自己的利益，不得不关心甲与乙所在共同体的整体利益。仍以分蛋糕为例，他们的共同兴趣还在于增加蛋糕的总量，这是各自分得更大蛋糕的第一步，至于如何分配蛋糕则是博弈的第二步。在新兴市场中，扩大市场总量、促进交易，关系到双方的首要共同利益。在这个意义上，适当退缩专利等同范围，虽然有悖于竞争主体"独霸市场"以获取超额利润的本性，实则也符合其长远利益，因此，非但竞争对手欢迎，专利权人也是可以接受的。当市场总量发展到一定程度，再实行过小的等同范围，将导致技术"垃圾围城"，拖累了技术进步步伐，此时则应考虑调整司法政策，适当扩宽等同范围，保护技术优胜者立足于国内市场，并进军国际市场。当然，这个动态的制度安排过程不可能由市场主体自发完成，政府（更恰当而言是司法当局）担当起了制度公共品的供给任务，具体说，就是不同时期司法当局的司法政策。

二、等同原则与产业技术进步水平的关联性

假设某具体技术创新市场中有 A、B、C 三种技术，其中 A 为专利技术，B 和 C 为相邻发明创造，三者关系如图 4-5 所示：

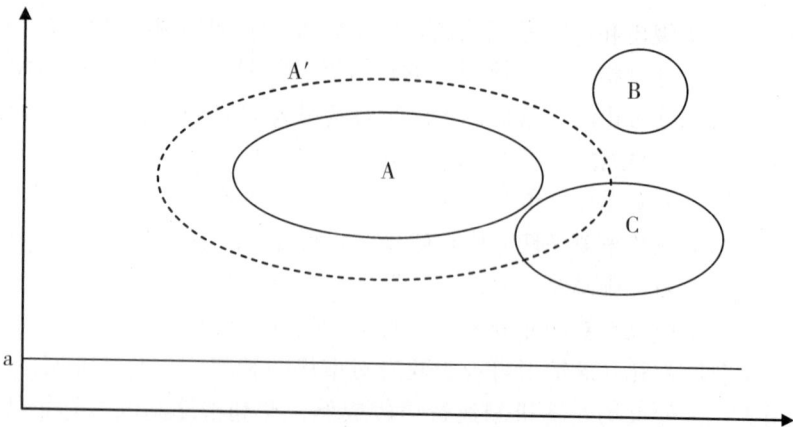

图 4 - 5　某具体技术创新市场中的相邻发明创造

　　B 技术远离 A 专利的等同边际范围，无须考虑是否等同的问题。C 技术游离于 A 专利的等同边际，对 A 专利等同范围的或严或宽把握直接关系到是否把 C 踢出局。公共政策，乃至产业政策在这种情形下起着决定性作用。

　　如果该技术创新市场内知识产品供给不足，A 专利产品可能会因为其是本市场的先进入者，有条件开辟更广袤的等同处女地。但是，如果 A 专利产品由于竞争不充分导致其经营者获得了超额利润，甚至效率低下，A 专利的等同边际仍然应当进行压缩，为相邻发明创造 C 腾出发展空间。如果该技术创新市场内形成了有效竞争，知识产品供求均衡，"专利丛林"①已经形成，市场的力量已经协调了 A 与 B、C 的相对关系，司法权只需按照市场形成的彼此间相对距离予以确认即可完成任务。正如 Dijk（1996）的研究结论，他在双寡头（duopoly）竞争行为假设下，研究了一个专利持有厂商与一个改进产品质量的厂商之间的博弈与外生给定的专利高度之间的关系，其主要结论表明：低专利高度不影响自由竞争的市场均衡，因为这一高度在改进企业自行选择的进步性水平之内；中等高度会使专利持有者失败；高专利保护有利于专利持有者，相当于为其创造垄断地位，但是却以导致厂商处境变差为代价。②

　　一国的技术进步水平低下，往往直接表现为在诸多领域中，技术创新市场内知识产品供给不足。如何在等待现有专利期限届满沉淀进入公有领域之前激励技术尽快进步？正如制度经济学的观点，技术进步和经济增长

_____

　　①　专利丛林（patent thicket）："相互交织在一起的知识产权组成的稠密网络，一个公司必须披荆斩棘通过这个网络才能把新技术商业化。"转引自卡尔·沙皮若. 穿越专利丛林：交叉许可、专利池和标准制定［J］. 创新政策与经济，2001（1）：120.

　　②　王争. 专利制度的经济学研究：一个综述［C］.//2005 年中国法经济学论坛会议论文集.

的范围受市场规模和协调成本的双重限制，而市场规模不仅是指市场在空间上的范围，更是指交换关系的扩大和市场制度的健全。在分工、技术进步和经济增长这个市场经济体制框架中的自增长系统内，足够的市场规模和有效的竞争至关重要。在产业层面上，容忍相邻发明创造的竞争性存在，就在于培植竞争主体、促进有效竞争、扩大市场规模。如此看来，技术进步与市场结构密切相关。阿罗（ Arraw，1962）提出竞争性越强越有利于创新的观点。他认为在完全竞争市场中，技术创新收益大于垄断市场的收益。因此，完全竞争市场比垄断市场更有利于技术创新。①

技术差距理论认为，经济发展是一个非均衡的过程，是两种对立力量的相互作用，率先的技术创新会扩大产业间的技术差距，而技术的扩散、模仿将缩小这种差距。当产业间的技术差距缩小后，技术创新变得更为重要了，新的技术创新会再次打破均衡，再次扩大产业间的技术差距。如此循环反复，技术创新就会在不断扩大和缩小产业间技术差距中进行，竞争双方都努力从事更高层次的技术创新活动，从而促进技术创新市场、产业以至整个国家经济的发展繁荣。容忍相邻发明创造的竞争性存在，而非扼杀，就是让专利技术置于技术创新市场的充分竞争中，让其发挥技术外溢的乘数效应和加速效应。技术创新市场内竞争主体的互相追赶，将推动技术创新②持续发生。因此，技术进步水平决定了博弈规则，而博弈规则反过来推动了技术进步，技术进步与制度变迁之间存在着互动效应。

技术差距理论不但适用于产业间，还同样适用于国家间的技术差距分析。波斯纳的技术差距模型认为，工业化国家之间的贸易大部分基于新产品和新工艺的引进，这使技术领先国家在国际上暂时处于垄断地位，并大量出口新技术产品。当技术溢出效应被充分利用，后进国家有可能凭借较低的劳动力成本拓展国际市场，甚至会占领原技术领先国市场，将领先国挤出市场。③ 如何更好地利用技术溢出效应？后进国家就是要适当"矮化"技术权利，让其价值充分溢出。同时，"矮化"之后技术创新市场规模得以扩大，技术溢出的成熟效应和加速效应在更雄厚的基础上发挥作用，外溢效应也就越大。

① 任保平，张如意. 技术创新最优市场结构的理论争论及其评价 [J]. 西北大学学报（哲学社会科学版），2010（1）：75 – 83.

② 熊彼特认为企业家的创新是经济发展的根本动因。引自约瑟夫·阿洛伊斯·熊彼特. 经济发展理论——财富创新的秘密 [M]. 杜贞旭，郑丽萍，刘昱岗，译. 北京：中国商业出版社，2009：40 – 41.

③ 雷家骕，程源，杨湘玉. 技术经济学的基础理论与方法 [M]. 北京：高等教育出版社，2005：254.

第四节　专利等同原则与一国总体技术进步水平的关联性

专利法律制度在一国的法域中是相对统一的，无论是判例法国家的"遵从前例原则"，还是成文法国家的统一司法解释，等同原则的适用标准被确立后均具有普适性和相对稳定性，因此，它必须适应于一国的总体技术进步水平。

专利制度的激励作用已无须多加论证，等同原则对技术进步的激励也是如此。然而，专利制度的激励作用会因创新和研发的水平而有差异。在图4-6中，横轴表示专利的等同边际，纵轴表示专利等同规则对社会技术进步的激励效果。随着专利等同边际的扩展，专利的保护强度越来越高，其对社会技术进步的激励效果也越来越大。但是，当专利的等同边际达到临界值 P_0 时，等同规则的激励效果随着等同边际的扩展而减弱。等同范围曲线表现为倒 U 曲线。只有在 P_0 时，等同规则的边际创新收益等于边际扩散成本，此时等同规则的绩效 V_0 最大。在创新研发能力低下或者说技术进步水平低下的社会中，给予专利过宽的等同范围，等同规则的激励或者说专利制度的激励效果则落在 $P_0V_0P_1$ 区域，制度的成本大于收益，制度的绩效差。

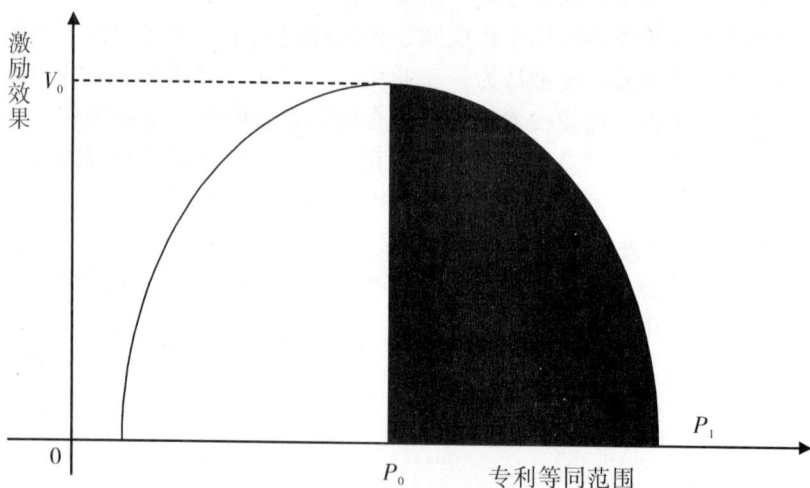

图4-6　专利等同范围大小与激励效果强弱

正是在这个意义上，英国知识产权委员会在 2002 年《知识产权与发展政策相结合》中从发展中国家的立场出发，认为采取专有权形式会增加受保护技术的消费者和其他用户的成本。在有些情况下，对于无力支付专利品价格的潜在消费者和用户，专利保护就等于剥夺了他们使用发明创造的权利。并且，在发展中国家实行适合于发达国家的知识产权保护标准可能使得成本高于收益，因为发展中国家的基本需要和发展在很大程度上依赖于外部产生的知识或含有外来知识的产品。[①] 这从消费者需求角度佐证了知识产品充分供给的重要性，这种情况也存在于中国。当前，中国普通民众的权利财富[②]基础匮乏，导致现行知识产权制度的贯彻实施遇到了诸多难题，比如知识产权与经营权的矛盾、知识产权权利人在维权过程中遭遇的侵权人与公权机构的"集体无意识"阻挠。释缓这种技术进步与知识产权共同规则的紧张状态，可以从增加知识产品的供给入手，遵循技术与制度的互动关系，推动两者均衡进步。

第五节　美国专利法中等同原则与技术进步的互动性

一、当代美国的技术进步状况

"二战"后，以汽车和计算机技术为标志的技术创新为这段时间这些国家乃至全世界的经济高速发展提供了重要动力。20 世纪 70 年代，发达资本主义国家普遍出现滞胀现象，经济增长开始衰退并向谷底下降。这期间出现了 1973—1975 年和 1979—1982 年经济危机，整个世界的经济增长也出现了减速。美国的经济波动与世界经济基本同步。20 世纪 80 年代初，美国经济增长速度较慢，1983 年后开始迅速回升。90 年代初，美国经济经历一次短暂的衰退后，自 1992 年开始稳步发展，虽然 GDP 波幅小，但总体呈上升趋势。这种上升状态持续到 1999 年，在全球经济表现平平中成为一枝独秀，打破了经济周期理论，创造了历史上繁荣时期最长的奇迹，被称为"新经济时代"。2000 年后，美国经济出现放缓迹象，但"新经济时代"仍在发挥余热。2008 年，次贷危机引发金融危机，成为自美国 20 世纪 70 年代经济危机后最为严重的一场经济浩劫。

在美国经济波动的同时，美国的劳动生产率的年均增长率在这些时期也出现了同样的变化趋势。如表 4 - 1 所示，从这些数据中可看出 20 世纪下半期，美国的技术进步水平随着经济波动呈现递增趋势。美国的劳动生产率的变化与 GDP 的变化基本同步，反映了技术进步与经济增长的正向关

---

① 英国知识产权委员会：知识产权与发展政策相结合（2003），http：//www.iprcommission.org.

② 权利本身就是一种财富。与西方发达国家相比，中国民众从人均状态而言，不仅物质财富不足，而且权利财富不足。转引自郑志柱. 论著作权侵权的判定路径［J］. 华南理工大学学报（社会科学版），2012（5）：113 - 120.

系。在1973—1982年两次经济危机期间，商业部门和非商业部门的劳动生产率年均增长率只有1.0%和0.8%，随着以信息技术为龙头的高新技术的驱动，1982—2000年劳动生产率年均增长率持续提高，之后若干年有回落，但增长稳健。

表4-1   "二战"后美国实际GDP年均增长率与劳动生产率年均增长率的对比

时间	实际GDP年平均增长率（%）	劳动生产率年均增长率（%）	
		商业部门	非商业部门
1948—1966年	3.9	3.8	3.4
1966—1973年	3.2	2.7	2.4
1973—1982年	1.6	1.0	0.8
1982—1991年	2.9	1.8	1.7
1991—2000年	3.4	2.2	2.1
2001年	0.3	1.1	1.1
2002年	2.2	1.8	1.7

资料来源：劳动生产率数据根据NBER数据库中生产率变化的年度数据计算。Ecnomic Report of the President/tableB-50：changes in Productiity and relative Data. http：//www. nber. org/.

再看MFP指标。表4-2显示了1960—1994年期间以1997年的MFP为基数，私营经济、私营非农业经济、制造业三个经济部门的MFP的总体走向。该走向是稳步增长，在1973—1975年和1979—1982年经济危机期间，以及90年代初经济衰退期间出现下滑。其中，私营经济部门的MFP在1973年经济危机时期大幅下滑；私营非农业经济、制造业两个部门的MFP在1973—1982年两次经济危机期间处于停滞状态。

表4-2   一些年MFP及其相关指标的年度数据

项目	年份										
	1960	1970	1973	1980	1988	1989	1990	1991	1992	1993	1994
私营经济											
生产率											
所有人每小时产出	53.5	74.8	78.7	89.1	100.9	101.0	101.9	102.9	105.9	106.4	107.3

（续上表）

项目	年份										
	1960	1970	1973	1980	1988	1989	1990	1991	1992	1993	1994
资本服务单位产出	115.9	115.1	56.6	105.8	101.3	101.3	99.8	97.0	98.1	99.1	100.7
多因素生产率（MFP）	70.5	87.2	71.3	96.0	100.5	100.2	100.1	99.1	100.5	101.0	101.8
产出	37.8	57.4	69.2	79.9	104.3	107.0	107.9	106.5	109.3	112.5	117.4
投入											
所有劳动小时数	66.7	74.2	85.6	86.8	104.2	107.2	107.8	106.5	107.5	110.4	114.8
资本服务	32.6	49.9	125.2	75.5	102.9	105.7	108.1	109.8	111.4	113.5	116.6
单位劳动和资本组合投入	53.6	65.8	98.1	83.2	103.8	106.7	107.9	107.5	108.7	111.3	115.4
所有人每小时资本	46.2	65.0	68.3	84.2	99.6	99.7	102.1	106.1	108.0	107.4	106.6
私营非农业经济											
生产率											
所有人每小时产出	57.7	77.3	85.6	90.6	100.9	100.7	101.3	102.5	105.1	105.6	106.4
资本服务单位产出	122.6	120.5	125.2	108.2	101.3	100.8	99.1	96.2	96.9	98.1	99.3

（续上表）

项目	年份										
	1960	1970	1973	1980	1988	1989	1990	1991	1992	1993	1994
多因素生产率（MFP）	74.9	89.9	98.1	97.7	100.5	99.9	99.4	98.5	99.6	100.2	100.7
产出	37.4	57.4	68.3	80.2	104.5	107.1	107.8	106.4	108.9	112.4	117.1
投入											
所有劳动小时数	61.4	72	76.9	85.7	104.4	107.6	108.3	106.8	108.0	111.2	115.6
资本服务	30.5	47.7	54.5	74.2	103.2	106.2	108.8	110.6	112.4	114.7	118.0
单位劳动和资本组合投入	49.9	63.9	69.6	82.1	104.0	107.2	108.5	107.9	109.3	112.2	116.3
所有人每小时资本	47.0	64.1	68.3	83.8	99.6	99.9	102.2	106.6	108.5	108.7	107.1
制造业生产率											
所有人每小时产出	45.9	61.3	69.4	79.1	101.1	102.8	104.7	107.2	111.1	113.4	—
资本服务单位产出	122.7	116.6	126.9	102.5	101.6	100.6	97.0	93.0	93.5	94.5	—
多因素生产率（MFP）	67.6	80.1	87.8	86.4	100.6	100.3	99.8	99.7	102.4	103.5	—
产出											
投入											

（续上表）

项目	年份										
	1960	1970	1973	1980	1988	1989	1990	1991	1992	1993	1994
所有劳动小时数	88.9	100.6	106.6	103.8	103.1	103.5	101.2	97.1	96.5	97.8	—
资本服务	33.2	52.8	58.3	80.1	102.6	105.8	109.2	111.9	114.6	117.4	—

注：1987 年为 100，单位为%，数据来源：Monthly Labor Review February 1997.

最后看专利申请数量。美国社会的技术进步递增情况还直观地表现在专利数量的加速增长上。美国从专利制度正式设立到注册第 100 万个专利，花了 85 年的时间，而在 20 世纪 90 年代从第 500 万个专利增长到第 600 万个专利只用了 8 年时间。90 年代以来美国年平均专利申请数为 80 年代的 84 倍，而 80 年代是 70 年代的 21 倍，专利申请数在 80 年代特别是 90 年代的大幅增加表明这一时期技术创新的增多，出现了技术进步的"蜂聚"。[①] 其增长趋势如图 4 - 7。

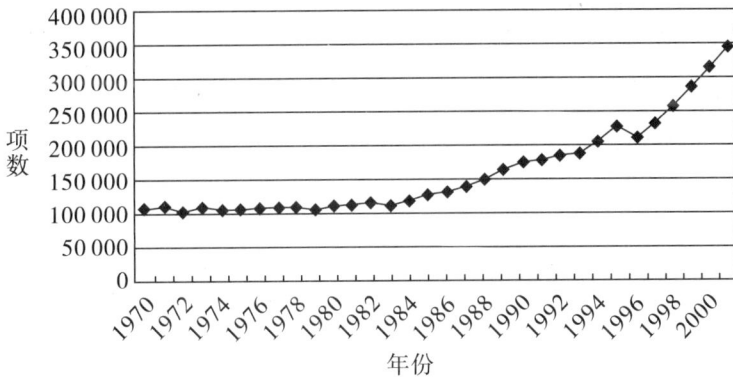

图 4 - 7 美国 1970—2000 年专利申请量趋势
数据来源：http://www.uspto.gov/web/offices/ac/ido/oeip/taf/h - count.htm.

王巍基于分配理论，将美国国内生产总值进行分解，经过模型推导，得出美国 2000 年前后近二十年中技术进步等指标对国内生产总值的贡献率

---

① 经济日报工商部，法国苏伊士里昂水务集团. 新经济革命［M］. 北京：经济日版出版社，2000：2.

测算结果:①

表4-3　1982—2007年技术进步贡献率测算结果

（单位:%）

测算指标	1982—2000年	2001—2007年
固定资本存量的贡献率	27.2	36.9
固定资产投资的贡献率	19.2	2.3
技术进步的贡献率	16.3	30.8
人力资本的贡献率	15.6	12.9
劳动力增长的贡献率	7.4	4.4
制度创新的贡献率	16.7	4.5
经济外部环境影响的贡献率	-2.4	8.2

　　从表4-3的测算结果可以看到，1982—2000年技术进步对于美国国内生产总值的贡献率为16.3%，2001—2007年技术进步对于美国国内生产总值的贡献率提高到30.8%，几乎提高一倍。这表明，在"新经济"繁荣时代（2000年前十年），以信息技术产业为龙头的高新技术为美国经济注入了极大活力，并积极影响着之后较长一段时期的经济增长。

　　"新经济"是与高新技术密切相关的经济成果，它具有经济增长率高、生产增长率高、通货膨胀率低、失业率低的特点。根据凯恩斯主义和菲利普斯曲线，通货膨胀率和失业率应该向反方向变化。"新经济"时期美国却在通货膨胀徘徊于低水平的同时实现了充分就业，打破了经济学家们的固有认识。正因为此，被赋予"新经济"的称呼。②

　　在"新经济"繁荣时代，美国经济的主导产业是信息产业。信息产业成为2000年之前十年以及之后若干年推动美国经济增长的主要力量。从表4-4可看出，在1948—1973年，美国信息产业的全要素生产率为0.92%，相隔二十余年之后的1995—1998年，全要素生产率再度提振至0.75%。这说明，"新经济"期间，美国的技术进步水平再度出现高峰。

---

　　① 王巍. 技术进步对美国经济增长贡献的测算与分析 [D]. 大连：大连理工大学，2011：23.
　　② 《商业周刊》主编斯蒂芬·谢泼德在1997年提出的"新经济"概念包括六个特征：经济保持持续稳定增长，失业率低，通货膨胀率低，出口贸易增长势头强劲，公司运营利润上涨，科技贡献度上升。

表 4 - 4　信息产业对投入—产出的贡献率

	1948—1999 年	1948—1973 年	1973—1990 年	1990—1995 年	1995—1998 年
产出（%）					
GDP	3.46	3.99	2.86	2.36	4.08
信息技术的贡献	0.40	0.20	0.46	0.57	1.18
计算机	0.12	0.04	0.16	0.18	0.36
软件	0.08	0.02	0.09	0.15	0.39
通信设备	0.10	0.08	0.10	0.10	0.17
信息技术服务	0.10	0.06	0.10	0.15	0.25
非信息技术的贡献	3.06	3.79	2.40	1.79	2.91
非信息技术投资	0.72	0.06	0.34	0.23	0.83
非信息技术消费	2.34	2.73	2.06	1.56	2.08
投入（%）					
国民收入	2.84	3.07	2.61	2.13	3.33
信息技术资本服务的贡献	0.34	0.16	0.40	0.48	0.99
计算机	0.15	0.04	0.20	0.22	0.55
软件	0.07	0.02	0.08	0.16	0.29
通信设备	0.11	0.10	0.12	0.10	0.14
非信息技术资本服务的贡献	1.36	1.77	1.05	0.61	1.07
劳动服务的贡献	1.14	1.13	1.16	1.03	1.27
全要素生产率	0.61	0.92	0.25	0.24	0.75

资料来源：Jorgenson 2001。

美国信息技术产业的创新速度是最快的。在世界上最大的计算机制造与研制中心"硅谷"，上千家厂商和几十所大学的紧密联合，使产品不断推陈出新，始终占据着信息产业的前沿。根据美国国家自然科学基金会1998—1999年对"企业研发500强"的统计（提取的是1997年的数据），研发500强的支出占当年企业全部研发支出的86.8%。其中，1997年美国信息和电子业研发支出为458.2亿美元，比1996年增长15.2%，这两项指标居各行业之首，人均研发费用高达1.6万美元（仅低于医药和金融业）。① 如微软公司为保持其在世界软件企业的领先地位，每年把净收入的12%～13%投入新产品的研究与开发中去。②

2000年以后，由于技术的溢出效应使得创新阶段的超额利润消失，全球范围内对信息产品的需求也因供给增多而趋于饱和，信息技术带给美国经济的强大推动力在减弱。③ 同时，在迅猛发展的"新经济"时期，人们将投资目光更多地转向了高新技术产业，对固定资产的投资意识急剧下降，导致产业结构失衡，为次贷危机以及接踵而来的金融危机埋下伏笔。2008年之后美国经济进入新一轮低迷期。

尽管如此，美国仍然是当今世界的科技高地。在美国新一轮技术创新的高潮中，有80%是围绕着以信息技术为代表的高科技产业展开的。④ 美国牢牢控制了世界信息市场中的核心技术CPU（中央处理器）和软件开发。全世界90%的中央处理器芯片被美国两大巨头公司英特尔和AMD掌握。同时，全世界90%的计算机软件操作系统被微软公司控制。在数字化信息技术向人工智能化信息技术发展，电子商务、政务向纵深推进的新趋势下，美国将仍是引领世界的先行者。在新材料技术领域，纳米技术（即在纳米尺度上制造材料和器件的工艺）无疑具备主导下一次科学技术革命的潜在实力。近十年来，美国利用纳米技术确实取得了许多突破性的成果：利用纳米技术制成的高灵敏度传感器可望使包括各种癌症在内的疾病的早期诊断成为现实；在微机械系统方面，出现可控纳米马达、纳米电动机、纳米激光器、纳米弹簧等成果，为未来研制系统化的纳米机械打下了坚实基础；而将纳米技术用于存储器，甚至可使整个国会图书馆的信息放入一个只有糖块大小的装置中。据2005年美国总统科技顾问委员会的报告，在世界核心的科技期刊上发表的有关纳米技术的研究论文中，有50%的文章来源于美国的实验室。此外，美国在生物

① 魏平．美国软件产业及人才培养的现状［J］．教育发展研究，2001（4）：69.
② 甄炳禧．美国新经济［M］．北京：首都经济贸易大学出版社，2001：303.
③ 陈漓高，齐俊妍．技术进步与经济波动——以美国为例的分析［J］．世界经济，2004（4）：39.
④ 葛晶．技术进步与美国"新经济"［D］．长春：吉林大学，2005：16.

工程、新能源和环境、宇航空间技术等领域也具有难以企及的优势和首屈一指的地位。这些技术都是引导 21 世纪人类社会高速发展的关键技术。① 一个比较中肯的判断是，美国目前"处于两次产业革命间歇期"（华民，2002），美国社会持续技术进步所积累大量知识财富，孕育着更新一轮的技术创新和制度创新。

二、美国专利法中等同原则的选择适用

美国 1793 年《专利法》中规定的专利授权条件，并没有包括明确的创造性。19 世纪早期，美国的制造业蓬勃发展，美国社会开始实施被称之为"亲专利"（Pro‑patent）的专利保护政策，专利授权量不断增多。人们发现，如果申请专利的技术只是对现有技术的简单拼凑和等同替换，而不具备实质创造性，显然违背技术进步的目的。于是，司法判例在新颖性、实用性标准基础上，提出了"非显而易见性"要求。与此相配套的等同原则的思想初步显露。前面提及美国专利等同原则的早期判例 1814 年奥迪奥恩诉温可莱案、1817 年格雷诉詹姆斯（Gray v. James）案，之后在 1853 年威南斯诉登米德（Winans v. Denmead）案中正式认可等同原则，就是专利司法规则适应技术进步的明证。

从 19 世纪末开始，美国社会出现反垄断潮流，1890 年的《谢尔曼法》虽然不直接涉及专利，但由于专利的排他性权利特征，美国专利法开始进入与反垄断此消彼长的发展时期。20 世纪三四十年代的经济危机时期以至 50 年代，美国社会的技术进步状况遭受与经济萧条基本相同的命运。② 多种因素耦合，美国社会延续了近百年的"亲专利"政策受到挑战，法院对专利的态度开始"疏远"。在法官们看来，过多过滥的专利授权只会吹大经济泡沫，因此表现出对专利的创造性的更高要求。正如在 1941 年坤诺诉自动设备公司案（Cono Engineering v. Automatic Devices Corp）中，联邦最高法院认为可授权的发明必须是"展现出有创造力的天才火花，而不仅仅是行业技能"。③ 这种态度下，法官们不会对以等同替换伪装的侵权形式有什么好感。由于美国法院具有宣布专利无效和认定是否侵权的双重职能，等同原则得以在这两方面发挥作用。许多

---

① 刘杨钺. 美国世纪的终结——技术优势与美国霸权合法性［J］. 世纪经济与政治论坛，2010（2）：95－96.

② 美国经济萧条时期，许多专利被法院宣布无效，专利授权量在 1932 年达到 56 858 件的历史最高峰后开始不断下降，到 1947 年降至 22 423 件，相当于 19 世纪后期的水平。参见杨利华. 美国专利史研究［M］. 北京：中国政法大学出版社，2012：227.

③ Cono Engineering v. Automatic Devices Corp，314 U. S. 248（1941）.

专利被法院根据专利法的主要目的在于促进技术进步而非保护专利权人利益而宣布无效，结果导致美国的专利授权量在 1932 年达到 56 858 件的历史最高峰后开始不断下降，到 1947 年降至 22 423 件，相当于 19 世纪后期的水平。① 法院长久以来一直试图对等同原则作出限制性的定义，切合此时机，法院开始用两种措辞来表达未定型的同一概念：功能—手段—结果和非实质差异（insubstantial different）。联邦最高法院在 1950 年格雷弗油罐制造公司诉林德航空用品公司案中第一次用这些概念系统阐述等同规则。

20 世纪 60 年代，美国的技术进步水平稳步增长，但由于欧亚发达国家和新兴工业化国家（地区）科技水平的提高和经济实力的崛起，美国产品的国际竞争力大大降低。70 年代末 80 年代初，美国出现巨额贸易赤字。该时期，美国传统经济部门的技术进步和经济增长再次进入低潮期。通过对等同原则的判例收集数据看，60—70 年代间，没有出现标杆式的判例，以等同原则为观察点的专利制度基本处于与技术进步和经济增长的均衡状态之中。然而，该期间一些新技术产业表现出良好的发展势头。据 1981 年美国政府的一份调查显示，高 R&D 投资的美国新技术企业利润的增长率是低 R&D 投资企业的 3 倍、生产率的 2 倍、就业增长率的 9 倍，而价格增长仅为 1/6。② 联邦政府急于从经济低谷中摆脱，刺激新技术产品的出口增长，扭转贸易逆差，③ 一场旨在加强知识产权保护水平的"亲专利"运动又拉开了帷幕。

20 世纪 80 年代，联邦政府正式出台"亲专利"政策。这个政策精神也在司法领域得到呼应。1980 年，美国高等法院一改长期固守的反垄断立场，宣布垄断正是专利授予的目的所在，行使专利权获得垄断对社会无害。"亲专利"的一个典型的例子是，以往机器部件的专利中只以该部件的价格为基数的计算方法被废除，整体理念即"全部市场价值原则"被引入。按照这种原则，如果权利人能证明，侵权人使用该部件后其整个产品的价格和利润都得到增长，那么，侵权赔偿数额要根据整个产品的价格来确定。显然，按照这种标准计算出来的赔偿数额将大大高于该部件的价格。该期间，宝丽来公司诉柯达公司"一次性成像照相机"侵权案审结，专利侵权赔偿数额达 10 亿美元，创了历史纪录。④ 根

---

① 杨利华. 美国专利法史研究 [M]. 北京：中国政法大学出版社，2012：227.

② NEWMAN P. Statement presented to the FTC & DOJ in hearings on competition & intellectual property law and policy in the knoledge-based economy [OL]. http：// www. ftc. gov，2004 - 9 - 1.

③ 韩蕊. 美国专利制度的历史演进及其对技术创新的影响 [D]. 上海：华东师范大学，2006：49.

④ 韩蕊. 美国专利制度的历史演进及其对技术创新的影响 [D]. 上海：华东师范大学，2006：59.

据1982年美国《联邦法院改进法案》而设立的联邦巡回上诉法院（Count of Appeal of Federal Circuit，简称CAFC），可视为"亲专利"政策的直接产物。联邦巡回上诉法院统一受理全国专利纠纷上诉案件，并负责指导专利商标局的工作。当事人对专利复审委员会的决定不服，也上诉至该法院。联邦巡回上诉法院自此成为美国社会专利司法的圭臬，鉴于"遵从前例"的判例法传统，其奉行的司法规则往往直接成为美国专利法律制度的组成部分。

根据Kortum和Lerner的友善法庭（Friendly‐court）假说，一国所实施的"亲专利"型法律制度，对该国的技术专利化倾向能产生积极的影响，[1] 也就是说发明者更愿意将其技术创新成果提交专利申请。Kim和Marschke借助1983—1992年的企业专利数据，强调了20世纪80年代"亲专利"政策对专利数量激增的影响，指出1984年起企业对专利价值的挖掘和依赖加强了。[2] 在"亲专利"旗帜下，联邦巡回上诉法院的法官似乎也偏离了应有的冷静，在等同规则的适用上，甚至发展出一套"整体"的理论。典型例子是1983年休斯飞机制造公司诉合众国案。正如上文所分析，整体等同强调作为整体应用的全部特征等同，不要求等价手段与权利要求的具体特征——对应，对专利的保护失于过宽。这种做法对专利过分"亲近"，甚至"偏袒"，导致专利权过多过滥现象，不利于对技术的开发和推广，甚至造成了对自由竞争的阻碍;[3] 同时，不适当地拓展了专利高度及其投射宽度，阻碍了邻近技术，填塞了专利技术后续发展的未来空间，因此受到多方质疑。同样在该案，联邦巡回上诉法院在运用专利审查过程禁止反悔说时所持的"弹性排除"立场，认为"因权利要求修改的性质和目的不同，其对等同原则的影响可以'从很大到没有'"，动摇了人们对裁判原则性的看法。

20世纪90年代之后，以信息产业为龙头的高新技术具有课题广泛、更新换代周期短等特点。"整体等同"原则反映在知识财产的占有方式上，侧重方式、功能和结果的整体观察，不细究专利技术与被诉侵权物相应的具体技术要素是否一一对应，导致专利技术课题对新技术反应迟钝，两者不相匹配。在这个新技术（如网络通信技术、基因技术、纳米技术）、"新经济"背景下，联邦巡回上诉法院在1995年希尔顿·戴维斯化学公司诉

① 詹爱岚. 全球创新竞赛视域下的中国专利激增动因及创新力研究启示［C］//"知识产权与创新驱动发展"论坛暨中国知识产权法学研究会2013年年会论文集，2013：705-712.

② KIM J, MARSCHKE G. Accounting for the rerent surge in U. S. patenting：changes in R&D expenditues, paten yields, and the high tech sector［J］. Economices of innovation and new technology，2004，Vol. 13，Issue 6：543-558.

③ 杨利华. 美国专利法史研究［M］. 北京：中国政法大学出版社，2012：204.

沃纳—金肯逊公司案中意欲继续沿袭其"整体等同"观点，并推出"非实质差异"说，但被联邦最高法院发回重审。联邦最高法院指出，基于"特征——对应"说的全要件原则，等同原则应适用于权利要求的各项具体特征，而不是对发明作整体性应用。同时，联邦最高法院认为"非实质差异"标准对于认定差异的"非实质性"基本没有提供另外的指导，另从禁止反悔角度批驳了联邦巡回上诉法院的"非实质差异"说。回看上文联邦最高法院关于此节的阐述，联邦最高法院动用丰富的法理资源，在外界看来也许过于法律技巧化，但将之放置在与技术进步的适应性检验中，可以体会到联邦最高法院力求让司法规则回应信息时代的苦心。最终，"全要件原则"代替"整体等同"原则，成为至今还在被适用的侵权判定规则。同样，联邦最高法院在 2000 年 Festo v. Shoketsu Kinzoku Kabushiki Co. 案中，在运用专利审查过程禁止反悔说过程中，摈弃了"弹性排除"立场，也避免使用刻板的"完全排除规则"，而是折中使用"推定完全排除规则"，对禁止反悔在等同原则中的使用范围进行了澄清和细化，在专利权人利益与公众利益之间寻找适当的平衡点，将专利产权定位在一个合理的范围，迎合信息时代的技术特性。

在 20 世纪 80 年代的"亲专利"运动中，技术专利化依赖加强，一种有着与"反公地悲剧"效应类似的"专利丛林"纵横交错。在 90 年代，信息产业内技术复杂化趋势明显，继续奉行"亲专利"政策将加剧"专利丛林"内的"专利挟持"，可见，作为对信息时代的回应，专利等同原则停止了在"亲专利"运动中的扩张。闫文军也认为，90 年代以来，美国法院在解释权利要求的过程中所形成的诸如"特征——对应"、禁止反悔说和捐献说等规则，都起着限制专利保护范围的作用。[①] 这种态度作为"美国标准"，引领着各国的权利要求解释方向向着限制专利保护范围的方向发展：德国法院明确放弃了一般发明思想的观念；日本法院使等同的认定条件更加严格。

21 世纪头十年，以信息技术产业为龙头的高新技术为美国"新经济"注入的极大活力还在支撑着该时期的经济增长，但同时，信息技术的强溢出效应使得其超额利润减少，全球范围内对信息产品的需求也因供给增多而趋于饱和，这种支撑力日渐疲弱。尽管如此，美国在生物工程、新材料、新能源和环境、宇航空间技术等引导 21 世纪人类社会高速发展的领域占据了无可争议的领先地位。作为科技强国的美国的法院，在知识产权司法中把专利等同规则作为支持美国科技创新的制度来设计，总是能"发

---

① 闫文军. 专利权的保护范围：权利要求解释和等同原则适用［M］. 北京：法律出版社，2007：569.

明"出新概念来服务于促进创新的理念。比如，在运用等同的适用限制之捐献说时，既要允许权利人在权利要求文字表述中使用具体方案名词的上位概念，也要防止上位概念范围在新技术条件下内涵或外延发生变化导致的不合理垄断。联邦巡回上诉法院在 2002 年 Johnson & Johnston Associates Inc. v. R. E. Service Co. 案中认为，不能通过适用等同原则将其保护范围扩大到权利要求中没有指明的材料。值得一提的是，"反向等同"原则也具有这种功能。如果后续技术的贡献大大超过了专利技术的贡献，那么，即使改进发明人未经许可使用在先专利技术，仍不被认为侵权，这就是反向等同原则的经济内涵。[①] 反向等同原则从反面矫正了可能出现的专利权人损害后续创新者积极性，以至于阻碍技术进步的扭曲情况。

总体看来，在公共政策对专利的"亲近"与"疏远"的调节中，专利等同原则都发挥了不可或缺的作用。当专利被"亲近"的时候，专利的等同边界外推，已有专利得到的保护水平较高；同时促使技术创新市场中专利数量增长加快，出现一种专利数量激增的现象。而当专利被"疏远"的时候，等同替换被视为拙劣的模仿，许多专利将因缺乏必要的创造性而被宣布无效，如此导致技术创新市场中专利数量增长缓慢；同时创造性"过硬"的专利得到的保护水平并不低，因为法官们在专利侵权审判中不会对以等同替换伪装的侵权形式有什么好感，实际上仍然表现为专利等同边界的守望。在制度与技术的互动性上，在美国，等同规则作为知识产权制度因素，很好地回应了技术进步水平，通过其与技术进步的互动效应，推动了美国技术的持续进步和经济的持续繁荣。

第六节　德国专利法中等同原则与技术进步的互动性

德国在近代积累了雄厚的科技实力，1895 年德国的经济实力超过英国。德国仅用 40 年就走完了英国 100 年的工业现代化道路。[②]"二战"后，凭借国内企业强大的技术创新能力和完善的国家创新体系，德国创造了经济奇迹。与美国的情况大体相同，德国的技术进步趋势保持着与经济波动基本一致的走向。在 20 世纪 60 年代至 70 年代上半期，原西德注重生产手段的大规模建设，用资本推动经济的发展。随着国家和企业的固定资产投

---

① 威廉·M. 兰德斯，理查德·A. 波斯纳. 知识产权法的经济结构 [M]. 金海军，译. 北京：北京大学出版社，2005：404.

② 鲍琳洁. 德国的技术经济 [M]. 北京：科学技术文献出版社，1992：36.

资与投资回报率持续下降，80年代之后，西德开始重大产业结构调整。[①]
从图4-8可以看到，在20世纪70年代初、80年代初和90年代初，西德
经历了与其他资本主义国家相同的经济波动；劳动生产率增长与经济增长
同向波动，大多数年份中，劳动生产率的增幅大于经济增长幅度，甚至是
在经济衰退时期。

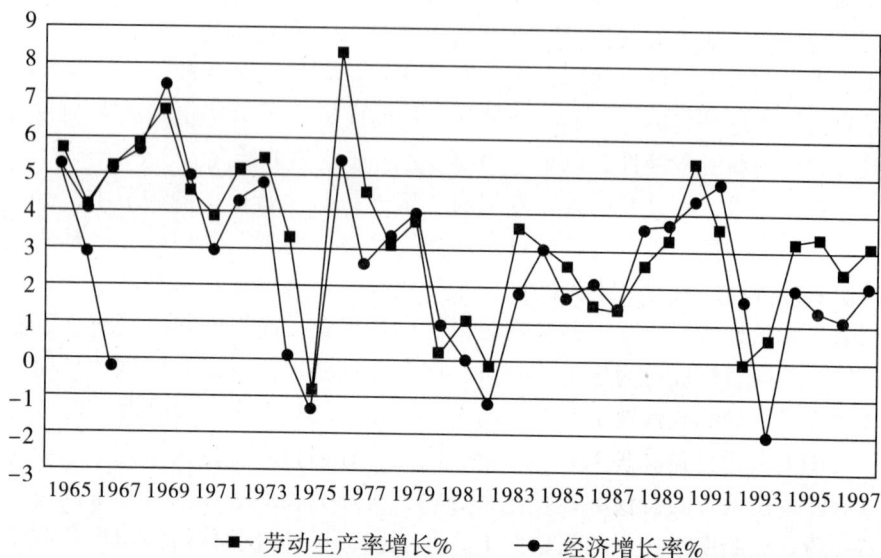

图4-8　原西德（两德统一后为德国西部地区）的劳动生产率增长和经济增长率
资料来源：陈凌：《德国劳动力市场与就业政策研究》，第151页。

　　公共开支中的R&D支出指数可以从投入法的角度间接测量技术进步
的水平。图4-9描述了1972—2000年德国公共开支中R&D支出所占的比
例。可以看出，20世纪80年代R&D支出基本呈增长趋势，90年代两德合
并后由于国内其他开支增加，导致比例下降，但仍一直保持在5%左右的
平稳水平。[②]

---

① 陈凌. 德国劳动力市场与就业政策研究［M］. 北京：中国劳动社会保障出版社，2000：
150.

② 王翔. 中德国家创新体系比较研究［D］. 上海：同济大学，2006：36-37.

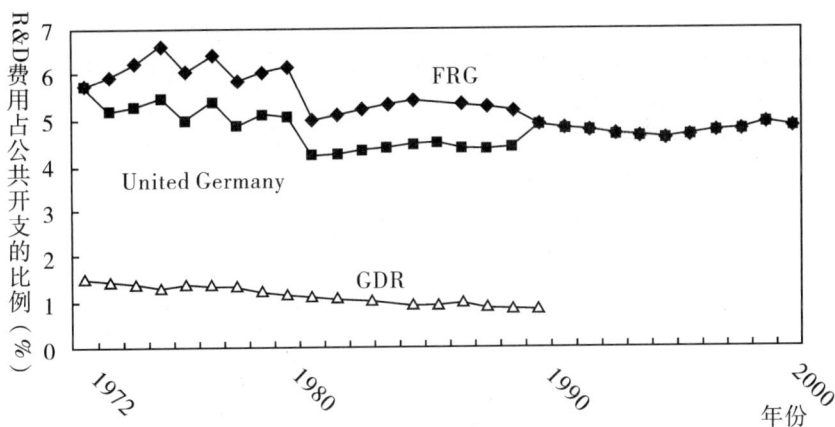

图 4-9　德国公共开支中的 R&D 费用

注：FRG 为德意志联邦共和国，GDR 为德意志民主共和国。资料来源于 Hariolf Grupp 等，In-hovation and growth in Germany in the past 150 years。

　　从德国与美国的科技实力对比看，1997 年德国 R&D 投入为 371.5 亿美元，当年美国 R&D 投入为 1 707.7 亿美元，德国约为美国的21.8%。德国每 10 万人专利申请数为 257 项，高于美国的 233 项水平。用定量的语言描述，如果美国的科技实力为 100，则德国为 60。[①] 2002 年德国 R&D 投入为 500 亿美元，美国为 1 500 亿美元，德国约为美国的 33.3%。2003 年德国每百万人口中拥有 R&D 科技人员 2 826 人，美国为 3 871 人，德国为美国的73%。[②]

　　在研究德国的技术进步水平时，值得一提的是德国的国家创新体系。[③]德国的国家创新体系中，科学研究与技术开发并重，通过中介结构将科学研究系统与开发系统联系起来，促进了科学和经济的协调发展。联邦政府、各州政府、科研系统、大学、中介组织和经济界在支持企业技术创新方面既有明确的分工，又有密切的合作。1982 年，德国政府把建立技工贸金融四位一体的高新技术群落作为发展科技经济的一项重要战略措施。联邦和州政府、工商会以及国家银行互相合作，60 多个具有德国特色的"硅谷"很快建立起来。1983 年起德国政府与国家银行、企业共同投资在全国范围内先后建立了 80 多个科技中心或创新中心。1999 年德国科教部发表

　　① 陈凌. 德国劳动力市场与就业政策研究 [M]. 北京：中国劳动社会保障出版社，2000：155.

　　② 王翔. 中德国家创新体系比较研究 [D]. 上海：同济大学，2006：40.

　　③ 国家创新体系是政府、企业、大学、研究院所、中介机构之间为寻求一系列共同的社会和经济目标而建设性地相互作用，并将创新作为体系变化和发展关键驱动力的体系。参见王翔. 中德国家创新体系比较研究 [D]. 上海：同济大学，2006：17.

了《生物技术的机会》和《生物技术概览》两份政策性报告，明确生命科学和生物技术是 21 世纪最重要的创新领域，制定了对于新企业的具体扶持措施。将新材料和集成制造技术作为德国今后新技术的发展基础，连同纳米技术、激光技术等对下一代信息通信有决定意义的领域在政策和经费上给予优先支持，要在短时间内成为欧洲电信和互联网最发达的地区。考虑到德国的传统优势领域，还在高速轮轨列车技术、磁悬浮列车技术和新型汽车制造技术上给予了足够的重视。施罗德政府执政期间，继续推行科尔政府加强教育和技术创新的政策，通过增加教育和科研投资，利用技术进步这个杠杆使经济走出低迷的阴影。①

德国的政治权力架构也奉行"三权分立"，但由于大陆法系的法律传统，与美国相比，德国法院更具有"共同治理社会"的协作精神，司法规则更具公共政策理性。如果将司法机构在裁判技术纠纷、专利纠纷过程中体现的功能也纳入国家创新体系的研究框架，那么，德国司法机构在国家创新体系中的角色更为自觉。区别于行政机构推动建立技术园区、调节税收、掌控科研经费等功能，司法机构的任务是调处纠纷，通过司法判决确立裁判规则，为市场主体提供预期的行为规范。德国在经济恢复后，其科技水平和经济规模一直在国际上名列前茅。由于有了雄厚的技术积累，德国法院守护知识产权的意识强，保护力度高。② 德国专利授权机构对专利创造性的审查严格，为专利的高水平司法保护政策铺设了前提，使其扩展专利的等同边际有了"底气"。这种制度安排，使高水平专利保护政策不至于刺激专利数量的激增，有效地遏制了垃圾专利，技术水平的质量因此令世人瞩目，技术进步的步伐趋向稳健。正如德国法院的共识，对等同原则做是否"明显等同"的划分并不重要，关键判断是否缺乏创造性。在德国近现代雄厚的技术积淀基础上，司法规则切入国家创新体系，推动德国技术经济发展。

---

① 刘强，赵晓洁. 德国国家技术创新系统运行机制 [J]. 德国研究，2003 (4)：16－20.
② 这种现象同时可能与德意志民族固有的严谨认真的性格有关。

第七节　日本专利法中等同原则与技术进步的互动性

一、当代日本的技术进步状况

自日本明治维新（1868 年）至 1913 年，日本的全要素生产率是负的，但其资本积累速度比较快，该时期主要依靠要素投入推动经济增长。明治维新产生的制度变革带来了积极效果，加上大量的技术模仿，1913—1950 年期间，日本的全要素生产率脱负为正。但是，该期间日本的全要素生产率仍保持在低位，直到 1950 年日本都未跻身世界主要的发明创新国家，1950 年在美国得到批准的日本专利只占全部外国专利数的 0.03%。

1955 年被视为"界标"年，日本经济的各项指标基本恢复和超过了战前的最高水平，开始了赶超欧美的历程。1955—1973 年是日本经济的高速增长期。该时期，日本的资本积累率、劳动生产率和全要素生产率的增长速度惊人。1960—1973 年，日本的全要素生产率增长率为 6.1%。[①] 从表4 - 5，可以看到年均 9.18% 的高资本存量增长，且资本存量仍旧为正（0.06%）。战后原有的资本存量多为战争毁坏，使得资本的边际生产率很高；同时，技术进步与高资本投资伴随进行，新产业迅速建立，新产品大量推出，因此，该时期资本存量的迅速增加并没有使资本生产率变为负。

表 4 - 5　1820—1992 年美、英、日增长表现的比较（年复合增长率%）

	国家	1820—1870	1870—1913	1913—1950	1950—1973	1973—1992	1820—1992
GDP	美	4.22	3.94	2.84	3.92	2.39	3.61
	英	2.04	1.90	1.19	3.00	1.59	1.89
	日	0.31	2.34	2.24	9.25	3.76	2.77

---

① 冯昭奎，林昶. 当代日本报告 [M]. 北京：社会科学文献出版社，2011：168.

（续上表）

国家	1820—1870	1870—1913	1913—1950	1950—1973	1973—1992	1820—1992
人均 GDP 美	1.30	1.81	1.61	2.42	1.38	1.65
英	1.25	1.01	0.92	2.47	1.44	1.30
日	0.10	1.38	0.92	8.01	3.03	1.95
人口 美	2.89	2.09	1.21	1.46	0.99	1.93
英	0.78	0.87	0.27	0.48	0.15	0.58
日	0.21	0.95	1.31	1.15	0.71	0.81
劳动生产率（每小时劳动的 GDP） 美	1.10	1.88	2.48	2.74	1.11	1.81
英	1.16	1.13	1.66	3.12	2.18	1.63
日	0.09	1.89	1.85	7.69	3.13	2.24
总劳动小时 美	3.09	2.02	0.35	1.15	1.27	1.77
英	0.85	0.76	−0.46	−0.15	−0.57	0.26
日	0.21	0.45	0.40	1.44	0.61	0.52
非居民资本存量 美	5.46	5.53	2.01	3.27	3.13	4.18
英	2.61	1.73	1.09	5.17	3.32	2.47
日	n. a.	3.49[a]	4.17	9.18	6.18	5.62[c]
资本生产率（每单位非居民资本的 GDP） 美	−1.18	−1.51	0.81	0.63	0.72	—
英	−0.55	0.01	0.10	−2.10	−1.67	—
日	n. a.	−0.95[a]	−1.85	0.06	−2.85	—
全要素生产率 美	−0.15	0.33	1.59	1.72	0.18	0.63
英	0.15	0.31	0.81	1.48	0.69	0.57
日	n. a.	−0.31[a]	0.36	5.08	1.04	1.38[b]

注：n. a. 表示缺乏数据。

a. 1890—1913 年。

b. 1890—1913 年，同期美国为 1.18，英国为 0.78。

c. 1890—1913 年，同期美国为 3.00，英国为 2.56。

资料来源：Maddison1995。

　　该时期，日本的技术进步仍然主要靠技术模仿来实现。以外国在美国申请的专利为例，直到 20 世纪 60 年代中期，在美国得到批准的日本专利的比例尚低于英国、德国、法国等主要发达国家。1967 年，日本 GDP 超过英国。1973 年，日本 GDP 超过所有其他发达国家，仅次于美国，其人均 GDP 也接近发达国家的平均水平；同年，日本超过德国成为最大的专利批准国。

1973 年之后，日本由于还没有从根本上将技术模仿改造为自主创新，依靠技术模仿和高资本投入取得的经济增长效应已大大削弱，其经济增长率也明显降低。20 世纪 80 年代日本的经济增长很大程度上是靠泡沫膨胀起来的。该时期，日本的 R&D 投入不足，尚未摆脱技术模仿的路径依赖。90 年代初泡沫破灭后，日本经济便停滞不前。[①] 1993 年之后，日本经济甚至出现负增长；此后二十余年，日本进入了经济低迷时代，被称为"失去的二十年"。[②]

在技术模仿效应日益削弱之时，实际上，日本在 20 世纪 80 年代就开始调整其技术进步路径，制定自主创新战略，并在 90 年代开始加大基础研究投入。1997 年，日本的 R&D 投入占 GDP 的比例为 2.90%，日本为美国的 43.6%。日本每 10 万人专利申请数量为 369 项，高于美国的 233 项。用定量的语言描述，如果美国的科技实力为 100，则日本为 75。[③] 2000 年日本 R&D 投入占 GDP 的比例为 3.23%，2005 年为 3.55%，2006 年为 3.61%，2007 年为 3.67%。[④] 在国际比较上，该指标名列"世界第一"。日本一国的 R&D 投入经费超过德国、法国和英国三国投入的总和。[⑤] 日本的机械工业尤其重视研发，机械行业的研发经费占全产业研发经费的 61.4%（表 4-6）[⑥]。

表 4-6　2007 年日本各产业的研发经费

	亿日元	%		亿日元	%
制造业	121 796	88.1	化学工业	20 757	15.0
机械工业	84 865	61.4	医药品	12 537	9.1
运输机械	24 845	18.0	其他制造业	16 173	11.7
汽车	24 248	17.5			
信息通信设备	23 221	16.8	全产业	138 304	100.0

资料来源：日本总务省：《科学技术研究调查报告》，2008 年。

---

① 尹翔硕. 技术进步与新经济 [M]. 北京：人民出版社，2002：35-41.

② 日本池田信夫为此写出《失去的二十年：日本经济长期停滞的真正原因》（机械工业出版社，2012）。

③ 陈凌. 德国劳动力市场与就业政策研究 [M]. 北京：中国劳动社会保障出版社，2000：155.

④ 日本总务省. 科学技术研究调查报告 [R]. 2008.

⑤ 冯昭奎，林昶. 当代日本报告 [M]. 北京：社会科学文献出版社，2011：171-172.

⑥ 冯昭奎，林昶. 当代日本报告 [M]. 北京：社会科学文献出版社，2011：177.

　　表4-7列出了战后日本的专利申请量和专利授权数据。表中数据表明，战后的1946—1950年，日本创新能力迅速得到恢复，专利申请数量从8 136件突飞至16 896件，授权数量也从2 404件升至4 272件，均基本翻了一番；至1955年专利申请数量34 508件，授权数量8 447件，实现了该两项指标对战前的超越。日本再一次突飞是在1961年，专利授权数量20 946件，较上年度的11 252件几乎又翻了一番；该数据从1963年后开始稳定并持续均速增长，1960—1973年为日本经济的高速增长期，该期间专利授权数量的增长轨迹和速度与上文全要素生产率6.1%基本一致。1974—1989年，作为R&D产出的专利授权数量在年度之间只有小幅增长，还伴随着反复，表明日本尚未摆脱技术模仿的路径依赖。90年代加大研发投入后，1996年专利授权数量又一次跃升至215 100件，超过上年度的两倍；之后的十余年先降至2002年的120 018件再逐步攀升，表明技术转型对日本技术进步的促进作用很明显。

表4-7　日本专利申请和专利授权数据统计表

年份	专利申请（件）	专利授权（件）	年份	专利申请（件）	专利授权（件）
1940	19 827	6 716	1975	159 821	46 728
1941	19 997	6 686	1976	161 016	40 317
1942	16 359	6 977	1977	161 006	52 608
1943	17 108	6 382	1978	166 092	45 504
1944	12 578	8 336	1979	174 569	44 104
1945	4 258	2 340	1980	191 020	46 106
1946	8 136	2 404	1981	218 261	50 904
1947	9 260	1 056	1982	237 513	50 601
1948	11 582	1 885	1983	254 956	54 701
1949	14 266	3 940	1984	284 767	61 800
1950	16 896	4 272	1985	302 995	50 100
1951	17 764	6 269	1986	320 089	59 900
1952	20 877	5 486	1987	341 095	62 400
1953	24 575	5 806	1988	339 399	55 300
1954	29 369	7 070	1989	351 207	63 301
1955	34 508	8 447	1990	367 590	59 401
1956	33 245	9 430	1991	369 396	36 100

（续上表）

年份	专利申请（件）	专利授权（件）	年份	专利申请（件）	专利授权（件）
1957	33 188	9 813	1992	371 894	92 100
1958	38 518	9 972	1993	366 486	88 400
1959	41 537	10 278	1994	353 301	82 400
1960	43 484	11 252	1995	369 215	109 100
1961	48 417	20 946	1996	376 615	215 100
1962	60 127	15 703	1997	391 572	147 686
1963	71 790	23 303	1998	401 932	141 448
1964	74 980	23 700	1999	405 655	150 059
1965	81 923	26 905	2000	436 865	125 880
1966	86 046	26 315	2001	439 175	121 742
1967	85 364	20 773	2002	421 044	120 018
1968	96 710	27 972	2003	413 092	122 511
1969	105 586	27 657	2004	423 081	124 192
1970	130 831	30 879	2005	427 078	122 944
1971	105 785	36 447	2006	408 674	141 399
1972	130 400	41 454	2007	396 291	164 954
1973	144 814	42 328	2008	391 002	176 950
1974	149 319	39 626			

资料来源：张玲：《日本专利法的历史考察及制度分析》。

经过技术转型的洗礼，日本逐渐摆脱技术模仿阶段，建成了一个"没有牛顿、爱迪生的技术强国"。[①] 21 世纪，日本拥有高水平的机械设备制造能力，全世界高级光刻机市场几乎被日本企业垄断。发达的机械工业为日本全产业提供了先进的装备。机器人是日本企业有代表性的精密机械产品，2010 年，日本年产 10 万台机器人，占世界产量的 70%。基础材料产业技术也得到高度重视，日本钢铁企业能制造出对世界各地重大建设项目不可缺少的高级钢材；半导体被称为"信息化的粮食"，日本生产的半导体硅晶片占世界市场份额的 70%。日本在作为激光唱机的"心脏"的拾光

[①] 一位日本学者曾把欧洲称为"牛顿的欧洲"，把美国称为"爱迪生的美国"，日本自然资源匮乏，逼着日本人重视开发"头脑资源"，事实表明，"二战"之后，一个"没有牛顿、爱迪生的技术强国"建成了。

信号用的半导体激光和精密机械加工方面拥有世界最高水平的技术。①

二、日本专利法中等同原则的选择适用

早期（20世纪60年代之前），日本法院和许多学者认为等同原则不适用于本国，主要理由是：第一，日本专利法明确规定了全部技术特征原则，法院在判断侵权时必须根据权利要求的文字所表述的保护范围来进行；第二，日本采用所谓"专利权人的承诺所带来的限制"理论，其基础是合同法意义上的"当事人意思自治"理论，专利权人在获得专利权的过程中已通过权利要求向公众表达了其意愿，之后在行使专利权时就应当受到这种意愿的约束，不得随意改变。② 日本法院对待等同原则的谨慎态度，与其具体国情密切相关。日本自明治维新以来，一贯以采取"拿来主义"著称，其学习西方经验的能力和态度是惊人的。20世纪五六十年代，"反向工程"在日本被广泛采用。通过"反向工程"等形式，制造出模仿国际市场已有的产品，而非外国直接投资或产品和工艺设计的原本转让，日本高速度、低成本地吸收和改进引进国际先进技术，完成了本国的技术跨越。如何保护学习的成果并实现赶超，日本人采取的是"小步快跑"的策略。在日本，只要有一点点改进，就立即申请专利，这在日本工业界已经成为一种习惯。诸如松下、日立之类的大公司每年要提出上万件的专利申请。就全国而言，日本专利申请量极大，这使得在各个技术领域，专利的"密度"非常高。在这种情况下，如果采用较宽的等同范围，可能导致授予的专利权之间产生过多的"撞车"现象，③ 从而抑制"小步快跑"的技术追赶策略。

与美国相比，日本专利制度的各种原则和规定倾向于为技术扩散创造条件（Ordover，1991）。有实证研究表明，日本行业内R&D技术溢出程度要高于美国，在这里弱专利起到了关键作用（Cohen et al，2002）。Ordover指出，专利的强弱要与整个国家的技术水平及经济政策结合起来考虑，日本的弱专利政策适用于那些需要大量引进技术加以改进的国家。④ 日本学者深刻意识到这一点，"这部分是由于当时的时代背景。在技术水平总体较低的阶段，有更愿意较窄地确定专利保护范围的要求。这不只是等同原则的问题，对于所有的知识产权，总体上都不要求给予强保护。另外，在

---

① 冯昭奎，林昶. 当代日本报告［M］. 北京：社会科学文献出版社，2011：178 – 182.

② TAKENAKA. Interpreting patent claim, the U. S., Germany and Japan［J］, IIC Studies. Vol. 17: 176 – 177.

③ 尹新天. 专利权的保护［M］. 北京：知识产权出版社，2005：426 – 427.

④ 王争. 专利制度的经济学研究：一个综述［C］.//2005年中国法经济学论坛会议论文集.

化学物质不受专利法保护的时代（1975 年以前），对化学物质取得方法专利者，可能援用等同原则不合理地主张扩张解释。再有，在单一专利要求的体制下，存在很多密集的独立的专利，在这种情况下适用等同原则很可能会产生权利冲突等不便"。① 日本专利法史实表明，在 1998 年"无限折动用滚珠花键轴承"案件之前，法院虽在不少案例中论及等同原则，但法理分析之后的结果往往是不等同。正如田村善之在《日本现代知识产权法理论》中指出的那样，易于组织化的大企业的利益容易反映在立法中，表现为知识产权往往被过度强化，面对这种情况，固然应该期待通过立法予以纠正，法院的判断也应该以克制的态度进行参与，消除这种结构性的不均衡。② 日本法院在等同原则上坚持的立场就是这种"克制参与"态度的表现。

20 世纪 90 年代以后，日本法院在等同原则问题上开始变得主动积极。这种变化的原因何在？我们似乎也可以在产业背景中找到答案。此阶段，日本完成了经济起飞，但技术进步模式正经历着从技术模仿到自主创新的转变，固守原有司法规则无益于消除技术泡沫和经济泡沫。作为回应，各方肯定等同原则的声音越来越强。同时，美国在 80 年代推行"亲专利"政策，通过世界知识产权组织等平台在《专利合作条约》中讨论等同原则，出现了承认等同原则的国际趋势。③ 迫于这种国际趋势，在日本专利司法实践中等同原则适用才开始活跃。日本法院在 1998 年"无限折动用滚珠花键轴承"案中确立了"五要件"原则，宣告了对等同原则的明确肯定。尽管如此，"五要件"这个司法规则仍然表现出对专利等同保护的种种"不情愿"迹象。比如"非本质部分"要件，这是一个独具特色的判断方式。它企图把技术创新视为诸如著作权之"思想与表达"两相区分，将发明创造区分为"本质部分"与"非本质部分"，等同只发生在后者有差异的情况下；如果后者有差异，同时前者也有差异，则被控侵权物是"专利发明的实质价值所涵盖不了的"，不为等同。再如"可置换性"要件，将专利发明区分为开拓性技术抑或改进性技术，分别以"定性的作用效果"和"定量的作用效果"予以保护，换句话说，就是根据专利的高度调节专利的宽度，而非一概而论。如此精细化的司法规则，犹如日本精密的机械产品一样，令人叹为观止。

总体而言，在日本，专利等同原则与技术进步的互动性被作为产业政策充分利用，在技术追赶时期，等同范围被控制在较小范围内，为技术扩

---

① 中山信弘. 工业所有权法·专利法：第 2 版增补版［M］. 弘文堂，2000：393.

② 田村善之. 日本现代知识产权法理论［M］. 李扬，等译. 北京：法律出版社，2010：21 – 25.

③ 中山信弘. 工业所有权法·专利法：第 2 版增补版［M］. 弘文堂，2000：393.

散创造条件；在自主创新时期，等同范围扩展，形成较高的知识产权保护水平以推动技术进步。

小　结

本章提出的研究假设是：专利等同原则与技术进步水平存在互动关系；在可调节的等同范围中，技术进步水平与专利等同范围正相关，两者互相适应、互相推动。理论上，通过技术进步水平与专利宽度的互动性、技术创新市场中技术进步水平与等同范围的互动性，以及一国总体技术水平与等同边界的互动性三个层面进行分析。实证上，通过美国、德国和日本三国专利司法中等同原则选择适用的经验实证，以及国家层面规则与技术的理论实证，论证专利等同原则与技术进步的互动性。这个研究假设的证成是专利等同原则作为技术产权规则效率的要求。

第五章　中国专利法中等同原则与技术进步互动性的考察与展望

第一节　追赶型现代化中的专利法律移植和等同原则发展

罗荣渠在《现代化新论：世界与中国的现代化进程》中提出，"由于创新性变革与传导性变革两种方式之不同，在实际的历史进程中，通向现代化的多样化道路可大致概括为两大类不同起源，从而形成两种不同的现代化过程。一类是内源的现代化，这是由社会自身力量产生的内部创新，经历漫长过程的社会变革的道路，又称内源性变迁，其外来的影响居于次要地位"。① 另一类是外源的现代化。外源性的现代化往往是"被惊醒"的，因此，表现出强烈的追赶冲动，因此，也被称为追赶型现代化。中国的现代化就是典型的外源现代化。如果近代不被西方"打扰"，中国社会自有一条演进的道路，演进到当代的模样，当然有别于建立在西方价值观念、技术物质基础之上的"现代化"，但于人类星球而言，并无优劣之分。历史告诉我们，中国社会的自我演进路径在近代改道了，被迫在西方主宰的民族丛林中"崛起"。李雨峰在论及中国版权法的产生时，就将之称为"枪口下的法律"。②

---

① 罗荣渠. 现代化新论：世界与中国的现代化进程 ［M］. 北京：商务印书馆，2009：131.
② 李雨峰. 枪口下的法律：近代中国版权法的产生 ［J］. 北大法律评论，2004（0）.

正如学者的研究结果所言，迟发外源型国家的现代化"不是社会内部的现代性因素不断生长和积累的结果，而是通过对来自外部的挑战的领悟从外部引进的变迁过程。由于自身现代性因素的贫乏，现代化往往缺少民间力量的支持，而稳固的传统力量却成为现代化的严重障碍。在这种情况下，只有用国家机器的强大力量来推进现代化，现代化才有可能启动和成功"。① 同时，由于"落后就要挨打"，迟发国家只有集中其举国之力，才足以抗衡他国。因此，权威政府在非发达国家频频出现并非偶然。一般认为，权威政府缺乏分权机制，走向滥用权力的危险性大。但在当代，对于一个开放的社会系统来说，由于信息交流便捷，加上他国的制约以及系统本身的"忍辱感"，这种危险在很大程度上被消解。虽然危险并非彻底消失，但将之与缺失权威政府导致的诸多危险相比，这种路径已经是不得不选择的"华山一条路"。成功的例子是日本的明治维新，以及作为"亚洲四小龙"的中国台湾地区。从这个意义上讲，中国目前的现代化就是沿着此路径前进的。

一、专利法律的移植

追赶型的现代化具有的"一揽子解决""一步到位"的特点，有如"在一张白纸上画画"。所谓的"后发优势"，指的就是这种现象。实际上，1984 年《专利法》与其他法律一样，相对于之前的法律背景而言，是一场不折不扣的"变法"运动。之前，中国实施的是计划经济时代延续过来的"有限专利制度"。具体而言，是指 1950 年政务院财政经济委员会颁布的《保障发明权与专利权暂行条例》及其实施细则。该法也设置了"专利权"，但与适应于市场经济的现行专利制度之同名权利相去甚远，就立法技术而言，尚不如 1944 年的《专利法》。不独如此，在该法施行期间，只批准了 4 项专利权和 6 项"发明权"，其实施效果几乎可以忽略。②

当代中国的专利制度是在改革开放之后于 1984 年实施的，并在 21 世纪初加入世界贸易组织中完成了与世界接轨的华丽转身。作为知识产权法律制度的一部分，中国当代专利法已不同于 20 世纪初晚清政权在西方列强枪口逼迫下的被动接受，而是 20 世纪与 21 世纪之交中国人与时俱进，主动融入世界经济一体化的结果。为适应"世界通行做法"、加入世界贸易组织，具体而言是符合 TRIPS 协定的最低要求，中国在加入世界贸易组织之前分阶段频繁修订《专利法》。2001 年底加入世界贸易组织之后，按照

---

① 王寿林. 现代化两种类型的比较及启示 [J]. 理论与现代化, 1998 (1): 8 – 9.
② 魏槐. 中国 1949—2009 年专利制度演进研究 [D]. 北京：北京工商大学, 2009.

该组织的规则并继续密切关注成员国的法律规则动态，继续修订完善专利法、出台司法解释。中国《专利法》分别于1992年、2000年和2008年历经三次修订。实践证明，由于起步晚，专利法律制度在中国的发展有了后发优势，得以在较少历史负担的基础上迅速建立起来。伴随着2011年社会主义法律体系的形成，中国专利制度几近完成。《专利法》的制定及修订简要历程如表5-1。

表5-1　中国专利立法简况

	时间	背景/目的	效果及较重要的条款
《专利法》颁布	1984	改革开放初期建立产权制度的需要以及WIPO的要求	初步建立了专利制度，但对权利人限制较大（如第10、51条对专利权人权利的限制）
第一次修改	1992	为了履行中美两国达成的知识产权谅解备忘录中的承诺，获取贸易空间	专利保护开始向TRIPS标准看齐，保护时间得到延长，但被指牺牲了社会利益，不利于技术创新（第25条扩大保护范围，将发明的保护时间延长为20年，实用新型延长至10年）
第二次修改	2000	顺应我国加入WTO的要求	进一步靠近TRIPS标准，规范了司法救济的实现过程，通过增加对专利权人的权利，增强了专利保护力度（第11条增加专利权人许诺销售的权利；第41、46条等规范了司法保护的程序）
第三次修改	2008	以建设创新型国家为大背景，以鼓励创新，加强保护为主要目的	通过加强实用新型专利保护等措施进一步加强专利保护力度，对行政保护、司法保护救济的实现做了更加明确的规定（修改的第9条使同样的发明创造既可以申请实用新型也可以申请发明专利；第64条明确了专利行政执法的权力范围）

　　1992年，我国政府为更好履行在中美两国知识产权谅解备忘录中达成的承诺，对《专利法》进行了第一次修订。世纪之交，全球科学技术突飞猛进，以知识和技术促成的贸易额极大增加，以美国为首的西方发达国家为了在国际贸易中占有更多利益，要求中国提高专利知识产权的保护程度；同时，经济增长越来越依赖技术创新，经济全球化使传统贸易壁垒的

作用日趋减弱，这也是中国要融入世界贸易一体化必须做出的让步，因此，2000年专利法再次修订，启动"自我进化"。加入世界贸易组织后，TRIPS协定全面适用于中国，为保持与TRIPS协定规则的一致性，并为了推进中国建设创新型国家的发展战略，2008年，我国第三次修订《专利法》。

中国专利法律制度的形成，好像一座大厦在一夜之间盖好，有如20世纪80年代初的"深圳速度"。有人因此欢呼，"中国用二十多年的时间走过了西方国家二百多年走过的历史"。这种说法如果不是偷换概念，便是外行看热闹。难道书面法条的完成便是制度的建立？"徒法不足以自行。"由于速度的迫切性，追赶型现代化过程普遍难以跨越社会急剧变迁的门槛。传统观念中的消极因素不肯自动退出历史舞台，传统观念中的积极因素来不及寻找新的社会载体，难以有效地发挥作用；与现代社会相适应的现代观念从外部传播而来，一时难以在本土社会扎根。① "一步到位"法律制度的仓促移植，是否在客观上与本土资源相适应，需要实践检验，更遑论《专利法》的修订过程充斥着大国利益的压力。

二、专利等同原则的发展

1984年《专利法》实施后，较早适用等同原则的案例有1988年"量热式脉冲激光探测器"实用新型专利案②和1991年"充氧动态发酵机"实用新型专利案。在前案中，法院认定被控侵权产品与原告专利权利要求书中所记载技术方案的内容及目的、功能、效果完全相同，虽然被控侵权产品中确实没有变压器这一必要技术特征，但其用加粗电阻丝代替了变压器，两者是显而易见的等同物替换，侵权成立。在后案中，一审法院着重在发明目的和技术效果两方面进行比较，认定构成等同；二审法院则认为不能只比较发明目的和技术效果，还应当比较所采用技术手段的方式，认定不构成等同。③ 1992年官方发布《中国的知识产权制度》，④ 其中"知识产权的司法保护"一节中提到等同原则："中国专利制度在确认争议技术是否属于专利技术保护范围时，按照世界通行的做法，采用等同原则。所谓等同原则，是指为实现相同的发明目的，所采用的技术手段在本质上相

---

① 魏槐. 中国1949—2009年专利制度演进研究［D］. 北京：北京工商大学，2009：33.

② 郑成思. 知识产权案例评析［M］. 北京：法律出版社，1994：174 – 177.

③ 北京市高级人民法院（1992）高经终字第16号民事判决书，参见程永顺. 工业产权难点、热点研究［M］. 北京：人民法院出版社，1997：233 –239.

④ 该文件为当时的科学技术委员会发布的中国科学技术蓝皮书第7号，旨在阐明我国政府在知识产权保护方面的基本态度、观点和所实施的政策和措施，介绍中国在知识产权保护方面的各项法律制度。

同，起到实质上相同的作用，获得了实质上相同的效果，并且所属领域的普通技术人员研究说明书和附图后不经过创造性的智力劳动就能够联想到的技术手段，应当认为属于专利权的保护范围。"该文件提及的手段、作用、效果三要素，正是"按照世界通行做法"的结果，借鉴了美国1950年的格雷弗油罐制造公司诉林德航空用品公司案确定的原则。该文件还收录了审判实践中运用等同原则判定侵权时主要考虑的几种情形：①产品部件移位或者方法步骤顺序的变化；②等同替换；③略去必要技术特征；④分解或者合并技术特征。

在 1993 年"人体频谱匹配效应场治疗装置"案中，涉案专利权利要求中列举了频谱发生层中的 14 种元素及其含量，被诉侵权物的拼图发生层也有这 14 种元素，但其中 4 种元素的含量不在专利权利要求限定的数值范围内。北京市高级人民法院认为，在功能和技术效果上，被诉侵权物与专利权利要求所限定的数值相同或者大致相同，两者频谱发生层的某些化学成分含量上的区别不是实质性的，并且该领域的普通技术人员无须经过创造性劳动就可以联想到这种变换，因此，被诉侵权物的频谱发生层与涉案专利权利要求的对应技术特征属等同替换，落入专利保护范围。① 该案从功能和技术效果方面入手，以是否可变换、可替代来判断被诉侵权物与专利权利要求之间是否构成等同。该案得到广泛关注，成为司法审判中适用等同原则的标杆，极大地激励了专利权人的发明创造和维权意识。

1996 年底，在中国司法实务界的"审判专业化"呼声②中，最高法院设立了专事知识产权审判的民三庭，为专利审判的精细化发展奠定了物质基础和人才储备。基本在同时期，美国 1995 年希尔顿·戴维斯化学公司诉沃纳—金肯逊公司案中确立的判定等同之"三要素检测法"和"非实质差异"标准，以及"整体等同"向"全要件"说的转变，对于当时积极融入世界经济一体化的中国来说，产生了一定的影响。③ 中国司法实务界开始对等同原则的适用做深入思考。

在 2000 年"具有可替换电池及扩充卡座槽的电脑"案中，权利人在由被告启动的无效宣告审理程序中，辩称由于本专利具有两个结构完全相

① 周林诉北京奥美光机电联合开发公司、北京华奥电子医疗仪器有限公司案，见北京市中级人民法院（1993）中经知初字第 704 号民事判决书、北京市高级人民法院（1995）高知终字第 22 号民事判决书。

② 当时，司法实务界提出了我国司法权设置的三大弊病：司法权设置的地方化、法院管理的行政化和司法的大众化。针对此，司法改革的对应口号是司法独立和司法审判的专业化，"司法改革"成为一时的关键词，法学家甚至提出了很大胆的司法改革愿景。

③ 当时，我国正在以积极的姿态与世界组织成员国谈判"入世"事宜，中国的知识产权保护状况备受西方发达国家关注，中国也加快了对国内法的修订，以趋同世界贸易组织的相关规则。在知识产权领域，中国必须重点关注的当属 TRIPS 协定了。

同的座槽，并且电池组和扩充卡组的尺寸完全相同，专利技术与现有技术的区别在于现有技术中座槽之间是不可互换的，而专利技术方案中座槽是可以互换的，此区别特征使得本专利具有了自由替换、互为备用的优越效果，故符合创造性规定。权利人的该辩述被专利复审委员会采纳，专利有效性得到维持。然而，在侵权诉讼中，被诉侵权物的一侧座槽可安装软盘驱动器及另一电池组，磁盘驱动器一般不认为属于扩充卡，故二者不具有可置换性。北京市高级人民法院认为，"在确定实用新型专利权保护范围时，对专利权人在专利权是否有效的程序中所做的限制权利要求保护范围的陈述，应当给予应有的考虑，禁止其反悔"，故认定被诉侵权物与权利人权利要求中的座槽具有不同的功能和性质，驳回权利人的等同指控。①与1993年"人体频谱匹配效应场治疗装置"案的做法不同，北京市高级人民法院在本案中明确引用了专利授权程序中权利人的意见来作为判断是否等同侵权，旗帜鲜明地适用禁止反悔说。"值得注意的是，北京法院的终审判决比美国联邦上诉巡回法院对2000年 Festo v. Shoketsu Kinzoku Kabushiki Co. 案的判决还早21天。该判决清晰地向世人发出了一个信号，中国法院在当时已经能够运用国际通行的原则公正地审理专利侵权案件。"②

2001年最高人民法院颁布实施的《关于审理专利纠纷案件适用法律问题的若干规定》，将原来各地法院关于等同认定的探索成果进行归纳。该司法解释的实施标志着中国正式以法律规范的形式将等同原则确立为一项司法原则。在此之后，等同认定有了确定的司法规则，各地法院在专利司法实践中开始大胆实施。笔者通过最高人民法院文书网中国知识产权裁判文书网③检索（检索时间为2013年2月15日16：15）发现，2001年7月1日（2001年司法解释实施日）至2009年12月31日（2009年司法解释实施日前一天），该网站收录的涉及等同判断的专利纠纷民事判决书为622份，按照年度折算，每年约为73件。可见，等同原则已成为专利权人维护权利的重要诉讼依据。

闫文军收集整理了从2001年至2006年，各地法院适用等同规则的代表性案例（见本书附录）。④闫文军对上述案例的统计分析是：上述案件共计39件，其中认定等同的有20件，占全部案件的一半以上。单独以手段、

①　参见北京市高级人民法院审理深圳创格科技实业有限公司、马希光诉美国康柏电脑公司实用新型专利侵权纠纷案民事判决书。

②　吴玉和，王刚. 等同原则在中国 [J]. 中国专利商标，2007（1）：28.

③　从2001年开始，中国法院系统已率先在知识产权审判领域推行裁判文书网上公开工作，要求各级法院的知识产权裁判文书以网上公开为原则、以不公开为例外，公开公布的官方网站就是该域名。

④　闫文军. 专利权的保护范围：权利要求解释和等同原则适用 [M]. 北京：法律出版社，2007：348－351.

功能和效果不同而认定不构成等同的案件都有，大部分案件是两个以上的方面不同而认定不构成等同的。没有案件单独以不是"本领域普通技术人员不通过创造性劳动就能够想到"为由而认定不构成等同的。在认定构成等同的案件中，大部分案件都对"手段、功能、效果"基本相同和"本领域普通技术人员不通过创造性劳动就能够想到"进行分析和认定，但仍有4件案件没有分析"本领域普通技术人员不通过创造性劳动就能够想到"这一要件，有3件没有对手段进行分析。在被控侵权物的技术特征与专利权利要求中的相应技术特征在"手段、功能、效果"进行比较时，首先比较哪一个方面没有固定的做法。从没有认定等同的案件看，法院一般选择一个容易否定侵权的方面进行比较，只要在这一方面被诉侵权物的技术特征与专利技术的相应技术特征不同，就可以直接得出不侵权的结论。①

2009年最高人民法院颁布实施《关于审理侵犯专利权纠纷案件应用法律若干问题的解释》。通过该司法解释，专利等同原则在中国司法实践中得到了进一步确认和完善。

2010年最高人民法院公布的《知识产权案件年度报告（2010）》，公布了7个专利民事案件。其中有3个涉及等同原则的适用问题，分别是：①2009年奥诺（中国）制药有限公司诉湖北午时药业股份有限公司、王军社侵害"防治钙质缺损的药物及其制备方法"专利权案。其要点是：为克服权利要求不能得到说明书的支持的缺陷而修改权利要求可导致禁止反悔说的适用（上文已作典型案例进行分析）。②江苏万高药业有限公司诉成都优他制药有限责任公司、四川科伦医药贸易有限公司侵害"藏药独一味软胶囊制剂及其制备方法"专利权案。其要点是：专利权人在授权确权程序中的意见陈述可导致禁止反悔说的适用。③陕西竞业玻璃钢有限公司诉永昌积水复合材料有限公司案。最高人民法院认为，被诉侵权产品中插口、承口的管内径虽然一致，但二者的管外径并不一致，虽然现有技术已经公开了注浆减阻的工作原理以及注浆孔、台阶状管外径等技术特征，本领域的普通技术人员在顶管施工中为了实现注浆减阻目的，能够在现有技术的启示下，显而易见地联想到被诉侵权产品中的注浆孔以及插口管外径不规则台阶状等技术特征，无须付出创造性劳动。但是，由于被诉侵权产品中的插口管外径呈不规则台阶状，一方面导致插口管外径与钢套环之间不能紧密配合，无法实现增强管道连接密封性的功能和效果；另一方面能够在管外径与钢套环之间形成供减阻砂浆通过的环形空间，使得从注浆孔中注入的减阻砂浆可以经由该环形空间均匀分布在管道周围，形成润滑

---

① 闫文军. 专利权的保护范围：权利要求解释和等同原则适用［M］. 北京：法律出版社，2007：351－352.

套，实现减少管道外壁与土壤间的摩擦阻力，提高管道顶进效率的有益功能和效果。因此，被诉侵权产品中技术特征"插口管外径呈不规则台阶状"所实现的功能和效果，与涉案专利权利要求中"管头和管尾管径一致"所实现的功能和效果具有实质性的差异，二者不属于等同的技术特征。最高人民法院在考察手段、功能、效果是否等同时，除了考虑被诉侵权物与专利权利要求之间的关系，还考虑了被诉侵权人的现有技术抗辩。

2012 年最高人民法院公布了《中国法院知识产权司法保护十大案件》，其中有 1 个案件涉及等同原则的适用规则，即 2011 年珠海格力电器股份有限公司与广东美的制冷设备有限公司、珠海市泰锋电业有限公司侵害"舒睡模式"专利权纠纷案。最高人民法院在《知识产权案件年度报告（2012）》中公布了 10 个专利民事案件，其中 2 个案件涉及等同原则的适应规则，分别为胡小泉注射用三磷酸腺苷二钠氯化镁专利侵权案和中誉公司与九鹰公司侵犯实用新型专利权纠纷案。上文已将此三案作为典型案例进行分析。

2013 年北京市高级人民法院颁布《专利侵权判定指南》。该《指南》中关于等同原则的规定，是对 2009 年最高人民法院《关于审理侵犯专利权纠纷案件应用法律若干问题的解释》中等同判断内容的细化，代表了中国专利法中等同原则发展的最新成果，总体来说是进一步加强对专利权人的保护，以激励自主创新为重点。同时，该《指南》的精细化规则还深入专利申请人申请、复审、诉讼整个过程，其思路和考察因素与美国专利法等同原则非常相似，其中还有被美国专利法惯用的"无实质差异""显而易见性"等用词。可见，中国专利法中的等同原则之于美国专利法中的等同原则，不仅实质规范要素相差不大，连要素称谓上也如出一辙。

第二节　"经济奇迹"中的技术进步水平

研究中国等同原则与技术进步的互动性，本书选取的时间起点是 1984 年（现行《专利法》实施时间）之后。

一、改革开放之后的全要素生产率变动

改革开放之后，中国经济增长突飞猛进。世界银行在 1993 年的东亚地区报告中提出"东亚奇迹"的表述。然而，克鲁格曼认为，东亚国家和地区的经济增长，与苏联计划经济时期的增长模式并无二致，主要依靠的是资本积累和劳动力投入，而缺乏生产率的进步。其具体表现就是全要素生

产率增长缓慢，终究会遭遇报酬递减而不可持续。①

　　诸多研究结果支持了这个论断。根据马丹丹（2012）对多个全要素生产率的比较分析及综合归纳，整理出的2010年之前三十余年期间中国全要素生产率指数如表5－2：②

表5－2　　1978—2010年中国全要素生产率及其增长率

年份	TFP	TFP 增长率（%）	年份	TFP	TFP 增长率（%）	年份	TFP	TFP 增长率（%）
1978	1.449 9	—	1989	1.861 5	5.5	2000	2.380 2	6.1
1979	1.515 0	2.8	1990	1.920 0	4.5	2001	2.459 4	6.1
1980	1.582 8	3.4	1991	1.919 8	7.1	2002	2.534 8	7.0
1981	1.671 0	0.8	1992	1.871 6	12.1	2003	2.615 1	7.8
1982	1.695 9	5.1	1993	1.861 9	11.5	2004	2.715 0	7.8
1983	1.699 3	6.7	1994	1.888 3	10.5	2005	2.781 2	9.2
1984	1.658 6	10.5	1995	1.954 6	8.1	2006	2.811 2	10.6
1985	1.655 7	9.1	1996	2.033 6	7.1	2007	2.808 6	12.2
1986	1.716 9	4.7	1997	2.113 6	6.5	2008	2.905 8	7.7
1987	1.744 2	7.4	1998	2.209 8	5.2	2009	3.045 9	7.1
1988	1.776 8	7.6	1999	2.304 8	5.2	2010	2.960 3	9.3

　　郭庆旺和贾俊雪（2005）、卢培培（2009）、赵志耘和杨朝峰（2011）也对中国特定年份的全要素生产率进行了测算。赵志耘和杨朝峰在《中国全要素生产率的测算与解释：1979—2009年》一文中，将其研究结果与郭庆旺和贾俊雪的研究结果做了比较，描绘出中国1979—2009近三十余年全要素生产率的变动趋势如图5－1：

---

① PAUL KRUGMAN. The myth of Asia's miracle [J]. Foreign fairs, Vol. 73, No. 6, 1994: 62–78.
② 马丹丹. 中国全要素生产率的测算及影响因素分析 [D]. 杭州：浙江工商大学，2012：25.

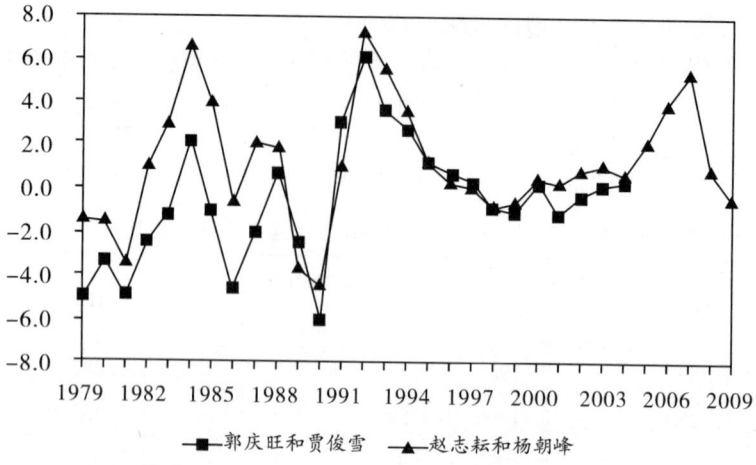

图 5-1   1979—2009 年中国全要素生产率变动

马丹丹则将其研究结果与卢培培、赵志耘和杨朝峰的研究结果进行比较，描绘如图 5-2：

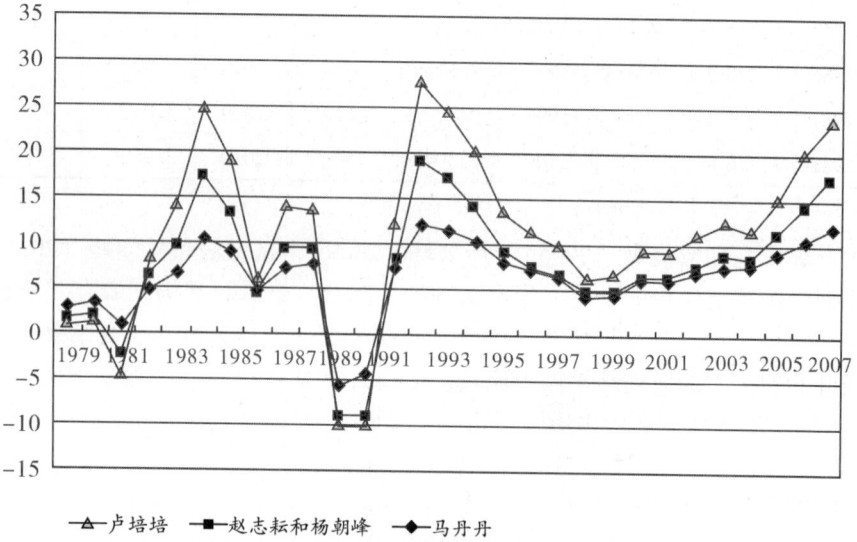

图 5-2   1979—2007 年中国全要素生产率变动

注：由于三位研究者都掌握了 1979—2007 年的数据，故上述趋势图建立在此期间的数据基础之上。

不同研究结果虽然有偏差，但描绘出的 TFP 增长趋势基本是一致的，具有可采性。研究结果表明，近三十余年，中国的 TFP 增长大致分为六个区间：第一区间为 1979—1984 年，TFP 增长率在波动中处于上升趋势，波动主要发生在 1981 年。第二区间为 1985—1989 年，增长率整体呈下降趋势，而且下降趋势很强烈，只是在 1987 年、1988 年出现了短暂的回升，整体增长率下降。第三区间为1990—1993年，增长率变化特别大，短短四年，增长率从样本区间的最低值增长到最高值。第四区间为1994—1999年，虽然增长率在降低，但相比第二区间的陡峭下降，下降的趋势较为平缓。第五区间为2000—2007年，相对于第三区间的陡峭上升，增长率上升趋势较为缓慢，[①]或曰增长率稳步增长。第六区间为2008年之后，增长率大幅跌落。

理论上，全要素生产率的上述变化正体现了制度变迁对技术进步的影响。近三十余年，中国经济体制正处于由计划经济到市场经济转轨的"华丽转身"时期，是"几千年未有之大变局"中的一个环节。在"技术进步方向总是正的"这个命题前提下，存在影响TFP增长率的诸多制度因素，比如改革之初农村"联产承包责任制"和国有企业放权让利对生产力的释放，1992年"南方谈话"之后的政策调整。可见，1994年以前，中国全要素生产率主要受自身制度改革的影响，随着政策措施的变化而大起大落。[②]

吴晓波在《激荡三十年：中国企业1978—2008》[③] 一书中采用类似于《史记》的笔触，选取1978—2008年这一区间，通过对企业家人物的沉浮起伏描述，刻画了这三十年中国经济社会的深刻变化。在此区间初期，"一个烂摊子"的描述再恰当不过。"僵化的计划经济体制日渐瓦解了，一群小人物把中国变成了一个巨大的试验场，它在众目睽睽之下，以不可逆转的姿态向商业社会转轨。"初期，不合时宜的计划经济体制的瓦解只不过将民众解放出来，却已释放出惊人的"制度红利"，根本无须技术因素的参与。本书叙事的三个维度——乡镇企业、国有企业、外资企业，都经历着深刻的此消彼长的历史命运。呈现在读者面前的事实是，改革开放初期的国有企业在一定程度上成了技术进步、市场发展的阻碍，而早期的外资进入了海外华人投资的低技术、高劳动力的小型企业，与以解决农业剩余劳动力为初衷的乡镇企业相比，其对技术进步的贡献相差无几。然而在后期，外资却变成了对国内资产及市场进行大规模吞噬的"巨鳄"。正如人们所预料的，来者不善，外资企业喜欢的是资本运作，而非技术施舍，它们对技术的口袋捂得很紧。可悲的是，三十年下来，就算是诸如华为这样"最好"的中国企业，即使在研发方面的投入无出其右者，核心技术的拥有量仍羞于提起，2008年其销售收入仅为摩托罗拉和诺基亚的6.9%和7.4%。[④] IT产业如此，更遑论家电、电子、汽车等行业了。吴晓波对于三十年来经济史和技术进步史的刻画与学

---

① 马丹丹．中国全要素生产率的测算及影响因素分析［D］．杭州：浙江工商大学，2012：27－28.

② 赵志耘，杨朝峰．中国全要素生产率的测算与解释：1979—2009年［J］．财经问题研究，2011（9）：3－12.

③ 吴晓波．激荡三十年：中国企业1978—2008［M］．北京：中信出版社，2008.

④ 岳芳敏．技术创新能力形成机制及广东的对策［J］．岭南学刊，2008（6）：56－59.

术研究基本吻合，这让我们看清，什么情形中"制度大于技术"。

全要素生产率与政策诱因的这种高关联度表明，狭义的技术进步（纯技术进步）在其中发挥的分量甚小。正因如此，每次政策性"解放生产力"后，都能较大幅度地提升 TFP 增幅，同时表现为非可持续性，"政策红利"总是在较短的时间内使 TFP 增幅成为"强弩之末"。因此，1992—1994 年 TFP 峰值之后，又迎来衰退。从具体的政策环境看，1993 年之后，随着宏观经济逐步降温并于 1998 年出现通货紧缩，中国经济出现生产能力全面过剩情形，国有企业减员和资本过度深化进一步加剧了劳动力的低水平利用，长期低水平的公共教育支出与科学研究支出以及一些社会矛盾的进一步加剧，都不可避免地导致 TFP 增长率持续下降。[①] 所幸的是，该时期的政策连续性较强，故第四区间（1994—1999 年），TFP 变动趋于理性，下降趋势较为平缓。进入 21 世纪后，积极的财政政策实施，尤其是基础设施建设与公共教育支出的经济效应逐步显现。另外，中国加入世界贸易组织后，宏观经济逐渐好转，TFP 的变动呈稳定增长趋势。2008 年，这种增长趋势被全球金融风暴打断，TFP 增长率迅速跌落。如果说 1994 年之前，中国的 TFP 变动受国内经济政策的极大影响，那么，加入世界贸易组织后，中国的 TFP 变动越来越多地受制于全球经济大环境。

二、全要素生产率反映的技术进步水平

郭庆旺、贾俊雪在《中国全要素生产率的估算：1979—2004》一文中，依据隐性变量法与潜在产出法的估算结果，对中国 1979—2004 年经济增长源泉即要素投入增长、技术进步和能力实现等因素对经济增长的贡献做分析，测算得出如表 5-3。

表 5-3　1979—2004 年中国平均经济增长率和全要素生产率

平均经济增长率	全要素生产率增长率		要素投入增长
	技术进步率	能力实现变化率	
9.42%	0.954% （10.13%）	－0.063% （－0.67%）	8.52%（90.54%）
注：小括号中的数值为各因素对经济增长的贡献率。			

由表可知，1979—2004 年，全要素生产率增长对中国经济增长的平均

---

① 郭庆旺，贾俊雪. 中国全要素生产率的估算：1979—2004 [J]. 经济研究，2005（6）：51-60.

贡献率较低，仅为 9.46%；就全要素生产率增长构成而言，技术进步率为 0.954%，对经济增长的平均贡献率为 10.13%；能力实现改善为 -0.063%，对经济增长的贡献率为 -0.67%，反而阻碍了经济增长；要素投入增长的平均贡献率则高达 90.54%。这组数据印证了诸多学者的研究结论，中国近三十余年来的"经济奇迹"主要依赖于要素投入增长，技术进步的贡献甚微，是典型的投入型增长方式。[①]

吴敬琏等学者的相关研究通过估计生产函数，把改革开放时期中国经济增长分解为资本、劳动、人力资本、抚养比（人口红利）和全要素生产率，描述出近三十年的构成及走势如图 5-3：[②]

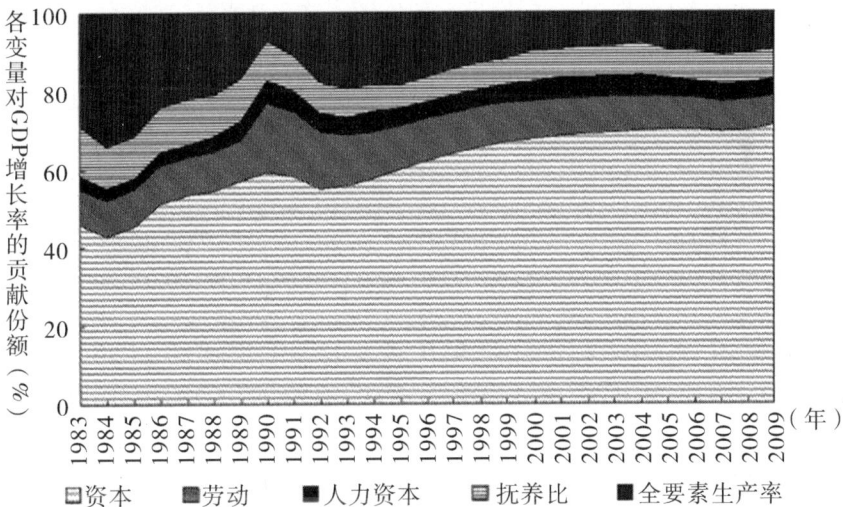

图 5-3　中国经济增长各种源泉的贡献率

资料来源：Fang Cai and Wen Zhao，"When Demographic Dividend Disappears：Growth Sustainability of China，" in Masahiko Aoki and Jinglian Wu eds.，*The Chinese Economy*：*A New Transition*，Basingstoke Palgravc Macmillan，forthcoming.

吴敬琏的研究结果与郭庆旺的研究结果基本一致，1998 年之后，全要素生产率对经济增长的贡献一直徘徊在 10% 左右，21 世纪前十年的经济增长还继续着要素投入的老路，仍是"资本深化"的结果。

如果把"改革"和"开放"分别概念化为"市场化"和"引进外资或技术"，那么，"开放"主要贡献于资本积累还是技术进步？一般而言，"开放"不仅有利于弥补国内建设资金缺口，满足国内需求，还通过外来技术溢

[①]　郭庆旺，贾俊雪. 中国全要素生产率的估算：1979—2004［J］. 经济研究，2005（6）：51-60.

[②]　蔡昉. 中国经济增长如何转向全要素生产率驱动型［J］. 中国社会科学，2013（1）：56-72.

出，推动了本国技术进步。沈坤荣、耿强认为，外商直接投资（FDI）可以通过技术外溢效应，使东道国的技术水平、组织效率不断提高，从而提高国民经济的综合要素生产率。[①] 多年来中国遵循"以市场换技术"的引资策略。然而，外商凭借其资金、技术、管理、品牌、规模等垄断优势直接投资，有可能使东道国陷入"引进—落后—再引入"的泥潭，削弱其自主创新能力。吴延兵（2008）运用中国工业面板数据研究了自主研发、国内外技术引进对生产率的影响，结果表明，自主研发和国外技术引进对生产率有显著促进作用，但中国自主研发的吸收能力较低，阻碍了对引进技术的学习和消化，进而影响了生产率增长。[②] 根据1991—2006年对中国工业企业的一项调查，中国技术引进与消化吸收额的比例为1∶0.079，而发达国家比例通常为1∶3，[③] 此组数据进一步佐证了这个观点。

陶长琪、齐亚伟在《中国全要素生产率的空间差异及其成因分析》一文中描述了1988—2007年，受外商直接投资影响，最佳虚拟技术进步率与实际技术进步率的对比（如图5-4）。

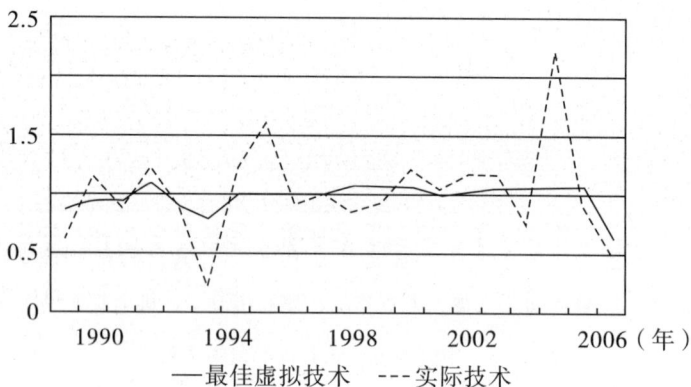

图5-4　虚拟技术进步与实际技术进步的变动趋势

注：理想解是唯一有效的决策单元，其全要素生产率的变动全部来自于技术进步的贡献，理想解的虚拟技术进步变动体现了潜在生产可能性边界的移动。

---

① 沈坤荣，耿强. 外国直接投资、技术外溢与内生经济增长——中国数据的计量检验与实证分析［J］. 中国社会科学，2001（5）：82 - 94.

② 吴延兵. 自主研发、技术引进与生产率——基于中国地区工业的实证研究［J］. 经济研究，2008（8）：51 - 64.

③ 陈傲. 技术转移与产品创新、专利产出的关联机制研究——以1991—2006年大中型工业企业数据为例［J］. 研究与发展管理，2009（3）.

究其原因，技术和设备引进后，消化、吸收和再创造的费用比引进的费用高得多，中国在后期消化再创造的费用安排方面严重不足，导致如此结果。参见冯晓青. 技术创新、知识产权战略模式的互动关系探析［C］∥"知识产权与创新驱动发展"论坛暨中国知识产权法学研究会2013年年会论文集，40 - 49.

在截取的期间，最佳虚拟技术进步相对于实际技术进步，呈现出显著的波动态势。在转折点处，两者的下降趋势一致，但下降之后，实际技术没有随着虚拟技术的上升而明显上升。由于经济总量、资本存量和从业人员稳步增长，可推断这种转折主要是由外商直接投资引起的，但外资总量与技术进步的变动却呈反比。外商直接投资对经济增长带来的资本积累效应大于技术进步效应。① 这个分析结论让我们明白，"开放"不必然导致技术进步明显提升，更多的仍然是"资本"。

无须赘言，资源是有限的，环境的容量是固定的。同时，依靠"人海战术"进行的经济增长，当"人口红利"消失，劳动力短缺和工资上涨现象将日益普遍化。而且，一味用提高资本劳动比的办法改善劳动生产率，也会遇到资本报酬递减的困扰，以至于经济增长减速乃至停滞从而落入"中等收入陷阱"。外资的进入无法从根源上解决问题，非但如此，外资带来的竞争效应还对内资企业具有"挤出效应"。根据世界银行经济学家的估算，在中国，全要素生产率对提高劳动生产率的贡献率，从1978—1994年的46.9%，大幅度降低到2005—2009年的31.8%，与此同时，劳动生产率提高更多地依靠投资增长所导致的资本劳动比的升高。② 单纯依靠物质资本的投资作为供给方面的经济增长源泉，显然是不可持续的。

在这种情势下，破解克鲁格曼关于"东亚奇迹"不可持续的预言的良方，是把经济增长转到技术进步驱动型的轨道上。③ 历史上，新加坡政府尽管不认可克鲁格曼等人对其经济奇迹的质疑和批评，但在经济学家关于东亚经济增长模式和全要素生产率表现的大讨论后，十分关注全要素生产率对于经济可持续增长的重要性，因此设定下了全要素生产率每年提高2%的目标。④ 可能正是这种修正，使得克鲁格曼的预言没有降临新加坡。美国经济学家保罗·罗默在为中国制订和实施的"十二五"规划提供建议时提出，中央政府应该改变用GDP考核地方政府在促进经济发展方面之政

---

① 陶长琪，齐亚伟. 中国全要素生产率的空间差异及其成因分析［J］. 数量经济技术经济研究，2010（1）：19 - 32.

② LOUIS KUIJS. China through 2020 - A macroeconomic scenario［R］. World Bank China Research Working Paper. No. 9, 2009.

③ 克鲁格曼的预言是针对"东亚奇迹"的。有学者认为，"克鲁格曼关于东亚模式不可持续的预言，终究没有成为现实。相反，亚洲'四小龙'全部进入高收入经济体的行列，并且成为成功跨越中等收入阶段的典范。之所以出现这种理论预测的失误，原因之一就是克鲁格曼等学者没有注意到"人口红利"的作用，而只是按照西方国家劳动力短缺、资本报酬递减等假设做出判断"。参见蔡昉. 中国经济增长如何转向全要素生产率驱动型［J］. 中国社会科学，2013（1）. 然而，正如文中所提及的，"人口红利"终归是要消失的，当这个没有被注意到的因素消失，最终只能落脚到技术进步这个命题上了。

④ JESUS FELIPE. Total factor productivity growth in East Asia: a critical survey［R］. //EDRC Report Series, Asian Development Bank , Manila, Philippines, 1997: 27.

绩的做法，代之以 TFP 的改善进行相应的考核和评价，特别是建议把整个经济分解为若干部分，进行全要素生产率的统计和核算。[①]

第三节　"经济奇迹"中的知识产权保护状况

一、知识产权保护状况

1992 年在中国的改革开放史上，堪称界标式的时间节点。"南方谈话"之后，中国共产党十四届三中全会做出《中共中央关于建立社会主义市场经济体制若干问题的决定》，对财税体制、金融体制、外汇管理体制、企业体制等领域进行改革，中国开始全面建设市场经济。据此，吴敬琏在《中国当代改革教程》中提出，1993 年之后的改革战略是"整体推进"。中国经济在 1992—2010 年持续快速增长，实际增长率年均为 10.3%，造就了中国的"经济奇迹"。2012 年，中国经济总量超过日本，跻身世界第二。

宋时达（2012）将此阶段与日本 1955—1973 年经济高速增长时期做了对比。该时期，日本经济实际增长率年均为 9.4%，经济总量于该时期末跃居世界第二位。中国历时 18 年，日本也历时 18 年，两者都属追赶型现代化进程，具有强烈的对比意义。经过对比，中日经济高速增长时期全要素生产率变化的共性方面，一是全要素生产率都是增加的；二是全要素生产率增长率都与当时 GDP 增长率大致吻合，拟合程度比较高。差异性主要表现在以下三方面：一是经济高速增长期日本全要素生产率比中国全要素生产率高。在高增长之前，日本已经接近中等发达国家，且基本不存在社会制度转轨方面的负担；中国却仍处于发展中国家水平，且面临着制度转轨、自主外交的负担。二是中国和日本经济增长的模式不同。日本国土狭小，资源匮乏，要素禀赋决定经济增长不能依靠能源资源的高投入、高消耗来拉动，相反要依靠技术进步和改善技术效率实现高增长。中国地域宽广，资源相对富裕，经济增长呈现出"高消耗、高能耗、高污染、低效率"的"三高一低"粗放型特征。正如上节指出的，经济增长主要靠要素投入，尤其是资本投入，而非主要依靠技术进步和改善技术效率、投资效率来实现高增长，故在经济发展的过程中没有带来全要素生产率的显著增长。三是日本全要素生产率增长率的波动幅度小于中国。中国需要在促进经济增长的同时进行配套制度改革，制

---

① 保罗·罗默. 中国新增长模式最优化探析［M］//林重庚，迈克尔·斯宾塞. 中国经济中长期发展和转型——国际视角的思考与建议. 余江，等译. 北京：中信出版社，2011：572-587.

度改革的复杂性和多变性，使得全要素生产率增长率波动大。①

上文的分析指出，近三十余年改革开放的"经济奇迹"中，技术进步的贡献率低；"开放"更多的是带来了资本的积累，技术进步效应甚微。经济增长依靠大量资本投入、大量消耗资源，增长方式粗放，过早地进入资本深化、重工业深化的过程。这种增长方式决定了中国的技术进步的主要模式是模仿、引进、吸收再创新的方式，自主创新仍旧处于初期阶段，这一点也与日本高速增长时期的技术进步路线十分相似。所以我们感到，市场中充斥着层出不穷的"山寨"产品。按照宋时达的研究结论，中国的"经济奇迹"时期与日本高速增长时期相比，全要素生产率还低于日本，根据知识产权与技术进步相适应规律，可以推知，中国的知识产权保护处于低位。然而，由于国际知识产权保护潮流不同，虽然经济发展历史时期相似，但中国在近三十余年的高速增长时期已丧失了知识产权低水平保护的"黄金时期"，② 不得不与现存的知识产权国际规则接轨，中国的知识产权保护水平尽管处于低位，也不可能低于 1955—1973 年高速增长时期的日本。一个明证是，从上文的等同规则严宽度对比看，中国的等同原则宽于日本，意味着等同原则上反映的专利保护力度高于当今日本，更遑论基本拒绝适用等同原则的 1955—1973 年期间之日本。

杜鹃在《专利保护水平模型及相关实证研究》一文中，根据韩玉雄、李怀祖（2005）的研究结论修正描绘了中国知识产权保护水平值折线图（如图 5 - 5）：③

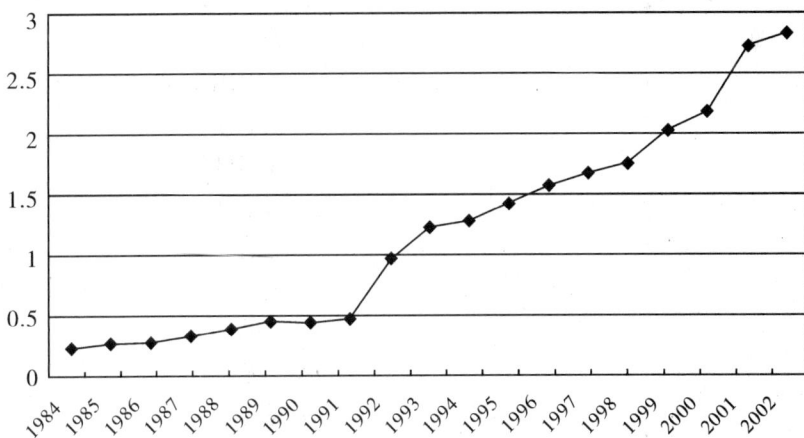

图 5 - 5　中国知识产权保护水平

---

① 宋时达. 中日经济高速增长期全要素生产率比较分析 [D]. 长春：吉林大学，2012：20 - 23.

② 所谓的"黄金时期"是指发达国家过往发展过程中对知识产权弱保护时期，国际知识产权共同规则形成之前的时期。

③ 杜鹃. 专利保护水平模型及相关实证研究 [D]. 成都：西南交通大学，2009：115.

图 5 - 5 描绘了中国加入世界贸易组织（2001 年底）之前知识产权法律制度的绩效。在专利法实施之后至 1992 年，知识产权保护处于低水平。1992 年之后，才有了明显提升，而后持续上升。该图反映：①作为实在的法，与书面法条不同，不可能一蹴而就，即使有了知识产权法律框架，知识产权保护水平也需要一个逐渐提高的过程。②1992 年之后知识产权保护水平提升较快，并持续上升，也成为上节提及 TFP 变动第四区间（1994—1999 年），TFP 变动趋于理性，下降趋势较为平缓的原因。③有了 1992—2001 年知识产权保护水平的持续上升，缩小了与发达国家的差距，为中国加入世界贸易组织打下了坚实基础。

2001 年后，中国加大力度推动战略转型，追求从一个低成本劳动力的经济体转型为以科学和创新为基础的经济体，大幅增加对研究开发、技术引进和创新的投入。据《2012 年科学和工程学指标》，近十年中国研发投入每年增长接近 20%；2011 年，中国科技研究开发支出已经占 GDP 的1.83%，在科技研发方面的支出总额位列全球第二位，首次超越日本，仅次于美国。① 在这种努力下，2003 年以后，中国全要素生产率增长率显著增加，增长速度接近甚至超过日本当年同期可比的全要素生产率。② 根据世界知识产权组织发布的《2012 年全球创新指数》，中国内地列 34 位。③

加强知识产权保护被视为战略转型的路径之一，应纳入国家创新体系。一方面，中国社会全面开放，融入全球经济一体化的程度越来越深，大量国外知识产权权利人以贸易主体的身份加入国内市场竞争，国内的知识产权保护状况不断受到来自来源国政府和组织的关注；另一方面，国内的企业也积极加入竞争大潮，提高知识产权保护力度，同时这也是内生创新经济的需要。2007 年中国颁布《知识产权战略纲要》，确立了以司法保护为主导的知识产权保护模式，法院在知识产权保护的角色越来越重要。20 世纪 90 年代以前，中国没有专门的知识产权审判机构，知识产权案件分散在民事、刑事和行政案件中，由民事审判庭、经济审判庭、行政审判庭和刑事审判庭进行审判。经过二十年的发展，全国各地法院基本都建立了知识产权审判庭，并且越来越多地在试行知识产权审判"三合一"模式，专事知识产权民事、行政、刑事案件的审理，试图在贯彻知识产权战略方面做到裁判统一、及时应对。

---

① 宋时达. 中日经济高速增长期全要素生产率比较分析［D］. 长春：吉林大学，2012：30 - 31.

② 宋时达. 中日经济高速增长期全要素生产率比较分析［D］. 长春：吉林大学，2012：23.

③ 詹爱岚. 新竞赛视域下的中国专利激增动因及创新力研究启示［C］//"知识产权与创新驱动发展"论坛暨中国知识产权法学研究会 2013 年年会论文集.

　　张楚等根据2009—2011年国家知识产权局出版的《中国知识产权统计年鉴》、科技部出版的《中国科技统计年鉴》、国家知识产权局发布的《中国知识产权保护状况》、最高人民法院发布的《知识产权司法保护白皮书》，以及国家知识产权局、国家版权局、国家工商行政管理总局商标局、海关总署、国家林业局等知识产权主管部门门户网站发布的公报和信息，整理出了该期间中国知识产权行政保护和司法保护绩效评价，结论为表5-4和表5-5。①

表5-4　中国知识产权行政保护绩效考评得分

年份	考评得分
2009	71.2
2010	76.7
2011	81.9

表5-5　中国知识产权司法保护绩效考评得分

年份	考评得分
2009	77.6
2010	80.8
2011	85.1

　　在该绩效考评分值体系中，最佳状态被设置为100分。表5-4和表5-5的考评得分表明，2009—2011年，中国的知识产权行政保护和司法保护水平均呈逐渐增强趋势，但离最佳状态还有一定距离；其中，在行政保护和司法保护双轨制中充当主导方式的司法保护，其绩效在同期均优于行政保护。

　　2012年，最高法院确定的知识产权保护政策是"加强保护、分门别类、宽严适度"。"加强保护是基于当前中国经济社会发展状况及所处国内外环境的必然选择；分门别类适应知识产权自身属性和特点的必然要求；宽严适度则是知识产权保护与经济发展内在规律性的要求，知识产权保护是一把'双刃剑'，不顾发展水平、超越发展阶段和发展水平的过高或者过低保护，都会妨碍经济社会的发展。"② "加强保护"固然是大势所趋，

---

　　① 张楚，等.知识产权行政保护与司法保护绩效研究［M］.北京：中国政法大学出版社，2013：109-203.

　　② 奚晓明.准确把握当前知识产权司法保护政策，进一步加强知识产权司法保护——在全国法院知识产权审判庭庭长研讨班上的演讲［R］.广州，2012.

"宽严适度"则回归了本土实际，是在满足 TRIPS 协定最低要求的前提下，根据中国知识产权战略需要，赋予司法权进行自由裁量的政策灵魂。显然，这项知识产权政策是对上述司法保护状况的总结。一个典型例子是，中国《专利法》的三次修订，从未将"间接侵权"① 规定入内。这种做法顾及了中国的社会经济发展阶段。在技术经济领域相关产业尚处于模仿、利用技术溢出效应的阶段，脱离阶段性要求、过高地保护知识产权无异于壮士断腕。同时，在国际产业分工中，中国尚属"世界工厂"角色，"间接侵权"制度将导致畸形的专利保护程度，对"来料加工""贴牌加工"等外向型经济产业不利。

2013 年，知识产权司法保护力度进一步加强。一个重要的信息是该年底最高人民法院公布的 8 宗知识产权司法保护典型案例，② 其中有 2 宗是因地方法院探索有利于权利人的举证规则入选的。其一是珠海格力电器股份有限公司诉广东美的制冷设备有限公司等侵害发明专利权纠纷案。被告仅提供一个型号的侵权产品的数据，在法院释明相关法律后果的情况下，仍拒不提供其生产销售其他型号空调器的相关数据。广东省高级人民法院运用举证妨碍制度，结合当事人虽提出异议但未提供相反证据的具体情况，推定另三款产品亦构成侵权，并推定该三款产品的获利均不低于第一款产品。据此在专利侵权法定赔偿最高限额以上确定赔偿，加重了侵权人的侵权代价。其二是亚什兰许可和知识产权有限公司、北京天使专用化学技术有限公司诉北京瑞仕邦精细化工技术有限公司、苏州瑞普工业助剂有限公司、魏星光等侵害发明专利权纠纷案。涉案专利方法涉及的产品是一种具有特定客户群的工业用化学制剂，权利人既无法从公开市场购买，又无从进入瑞普公司车间获知该产品完整的生产工艺流程，亚什兰公司已经合理努力穷尽其举证能力但仍难以证实被告确实使用了其专利方法。考虑到魏星光及瑞普公司主要技术人员原均系天使公司工作人员，有机会接触到涉案专利方法的完整生产流程，同时瑞普公司虽主张其生产工艺中某些物质的添加方式和含量与涉案专利技术方案不同，但在法院释明的情况下仍拒绝提供相应证据予以佐证，被告使用专利方法生产完全水性聚合物浓缩液的可能性较大，在被告未提供进一步相反证据的前提下，苏州市中级人民法院根据本案具体情况不再苛求专利权人提供进一步的证据，而将举证责任适当转移给被诉侵权人，最后认定被控侵权技术方案侵犯了涉案专利权，瑞普公司和瑞仕邦公司构成专利侵权。

---

① 专利间接侵权包括：①故意诱导、怂恿、教唆别人实施他人专利；②为他人实施或者准备实施侵犯专利权的活动提供条件；③制造、销售或者进口用于制造专利产品的专用品、原料、零部件或者用于专利方法的材料、器件或者专用设备。

② 最高人民法院. 知识产权司法保护典型案例［N］. 人民法院报，2013 - 10 - 23.

二、技术进步水平与知识产权共同规则的紧张状态

在当今世界经济一体化的浪潮中，以 TRIPS 协定为标志，全球知识产权制度正朝着统一规则的方向发展，国际上已经形成了一整套知识产权保护的共同规则，表现为全球知识产权规则趋同的倾向。然而，TRIPS 协定是以美国为代表的西方发达国家主导设计的产物，其内容带有明显的利益倾向。发展中国家为了追求发达国家所描绘的诱人前景，包括开放纺织品市场、进行投资、实施技术转让及实行普惠制等，纷纷加入了该协定。但是，在带来这些诱人前景的同时，TRIPS 协定的签署也使之付出巨大代价。高水平的知识产权保护巩固了发达国家高新技术企业的竞争优势，在厚重的知识产权壁垒面前，发展中国家的企业很难利用最有价值的技术。[1] 正如英国知识产权委员会在 2002 年《知识产权与发展政策相结合》中指出的一样，"太长时间以来，知识产权保护已被视为富国的粮食和穷国的毒药"。[2] 尤其不公平的是，美国建国初期对于外国作者和在外国出版的作品采取不保护态度，英国和美国这两个国家过去在使用保护和补贴方面是最敢作敢为的，但当这些国家发展到一定阶段的时候，却使用知识产权这样的武器来拉开与发展中国家的经济差距。[3] 在过去的历史中，包括日本在内的许多国家曾经通过知识产权的低水平保护来增强本国的经济实力，但是，随着 TRIPS 协定的出现，这种选择机会则向后来者关闭。[4] 正如剑桥大学张夏准教授所说："发达国家正在踢掉发展中国家试图赶上他们的梯子。"[5]

在发展中国家，这些冲突导致其普遍存在着创新水平与知识产权制度相紧张的状态。早些年的资料统计显示，占世界人口 4/5 的 100 多个发展中国家只拥有世界研究开发能力的 12.6%，而仅占世界人口 1/5 的 20 多个发达国家却占总量的 87.4%。在全世界申请的专利中，真正属于发展中国家独立拥有的仅占 1%；对未来具有重要意义的知识产品，几乎完全由发达国家所控制。[6] 根据世界知识产权组织 2008 年《国际专利制度年度报

---

①　吴汉东. 知识产权制度基础理论研究［M］. 北京：知识产权出版社，2009：114.

②　英国知识产权委员会. 知识产权与发展政策相结合（序言）［J/OL］. 2003（3）. http：//www. iprcommission. org.

③　吴汉东. 知识产权制度基础理论研究［M］. 北京：知识产权出版社，2009：71.

④　CHRISTOPHER MAY，SUSAN K SELL. Intellectual property rights：a critical history［M］. Boulder & London：Lynne Rienner Publishers，2006：158 - 159.

⑤　张夏准. 踢掉梯子：新自由主义怎样改写了经济史［N］. 经济学消息报，2005 - 05 - 27.

⑥　王舒. 寻找最佳保护度［J］. 国际贸易，1996（8）.

告》，美国、日本与德国三个国家专利申请总量占世界总量的 61%，这意味着世界其他所有国家的专利申请量总和比这三个国家的总量还少。① 尽管存在着如此大的失衡，在世界贸易组织的 TRIPS 协定框架中，发展中国家与发达国家遵守的是基本相同的专利法规则。

有学者将发展中国家在现代知识产权制度中面临的困境归纳为知识产权与人权冲突的加剧，知识产权主体的缺位、错位及权利义务关系的失衡。前者包括知识产权与表达自由、隐私权、健康权、发展权的冲突。② 在 TRIPS 协定的知识产权规则框架中，发展中国家的民间文学艺术保护、生物遗传资源保护以及地理标志的保护，显得十分薄弱。发展中国家试图重构共同规则，但其努力往往是徒劳的。2005 年召开的世界知识产权组织知识产权与遗传资源及传统知识和民间文学政府间委员会第 8 次会议上，南北国家就是否应缔结具有约束力的保护传统知识的国际文件不仅没有达成一致意见，而且存在严重分歧。③ 非但如此，2007 年后美国联合欧盟、日本、加拿大、瑞士等发达国家和组织签署了《反假冒贸易协议》（*Anti-Counterfeiting Trade Agreement*，ACTA），成为国际社会知识产权的"富人俱乐部"。南北国家的分歧似乎在拉大。④ 国际知识产权共同规则趋同与分异并存。

20 世纪 60—70 年代，商品基本由发达的工业国家生产，即使是劳动密集型工序，厂商仍必须支付高额工资。之后，由于制造工艺的标准化和模块化技术的发展，产业内的各道工序可以被调整和分割，因而生产制造环节的进入壁垒持续降低，从事生产制造环节的企业数量不断增大，导致生产制造环节上的企业对上游和下游企业的议价能力日益趋弱，处于产业价值链微笑曲线中部的企业之间的竞争也日趋激烈；与此同时，处于价值链曲线两端的价值链上知识密集型环节的利润日趋丰厚，曲线的弧度被拉大。弧度拉大之后的微笑曲线，中部下凹深度增加，产业上游和下游两端的技术含量提高。图 5 - 6 就是弧度被拉大产业价值链曲线。

① 刘铁光，王晓君. 知识产权公共政策性的证成与中国的策略选择［J］. 江西社会科学，2012（1）：168 - 172.

② 吴汉东. 知识产权制度基础理论研究［M］. 北京：知识产权出版社，2009：112 - 117.

③ 尹新天. 专利权的保护［M］. 北京：知识产权出版社，2005：534.

④ 袁真富，郑舒妹，徐洋.《反假冒贸易协定》的主要特点及其现实影响［J］. 电子知识产权，2011（8）；崔国斌.《反假冒贸易协议》与中国知识产权法的比较研究［J］. 电子知识产权，2011（8）：39.

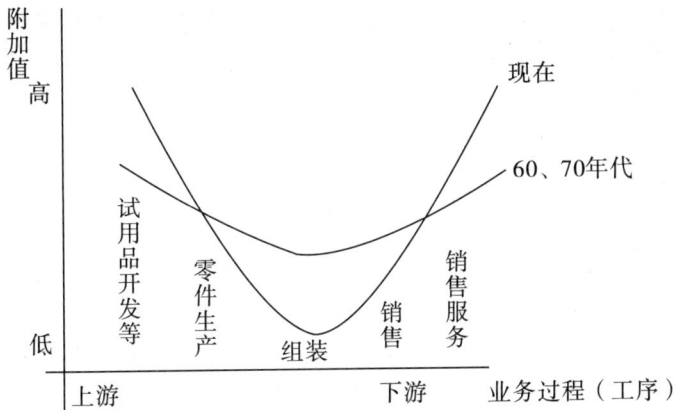

图 5-6　随时代变化的微笑曲线

图片来源：http://www.rieti.go.jp/users/kan-si-yu/cn/c040116.html.

在国际社会，面对制造环节的利润递减，发达国家中的企业纷纷调整战略，利用国际经济一体化浪潮，把低附加值的生产工序转移到发展中国家，而将竞争重点从产品制造逐步聚焦于价值链的两端。在上游方向，他们主要从事技术研发和产品设计；在下游方向，他们主要做销售，拓展渠道，经营品牌。在微笑曲线上，高知识产权附着环节恰恰就在曲线两端，据此，可以很好理解在国际知识产权规则的统一运动中，发达国家为什么要牢牢把握话语权，以维持知识产权强保护的法律秩序；也可以理解，不同组团国家的知识产权制度差异是如何导致的，当不同国家被纳入微笑曲线的高端组团和低端组团，设立知识产权高保护的"富人俱乐部"自然而然产生了，发展中国家也只有"抱团取暖"才能度过低价值链的"寒冬"。

对于中国而言，加入世界贸易组织，接受 TRIPS 协定，固然是本国改革开放、融入世界经济体系的自愿选择。然而，通行于世界大部分国家的知识产权共同规则，在给中国社会带来深刻变化的同时，也出现了"水土不服"的现象，技术创新水平与知识产权制度之间存在明显紧张的关系。诸如专利申请人的国民待遇、现有技术的国际范围公开原则，使大量重要技术领域的专利为跨国公司所占据，对外技术依存度很大。例如，在外观设计、实用新型和发明三种专利中最重要的发明专利中，来自外国的专利占据半壁江山，特别是在高新技术领域，绝大多数为外国专利；整体上具有自主知识产权的核心技术严重不足。根据国务院国资委近年来对 2 716家企业的知识产权问题进行的调查，2005 年中国仅有 0.03% 的企业拥有其自主知识产权的核心技术，对外技术依存度高达 50%，80% 以上高技术含量产品依赖进口。在技术转移、知识产权应用方面，问卷显示，2000 年依赖授权专利的实施率在 30% 以下的企业占 52.4%，82% 的企业未开展过专利许可贸易，79.2%的企业未进行过专有技术贸易，88.5%的企业未进行过商标许可贸易。[①]

在产业国际转移浪潮中，中国以廉价丰富的劳动力为后盾，积极引进跨国公司的直接投资，参与国际分工，迅速成为世界制造业加工基地。"世界工厂""中国制造"让国人一度兴奋。然而，尽管中国制造业规模的迅速扩张得到世人的认可，其技术进步水平却饱受质疑。微笑曲线的高附加值两端"两头在外，大进大出"，只留下技术薄弱利润低微的低水平代工环节，极易掉入发达国家的"微笑陷阱"，"世界工厂"有沦为"国际打工仔"之虞。[②] 以在国际分工体系中最为活跃的电子产品生产为例，第一层次是美国，他们生产的是高附加值的芯片和软件，在全世界电子行业中所获取的利润占60%左右；第二层次是诸如日本、韩国这样的国家，他们生产关键性的电子器件，其利润要占20%左右；第三层次是中国这样的发展中国家，只是进行终端产品的加工组装或者一般性零部件的生产，所获利润只有10%左右。[③] 日本经济学家关志雄用"丰收的贫困"描述中国制造业的现状。据统计，处在"微笑曲线"两头的产业，其利润率在20%~25%之间，而处在中间的加工生产产业的利润只有5%。[④] 有人这样描述，在中国的外国投资商拿出30%的资本，拥有50%的股份，拿走了70%的利润，而中国的资本只能拿30%的利润。而对于OEM这种"贴牌生产"，外国人拿走了92%的利润，中国最多拿到8%。[⑤]

面对技术创新水平与知识产权制度的紧张状态，关于中国知识产权司法保护政策中"分门别类、宽严适度"的一个非政治正确的解读是"内外有别"。有史为鉴，日本在其技术追赶期间的"内外有别"政策令人咋舌：在国内除了抵御外来技术垄断外，还鼓励具备技术优势的本土大企业对外开放专利，分享技术成果；[⑥] 在国际上，鼓励大企业在他国申请专利或进行国际申请，抢占技术高地。"内外有别"的解读似乎违背WTO的国民待遇原则和非歧视原则，这正是中国作为后发国家面临的"被踢掉追赶发达

---

① 冯晓青. 企业知识产权战略：第3版［M］. 北京：知识产权出版社，2008：131.

② 2009年富士康员工的"N连跳"揭开了该公司作为代工企业的可怜命运。被全球年轻人追捧的苹果公司iPad、iPhone等品牌产品，原来就是在国内完成制造环节的。没有富士康强大的生产能力，也许这些产品高产的目标将面临诸多无法预测的困难。然而，富士康员工的价值收益与苹果公司的员工收益天壤之别，表现的正是双方在产品价值链分配中的地位差。

③ 崔健. 外国直接投资与发展中国家经济安全［M］. 北京：中国社会科学出版社，2004.

④ 路光前. "微笑曲线"与文化产业发展的经济分析［J］. 西北大学学报（哲学社会科学版），2010（6）：96–98.

⑤ 于蕾. "微笑曲线"与中国经济增长困境［J］. 广东财经职业学院学报，2007（3）：82–85.

⑥ 为了鼓励人们利用开放专利创建新的事业，日本专利局从1997年开始推进专利技术的流通化。据统计，2005年，日本100多万件有效专利中，大约有1/3是开放专利。参见张玲. 日本专利法的历史考察及制度分析［M］. 北京：人民出版社，2010：91.

国家的梯子"之艰难情势。两个维度值得考虑，一是在无关国际共同规则的封闭法律系统中，可以调节对知识产权保护的政策；二是在无差别的新兴产业中，实施知识产权共同规则。

第四节　专利等同原则与技术进步互动性的考察和展望

美国法官纽曼（Newman）提出："强调要促进技术发展和投资的国家经济政策，与强调在现存产品上通过微小改变而促进竞争的经济政策相比，在等同原则上会有不同的方法。收紧或放松等同原则的适用，会改变发明人和复制者之间的平衡。"[1] 在分析日本等同原则与其技术进步水平的适应性时，上一章研究结果表明，日本在经济高速增长时期，其技术进步主要靠模仿来实现，其专利制度的各种原则和规定倾向于为技术扩散创造条件。该时期，日本法院甚至认为等同原则不适用于本国。直到完成经济起飞，技术进步模式从技术模仿转变到自主创新的轨道上，日本法院在等同原则问题上开始变得主动积极。上一节的对比结果表明，同在经济高速增长时期，从全要素生产率反映的情况看，中国技术进步水平低于日本，中国的经济高速增长更多地依赖于要素投入、资本深化。同为追赶型现代化，中国的技术进步路线图与日本非常相似，也是采用模仿、引进、吸收再创新的方式。在两个同质时期，虽然中国的知识产权整体保护水平高于日本，但是，就专利制度各种原则和规定的实施而言，更多地也是为利用引进技术的溢出效应创造条件。

一、等同原则与国家层面技术进步的互动性考察

1992 年是中国改革开放事业的"界碑年"。这一年之后，中国迎来了近二十年的经济高速增长期：全要素生产率达到高峰；知识产权保护水平曲线大幅提升；等同原则被正式确认，专利保护规则日趋完善。从图 5-1 和图 5-2 描述的历年来全要素生产率变动曲线可以看出，全要素生产率达到 1992—1993 年的历史高位之后，在 1994 年之后缓慢下滑，直至 1999 年；再之后，迎来了 2000—2007 年的持续平稳上升。上文整理的中国法院适用等同原则的司法解释和案例实践表明，2001 年司法解释颁布后，中国的专利等同原则的规则体系与发达国家的主流做法已基本趋同；2009 年，以新的司法解释颁布为标志，等同规则得到进一步完善。"经济奇迹"期

---

[1]　Festo Corp. v. Shoketsu Kinzoku Kogyo Kabushiki Co. , Ltd. 344 F. 3d 1359, 1379 (2003) .

间，等同规则的适用与同期的技术进步水平是基本相适应的，遵循了技术与制度的互动模型，产生涟漪外拓的效应：$(t+1)$ 时间点的规则水平 $I_{(t+1)}$ 适应于 t 时间点的技术水平 $T_{(t)}$，产生促进效果即 $(t+1)$ 时间点的技术水平 $T_{(t+1)}$；之后，$(t+2)$ 时间点的规则水平 $I_{(t+2)}$ 再适应于 $(t+1)$ 时间点的技术水平 $T_{(t+1)}$，如此往复，规则水平 I 与技术水平 T 互为基础，互相促进。

专利制度的规则体系对技术作用的激励不总是正相关的，达到临界值之后，表现为负相关。因此，在整体把握等同原则的适应性方面，必须以模仿、引进、吸收再创新的技术进步路线为坐标，利用制度与技术的正相关性，推动技术进步水平。

这种制度与技术的相关性，在立法上被转化为公共政策理性。在 2008 年第三次修订《专利法》过程中，国家知识产权局原来在征求意见稿中增加了等同侵权条款，但遭反对，最终放弃。国家知识产权局在《关于〈中华人民共和国专利法〉（修订草案送审稿）的说明》中的解释是："在征求意见过程中，许多外国公司、专利代理机构以及一些国内企业赞同在专利法中增加等同原则和禁止反悔说。但是，一些专家学者和司法机关的代表反对增加等同原则，其主要理由是：第一，等同原则是扩大专利权利要求的文字内容所确定的专利保护范围原则，因而对专利权人有利，在大量高新技术专利权掌握在外国企业手中的情况下，将该原则明确写入专利法，对中国企业的创新和发展不利；第二，等同原则是司法机关在专利侵权纠纷的审理过程中酌情适用的侵权判断原则，是例外情况而不是普遍规则，创建该原则的美国也未将其纳入美国专利法。"立法者从中国现阶段的产业发展水平等因素出发，拒绝将等同原则纳入专利法典，不脱离技术发展水平盲目提高知识产权保护力度，这是中国的知识产权战略的应有之义。

司法规则之于技术进步的互动关系，是司法行为社会效果的另一种表述。法院在审判活动中多年提倡"司法的法律效果与社会效果的统一"理念，中国"加强保护、分门别类、宽严适度"的知识产权司法政策就包含规则要适用于技术进步水平的认识。等同原则虽为专利法律制度的子规则，但并非伴随《专利法》而必然适用于审判实践。中国《专利法》实施于 1984 年，但案例实践始于 1988 年"量热式脉冲激光探测器"实用新型专利案，阐述比较完整的官方文件则是 1992 年发布的《中国的知识产权制度》。

二、等同原则与产业层面技术进步的互动性考察

在具体的技术创新市场中，如果知识产品供应不足，高专利高度的知

识产权保护方案将导致垄断，不利于在市场内培植竞争主体、促进有效竞争、扩大市场规模。"专利"的另一个称呼是"独占""垄断"，宽的等同范围将导致后续技术改进空间变得狭小，无疑树立了高技术垄断壁垒，减弱技术溢出效应，与"模仿、引进、吸收再创新"的技术路线背道而驰。因此，在技术进步水平处于低位的产业中，无论是从市场规模变迁还是从技术进步路线而言，都不宜适用过宽的等同规则。这个意义上，司法规则正在制定技术创新市场的游戏规则，扮演着市场中"有形之手"的角色。值得一提的是，当技术创新市场内知识产品供应充足，有效竞争之势形成后，司法规则这只"有形之手"仅仅需要根据竞争形成的知识产品相对距离确认其边界。

再来评述上文提及的典型案例。案例1（2001年"机械奏鸣装置音板成键方法及其设备"案）中，地方法院拒绝使用等同原则，最高法院却认为功能、效果"基本相同"即可构成等同，强调其"约等于"性，而不论该种"约等于"性包含的实施技术相对于专利技术来说，是变优还是变劣，这就大大拓展了专利权的边际范围，体现了亲专利性的倾向。案例2（2005年"混凝土薄壁筒体构件"案）则恰恰相反，最高法院否定了地方法院等同原则的适用。有研究者认为，前者是最高法院2001年出台司法解释刚刚给等同原则确定身份之后的判决，有鼓励各级法院积极适用等同原则之意；后者则是在发现等同原则存在滥用的可能后，又通过判决强调适用等同原则的谨慎性。[①]从实务方面讲，最高法院每年提审的案件较少，通过提审案件确认、彰显某种司法规则"以正视听"之意图，不能说没有。但如果离开案件本身差异做这种猜测是不足以服众的。从这两个案件适用等同原则的路径而言，两者并无二致，遵循的都是2001年司法解释确定的"功能、手段、效果基本相同""本领域的普通技术人员无须经过创造性劳动能够联想到"的技术路径，并且都考虑到了专利审批、无效审查程序的表态。

最高法院在这两个案件中的做法，类似于日本法院在判断可置换性过程中区分定性抑或定量的做法，所谓"大发明大保护，小发明小保护"。在技术创新市场中，如果某一技术是开创性的，或者在更小的技术财产权范畴内讨论此问题，如果某一技术是市场的先进入者，则其产权的保护范围要宽得多，这就是所谓的"大发明"，有了技术进步的"质"方面的优势，得到强保护。随着更多的后来者相继进入该市场，该项技术的内部分类越来越精细，消费者对之也有了越来越敏感的分辨力，此时，被精细化的该项技术的进步阶梯被视为"小发明"，仅具有技术进步的"量"方面

---

① 吴玉和，王刚．等同原则在中国［J］．中国专利商标，2007（1）：31．

的优势。前案所涉技术就是所述技术领域的"先占"技术，故得到强保护；后案所涉技术已细化到通过简管中的玻璃纤维布的层数来区分技术财产权利了，其保护范围遂也被细化。但是，正如前文所述，从促进市场交易和有效竞争、推动产业技术繁荣角度看，给予"先占"技术以过宽的等同边界是无益的。因此，在前案明确认可等同原则后，再通过后案让等同原则的适用回归理性，是必要的。

以此角度来观察 2009 年"防治钙质缺损的药物及其制备方法"案、2011 年"舒睡模式"案、2011 年中誉公司与九鹰公司案和 2012 年胡小泉"注射用三磷酸腺苷二钠氯化镁"案，同样能达到这种豁然开朗的结论。在"防治钙质缺损的药物及其制备方法"案中，权利人另案申请的 587 号专利所涉技术被用于批驳其本身的等同主张。权利人提交的相应的试验数据已表明，在葡萄糖酸锌溶液中加入盐酸赖氨酸，与加入谷氨酰胺或谷氨酸的配方相比，前者使葡萄糖酸钙在溶解度和稳定性等方面有了显著的进步，无疑，制造葡萄糖酸锌溶液过程中分别采用前者和后者，将导致实质性差异。可见，"防治钙质缺损的药物及其制备方法"技术创新市场中，技术财产权已如灌木丛林，"专利丛林"已形成，市场饱和度高，被分割为更小的自留地，稍不注意就要踏入他人地界，存在"反公地悲剧"的危险。这种情形下，等同侵权在递减的范围内发生，限制条件多，案例中所提及的禁止反悔、排除现有技术、公开披露贡献就是在这个意义上所做的制度安排。在"舒睡模式"案中涉案专利的技术方案——空调遥控器自定义运行参数的存储模式，即使在"中国制造"的"世界工厂"技术创新市场范畴里，已属足够小的保护范围。尤其是 2011 年中誉公司与九鹰公司案，所涉专利经过无效宣告程序，已被"扒了一层皮"，即独立权利要求被宣告无效而在其从属权利要求的基础上维持专利权有效，专利保护范围被缩小，针对如此小的权利保护范围，被诉侵权人仍采用存储载体的替换意欲规避，势必抹杀其独占权，加剧技术创新市场中的低层次低效率的竞争，不应当予以支持。相反，在胡小泉"注射用三磷酸腺苷二钠氯化镁"案中，专利权人为了使其技术取得独占权利自行缩减权利范围，不惜将部分构造特征和方法步骤排斥在权利要求之外，如果再通过适用等同原则将其重新纳入保护范围，不仅仅违背朴素的公平理念，还将助长低水平的专利圈地行为，无助于技术创新市场的成长。进而言之，在产业内部，技术创新市场中知识产品趋于饱和将使司法规则与竞争规则趋于重合，此时政府"有形之手"的功能退缩，司法权变得超脱，其只需秉承规范意义上的公平理念确定权利之间的距离。

综上所述，相对于社会总体技术进步水平和产业层面的技术进步水平，中国专利等同原则的严宽把握是适当的，契合于模仿、引进、吸收再创新之技术进步路线，着眼于培植充分竞争的市场结构。

三、技术进步地区差异中的"亲专利"政策评述

在中国，由于改革（市场化）程度、开放（引进外资）优势的不同所致，存在着东部、中部与西部的区域发展不均衡状况。周彩云（2010）通过1978—2007 年关联数据的 DEA 分析后得出了中国东、中、西部各时期的 TFP 增长指数以及效率改进和技术进步率，并描述出其变化轨迹图（表5 - 6 和图5 - 7）。[①]

表5 - 6　东、中、西部各时期平均 TFP 增长率以及效率改进（EC）和技术进步率（TC）

单位:%

地区	1978—1990 年			1990—2007 年			1978—2007 年		
	TFP	EC	TC	TFP	EC	TC	TFP	EC	TC
东部	- 0. 919	2. 734	- 3. 507	2. 074	- 0. 242	2. 353	0. 825	0. 978	- 0. 114
中部	0. 019	4. 698	- 4. 471	- 0. 527	- 0. 445	- 0. 076	- 0. 302	1. 652	- 1. 919
西部	1. 311	5. 787	- 4. 179	- 1. 038	- 1. 322	0. 289	- 0. 073	1. 560	- 1. 585

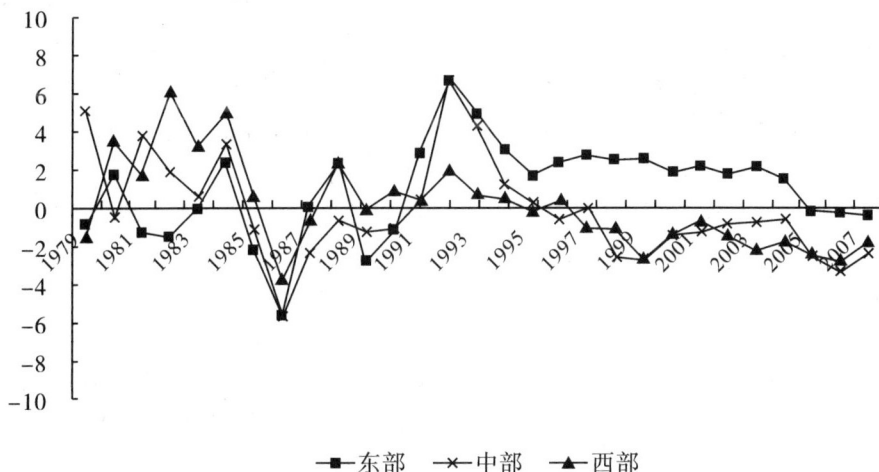

图5 - 7　1979—2007 年东、中、西部 TFP 增长率变化轨迹

东部开放较早、开放程度比较大，国际贸易和 FDI 的发展促进了该地区的技术引进和技术模仿，使得该地区技术进步相对较快；而且东部的

---

① 周彩云. 中国区域经济增长的全要素生产率变化研究［D］. 兰州：兰州大学, 2010：68.

R&D 人员、R&D 经费投入也远高于中、西部地区，这也使得东部的自主创新能力较强，技术水平较高。中、西部地区地处内陆，开放程度不高，不利于技术的引进，再加上自主创新能力较弱，因此技术进步率较低。正如上表所列，东部的年均 TFP 增长率最高为 0.825%，高于西部和中部；技术进步差异很大，虽然东、中、西部的年均技术进步率均为负值，但相对于中部和西部，东部表现出明显的技术进步优势。作为总体趋势，1979—2007 年，从 TFP 增长率变化轨迹来看，东、中、西部的 TFP 增长率变动趋势基本一致。

以陕西省和广东省为例，两省分别处于西部和东部，分别为经济高速增长期间的经济发达地区和非发达地区，根据周彩云的测算结果，两省在 1985—2007 年的劳动产出、资本产出比、人力资本及全要素生产率的指数如表 5 – 7：①

表 5 – 7　1985—2007 年粤陕两省全要素生产率等指数的相对差异

地区	劳动产出 Y/L	资本产出比 K/Y	人力资本 h = H/L	全要素生产率 A
广东	0.291 5	1.000 8	0.823 5	0.357 8
陕西	0.133 5	1.347 0	0.793 9	0.143 4

劳动产出，陕西为广东的 45%；资本产出，广东则略低于陕西；人力资本，两者差距很小；全要素生产率，陕西为广东的 40.1%。劳动产出与全要素生产率存在着正相关关系，两者的差异情况基本吻合。1985—2007 年，两省经济发展水平存在较大差距，但资本产出比和人力资本要素差距不明显，而劳动产出和全要素生产率有较大差距。

根据《中国区域创新能力报告 2010》的统计和分析结果，陕西省的创新能力综合排名 2009 年、2010 年为全国第十四名。其中，创新环境指标综合排名 2005—2008 年稳定在第十位左右，2009 年下降到第十五名，2010 年有了较大幅度的提高，排名第八；创新绩效长期处于全国中游水平，新产品产出较少，2009 年创新绩效位居第十六名；2010 年，全省发明专利授权数为 962 件，每百万人的拥有数为 25.57 件；全省高新技术产业发展较好，产值增速及占工业总产值的比例均居全国前列。广东省的创新能力综合排名 2007—2010 年一直处于全国领先水平，均排名第二。创新环境方面，各指标的绝对值大多处于全国前列；创新绩效方面，2007 年广东省的各项指标发展不平衡，其中地区 GDP、第三产业增加值、电子信息产业制造业工业产值、高新技术产业产值、出口额、高新技术产业就业人数

---

① 周彩云. 中国区域经济增长的全要素生产率变化研究 [D]. 兰州：兰州大学，2010：31.

6 项指标的排名居全国之首，表明广东省是中国信息和高技术产业最发达的地区。2010 年，全省发明专利授权数为 7 604 件，每百万人的拥有数为 79.67 件。[①] 截至 2010 年底，广东省累计专利申请量和授权量分别为 910 276件和 574 414 件，均居全国第一位。[②]

2010 年，两省的创新能力蛛网图如图 5-8 和图 5-9：

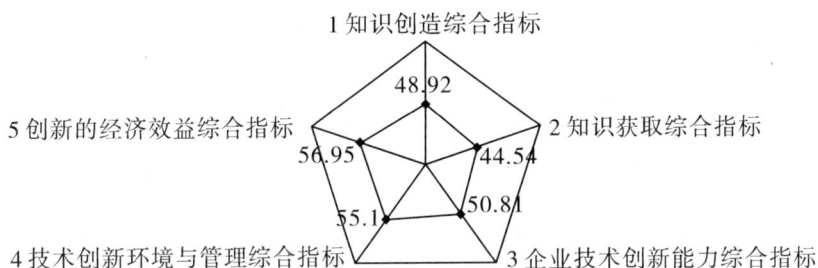

图 5-8　2010 年广东省创新能力蛛网图

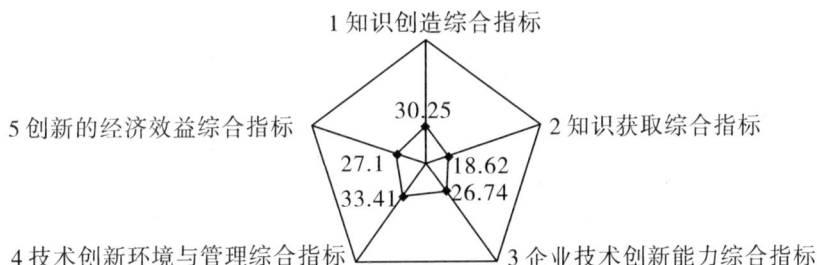

图 5-9　2010 年陕西省创新能力蛛网图

两省的创新能力蛛网图中，知识获取综合指标、企业技术创新能力综合指标和创新的经济效益综合指标，陕西省约为广东省的 50%；其他两项指标，知识创造综合指标、技术创新环境与管理综合指标，陕西省约为广东省的 60%。

从上述数据反映的情况看，在经济高速增长期直至 2010 年，广东省的技术进步水平高于陕西省，两者无论在全要素生产率还是在区域创新能力多项指标方面，差距明显。然而，透过司法规则研究发现，陕西省的法院对专利的保护水平并不低于广东省的法院。

先以"间接侵权"为例。"间接侵权"是知识产权侵权法律理论中的

① 中国科技发展战略研究小组. 中国区域创新能力报告 2010 ［R］. 北京：科学出版社，2011：213-214，253-254，286-287.

② 苏运来. 知识产权战略对区域经济发展的影响 ［C］ //"知识产权与创新驱动发展"论坛暨中国知识产权法学研究会 2013 年年会论文集，119—127.

一种学说。在英美法中，将侵权形态区分为直接侵权和间接侵权。如果承认间接侵权，意味着侵权判断过程中技术要件对比环节可能抛开"全要件和全面覆盖"原则，将制造被诉侵权物的预备行为，甚至将在不同法域国度内制造专利产品配件的行为都定性为侵害专利权的行为。该理论在司法判定中的适用与否，基本可测定专利司法保护水平的高与低。北京市高级人民法院 2001 年《专利侵权判定若干问题的意见（试行）》规定了几种全面的专利间接侵权情形；最高人民法院于 2003 年发布《关于审理专利侵权纠纷案件若干问题的规定（会议讨论稿）》也涉及于此。但在此后的 2008 年，中国《专利法》的第三次修订未将"间接侵权"规定入内。其中理由，正如上文所述，立法顾及了中国的技术经济发展阶段，以及在国际产业分工中的"世界工厂"角色。

西安市中级人民法院在间接侵权方面确立的司法规则是"亲专利"的。在审理广州金鹏公司诉杨某侵犯 ZL97116088.0"自接式轻钢龙骨"发明专利权纠纷案（2006）中，西安市中级人民法院在被控产品不具备"吊杆"，但具备涉案专利的其他必要技术特征的情况下，认为被告杨某在接到金鹏公司的函件及专利文献资料后，其应当知道金鹏公司对其出售的产品拥有专利权并且有效，亦应当知道该专利产品的购买者没有获得实施该专利的许可，但杨某仍然销售主、副龙骨，且其销售的该产品是用于实施金鹏公司"自接式轻钢龙骨"发明专利的关键部件。也就是说，杨某销售的主、副龙骨与吊杆配合使用，构成独立的产品，实现产品的功能。参照最高人民法院《关于贯彻执行中华人民共和国民法通则若干问题的意见》第 148 条的规定，法院认定杨某的销售行为间接侵犯金鹏公司的专利权。①

同样的广州金鹏公司诉请保护 ZL97116088.0"自接式轻钢龙骨"发明专利权案（2008），被告为广州某公司，案件由广州市中级人民法院审理，被诉侵权物同样缺少吊杆，但被告在庭审中确认在实际使用时有吊杆，且主龙骨上开有吊杆孔，故法院作为事实确认被控产品包含吊杆。然而，根据法院保全所得的主龙骨部分，仅在一端的两侧端面发现有四个向内凸出的凸起，而并未保全到有卡孔的另一端的主龙骨。法院审理认为，不应仅以被告所使用的主龙骨的一端有向内的凸起，即推断出其主龙骨的另一端有与该凸起贴切配合的卡孔。并且，被告在庭审中陈述了其主龙骨之间的另外相连接方式，其陈述有合理性，金鹏公司亦不能证明被诉侵权的主龙骨上的凸起与卡孔相连接的必然性和唯一性。鉴于金鹏公司未能提交可以有效反映出被控侵权的完整技术方案的产品供法院比对，法院认定金鹏公

---

① 陕西省西安市中级人民法院（2006）西民四初字第 019 号民事判决书；姚建军，赵轶姝.间接侵犯专利权行为司法认定［J］.中国发明与专利，2008（3）：56.

司诉称被告在装修工程中使用的龙骨落入了其专利保护范围证据不足，不予支持。金鹏公司的诉讼请求被驳回。①

　　如果按照西安中院对于间接侵权问题的认识，显然，在广州中院的案例中，也应认定被告间接侵害专利权。但是，广州中院的判决止步于"全面覆盖"之专利侵权判定原则，通过举证责任分配判定被诉侵权物不具备涉案专利权全部必要技术特征，回避间接侵权问题。② 实际上，关于是否"全面覆盖"相同侵权判断原则，两个法院的认识并无二致。西安中院在做出间接侵权判断之前已首先论述了不构成直接侵权判断："杨某销售的产品仅是主龙骨和副龙骨。杨某辩称其销售的产品仅有主龙骨的接头横截面呈导向夹角状及位于该接头的两侧端面分别设有向外凸出，并单向倾斜受力的卡钩与金鹏公司专利权利要求书记载的特征相同外，其余技术特征与金鹏公司权利要求书记载的必要技术特征不同，与事实不符，不予支持。但与争讼之专利权利要求书对比，杨某销售的产品没有吊杆部分。显然二者不完全相同，亦就是说被控侵权产品没有落入专利权的保护范围。杨某此项辩称理由成立，予以支持。"③ 不同的是，西安中院在此基础上拓展了其规则体系，进入了"间接侵权"的实践领域，并作了肯定论述。

　　西安中院在阐述侵权对比原则时，也表明了其适用等同原则的态度："专利保护范围应当以权利要求书中明确记载的必要技术特征所确定的范围为准，也包括与该必要技术特征相等同的特征所确定的范围……专利侵权判定的基本方法是以被控侵权产品的技术特征与权利要求书所记载的技术方案进行比较，如被控侵权产品的技术特征具备了专利权利要求里的每一项技术特征，专利侵权成立。如被控侵权产品的技术特征虽少了专利权利要求里的一项或几项技术特征，但其符合等同原则，仍应认定侵犯专利权。"本案虽然不涉及等同技术的判断，但如果按照这个阐述思路，等同判断不以"全要件"为基础，而是"虽少了专利权利要求里的一项或几项技术特征"仍然可以认定为等同侵权。这个等同范围大于上文归纳的中国司法实践中普遍掌握的范围，体现为较强专利保护力度。

　　在西安中院审理的另一案——西安高科陕西金方药业公司诉被告上海交大穗轮药业有限公司、杭州友邦医药有限公司、陕西国大药房连锁有限公司西安长缨路连锁店侵犯专利权纠纷案（2005），也涉及等同原则的适用。涉案专利为"双唑泰泡腾片剂及其制备方法"，其权利要求 1 为：一种抗菌消炎泡腾片剂，其特征在于该片剂每片含有甲硝唑 0.18～0.22g、克霉唑 0.144～0.176g、醋酸洗必泰 0.007 2～0.008 8g 和泡腾剂辅料

① 参见广东省广州市中级人民法院（2008）穗中法民三初字第 455 号民事判决书。
② 杨萌，郑志柱. 专利间接侵权与专利侵权判定原则［J］. 知识产权，2011（4）：55–64.
③ 参见陕西省西安市中级人民法院（2006）西民四初字第 019 号民事判决书。

0.32～0.38g。被诉侵权物"双唑泰阴道泡腾片"与专利的技术特征对比，两者的剂型及给药方法相同；两者的药效成分（即甲硝唑、克霉唑、醋酸洗必泰）及配比相同；两者的功能、效果以及适应证相同。不同点是两者辅料虽均为泡腾剂，但成分和用量不同。原告主张，被诉侵权物仅在辅料用量上比权利要求限定的范围略微高出，应据等同原则认定侵权。被告则提出禁止反悔和公正原则抗辩，辩称原告在其专利权利保护范围中已具体限定了辅料用量为0.32～0.38g；且其在涉案专利无效程序中强调其辅料用量等于甚至少于活性成分，而公知技术辅料用量明显高于活性成分，可见原告已经在权利要求保护范围中排除了辅料用量明显高于活性成分的技术特征，故本案不应适用等同原则。西安中院认为，被诉侵权物与原告专利发明主题相同，二者主料成分及剂量相同，二者剂型相同，二者辅料相同，二者技术手段相同，二者功能相同。至于泡腾剂辅料用量的不同之处，对于本领域的普通技术人员而言，无须经过创造性的劳动就能实现。由此认定，二者所要达到的技术效果也是基本相同的。对于被告提出的禁止反悔抗辩，法院认为因被告未能举证证明原告在无效程序中对专利权利保护范围作限制承诺或者部分地放弃保护，故不予采纳，认定等同侵权成立。① 诚然，被告因举证不足，禁止反悔原则无法适用。但是，法院在专利保护范围的限定值范围以外认定等同，有美国1995年希尔顿·戴维斯化学公司诉沃纳—金肯逊公司案之风："发明人在权利保护范围限定了'pH值约为6.0～9.0'，这种修改对高于9的pH值做出了放弃，但并不能阻止专利权利人对诸如被告这样的某些时候在pH值为5.0以下工作的方法主张等同"，回到了"非实质差异"标准，对专利等同范围的把握较为宽泛。

　　广州中院也有类似案例。在肖某诉被告广州番禺安威建材厂、李某侵犯发明专利权纠纷案（2009）中，涉案专利为"建筑用轻质预制板材及其制造方法"，其权利要求1为一种建筑用轻质预制板材，其中心为一层泡沫塑料板材，泡沫塑料板材的四周包有玻璃纤维布层，泡沫塑料板材与玻璃纤维布层之间以及玻璃纤维布的表层上具有黏结材料层，玻璃纤维布表层上的黏结材料层构成预制板的面层，其特征在于所说的黏结材料层的成分为 MgO、$MgCL_2$ 和轻质碳酸钙，其配比为 $MgCL_2$：MgO：轻质碳酸钙=1：（1.3～2）：（0～0.5）。被诉侵权物与之的不同点在于黏结材料层的化学成分主要是 $MgCL_2$、MgO 和碳酸钙，其配比为 $MgCL_2$：MgO：$CaCO_3$ =1：（4.4～5.1）：（3.0～3.3）。由于被诉侵权物之黏结材料层的成分配比不在涉案专利限定的范围之内，法院不落入其专利保护范围。② 该判

①　参见西安市中级人民法院（2005）西民四初字第136号民事判决书。

②　参见广州市中级人民法院（2008）穗中法民三初字第169号民事判决书。

决严格按照专利权利要求书限定的范围作对比判定，就对专利宽度的保护而言，不及西安中院。这种做法与最高人民法院 2009 年司法解释《关于审理侵犯专利权纠纷案件应用法律若干问题的解释》确定的等同规则是一致的："被诉侵权技术方案的技术特征与权利要求记载的全部技术特征相比，缺少权利要求记载的一个以上的技术特征，或者有一个以上技术特征不相同也不等同的，人民法院应当认定其没有落入专利权的保护范围。"

透过上述案例发现，西安地区的法院对专利的保护水平并不低于广州地区的法院。类似的案例对比还能举出若干。① 这种状况似乎与前者所处的陕西省之于后者所处的广东省，乃至中国西部地区之于东部地区的技术进步水平差异状况不相吻合。

2012 年 6 月 1 日美国联邦巡回上诉法院首席法官兰德尔·雷德在暨南大学的演讲中提到，美国有些地方法院致力于提高专利保护水平，打造"亲专利"法院，吸引了很多专利权人到此地打专利官司。这种现象在中国也开始出现了。在中国，中央政府通过人事权激励着地方官员。经济高速增长时期，GDP 指标这根指挥棒对促进地方经济发展发挥着重要作用，在"只争朝夕"的任期制中，经济发展表现为急功近利的外延方式。近年来，随着资源和环境容量趋于饱和、"人口红利"日渐用尽，"转变经济增长方式""建设创新性国家"呼声越来越高涨，地方政府在相互竞争中，除了主责应付 GDP 指标以外，兼顾寻找一种可持续发展路径。由于地方政府的"酋长化"② 和法院司法权的"地方化"③，诸多地方的法院表现出"为大局服务"④ 的主动姿态，纷纷加入到建设国家或区域创新体系中去。这些法院越来越认识到司法规则作为构建区域创新体系的制度因素，其对于技术进步的推动效应，试图通过提高知识产权司法保护水平以吸引高新技术企业落户，推动地区高新技术产业"跨越式"发展、经济增长方式转型。这种现象普遍出现在东部城市中星罗棋布的"经济技术开发区"；近年来，部分中西部地区表现出"赶超"的强烈欲望。在 2012 年中共陕西省委、陕西省人民政府《关于省市共建大西安地区，加快推进创新型区域

---

① 2013 年底以来，全国的知识产权裁判文书全面上网对社会公开，笔者点阅近十年西安和广州两地法院的各数十份知识产权裁判文书，得出的基本判断是前者的知识产权司法保护水平不低于后者。由于个案不同，这个判断缺乏严格的统计学上的数据支持，而只能从是否充分支持权利人的证据保全请求、酌情赔偿数额相对于当地物价水平的高低、间接侵权和等同认定的"模糊"区域利益归谁等方面进行判断；像文中提及的相同权利人广州金鹏公司基于相同专利"自接式轻钢龙骨"提起的关联诉讼而产生的相左判决结果，在点阅结果中是绝无仅有的。

② 凤凰卫视时事评论员何亮亮指出，由于缺乏政治分权治理机制和有效的监督，我国地方政府出现"酋长化"现象。

③ 法院司法权的"地方化"目前得到缓解，但仍未彻底解决。尤其在欠发达地区，基层法院还继续被拉去充当计划生育工作的协助单位。

④ 2008—2012 年，最高人民法院确定的法院工作主题就是"为大局服务，为人民司法"。

建设的若干意见》，陕西省提出了建设大西安地区雄心勃勃的蓝图。在科技方面的发展目标是 2017 年实现创新能力的新突破，衡量指标是 R&D 经费支出占生产总值比重达到 5%，"技术成果交易额达到 400 亿元"。①

　　从此角度看，西安地区的专利司法保护水平高于广州地区，部分地得到诠释。类似这样适当提高知识产权司法保护水平的法院，正在成长为中国的"亲专利"法院，吸引着更多的知识产权人前去打官司。② 整体而言，作为同一法域内的法院，司法规则应遵从上位法，裁判标准应保持基本一致。此前提下，出于区域竞争需求，在个案自由裁量权范围内，灵活的司法政策并非不可。"亲专利"法院在西部的出现，可以助推西部在资源和环境尚具优势的情况下发挥后发优势，使其在建构较强的区域创新体系方面更有作为。一个可能的趋势是，在区域竞争中，作为西北地区五省区的领头羊，陕西未来可能通过发挥其后发优势实现对诸如广东等沿海地区的追赶和跨越。事实上，21 世纪前十年广东的科技投入已表现出偏低的苗头。2003 年广东研发经费支出占 GDP 的比例仅为 1.38%，只相当于全国的平均水平，低于陕西的 2.98%。③ 在广东，在创新能力保持优势的繁荣背后，有些指标表现相对疲软。正如《中国区域创新能力报告 2010》所指出的，2010 年广东全省的一些增长速度类指标排名不理想，表明其他地区正在全力追赶，缩小与广东省的差距。④ 另一方面，"亲专利"法院在西部的出现，将在该区域形成洼地效应，吸引寻求高回报的知识财产聚集，客观上减轻东部地区法院"案多人少"的超负荷运转窘况，有利于不同区域之间的资源互补和制度均衡。

　　当然，作为制度安排的司法规则与技术进步水平的互动关系中，超过临界值的过高司法保护水平将加剧知识产权制度与技术进步水平的紧张关系，使知识财产权趋于低效率，导致制度激励减弱。同时，为了维护法制的统一性，无论东部、西部还是中部的法院，同属相同法域的等同原则的规则体系也不应因地域而有大差异；正如 2013 年最高法院公布的两宗方便

---

　　① 李晓鸣．大西安创新区域建设之科技法律治理研究［C］//"知识产权与创新驱动发展"论坛暨中国知识产权法学研究会 2013 年年会论文集，872–876．

　　② 在侵害知识产权诉讼案中，由于侵权环节包括制造、销售、使用或者许诺销售等，每个环节都可成为当地法院行使管辖权连接点，因此，权利人只要在该地方发现侵权物，就可以通过这些连接点选择在当地法院诉讼。

　　③ 岳芳敏．技术创新能力形成机制及广东的对策［J］．岭南学刊，2008（6）：56–59．

　　④ 参见中国科技发展战略研究小组．中国区域创新能力报告 2010［M］．北京：科学出版社，2011：213–214，253–254，286–287．正如我们在 2013 年最高法院公布的广东省法院运用证据妨碍制度加大对专利权人保护的案例所看到的一样，作为构建区域创新体系的广东知识产权司法保护，也许代表着另一种富有生命力的趋势。我们感受到了各区域之间你追我赶的竞争态势，而竞争结果如无足够长的时间难以作出准确的判断，但无论如何，这种万马奔腾的气象对于全国而言大有好处。

专利权利人维权的知识产权案一样，"亲专利"的一个更可取做法是将提高专利保护水平体现在诸如及时全面的证据保全和财产保全措施、便于权利人的举证责任、可以更高赔偿数额、落实更严厉的执行力度上。

四、专利等同原则的发展走向

专利等同原则与技术进步的互动性，刻画出了两者互为基础、互相推进的轨迹。由于该轨迹无法进行定量设计，使得在司法实践中，无法通过定量的方式进行管理，而只能做一般考察和研究。通过上文对专利等同原则在美国、德国、日本的发展研究，证明了等同原则与技术进步的互动性假说；同时，为中国制定有关等同原则方面的司法政策找到了参照物。

基于中国与日本均属于追赶型的发展道路，并且中国的 1992—2010 年与日本的 1955—1973 年此两个经济增长和技术进步的同质时期，日本在该时期知识产权保护水平不高，表现在专利等同原则上，严格控制等同范围，甚至基本不适用等同原则，充分释放技术成果的扩散效应，为其技术模仿、技术追赶开辟空间。在同质时期，中国也面临着技术追赶的任务，故而专利等同原则与日本"不谋而合"，一方面保持与社会总体技术进步水平的适应性，另一方面促进技术创新市场形成充分竞争，走的也是模仿、引进、吸收再创新之技术进步路线。这个技术进步路线选择有效地缓解了当代知识产权共同规则与技术进步水平的紧张关系。在国际知识产权共同规则的趋同与分异中，这个技术进步路线也是中国坚持发展中国家的立场使然。然而，由于历史的不可重复性，中国和日本在同质时期面临的国际环境、法律制度却甚为迥异，现今中国已丧失日本在同质时期的低知识产权保护之国际法律环境，正如前文所述，中国面临的是被"踢掉梯子"的新时期，因此，在同质时期，中国的知识产权保护水平略高于日本，表现在专利等同原则上为等同范围把握较宽。

日本在该同质时期之后的技术进步和等同原则发展轨迹，对于中国同样有借鉴意义。该同质时期之后，日本的科学技术政策重点转移在自主创新上。中国在 20 世纪第二个十年中的任务也是如此，故而知识产权保护水平也须相应提高，也表现在专利等同原则上为等同范围的适当扩宽。等同原则的这个发展走向符合制度与技术的互动轨迹。等同原则将通过与技术进步的互动，推动技术进步、经济结构转型和经济增长。同时，在新技术领域，如网络技术、生物技术领域，中国与美国、日本的技术进步起点相同，在无差别领域，知识产权保护水平应基本保持一致。

在传统技术领域，从技术模仿到自主创新的转变是一个量变过程。针对中国制造业在国际产业分工中的不利地位，林毅夫认为应顺应比较优势战略，初始技术水平与劳均收入水平较低的经济体根据自身要素禀赋结构的动态变化，确立适当的目标技术进行模仿，在未来时期，较之初始技术先进与劳均收入水平较高经济体，潜在技术进步速度更快、人均 GDP 潜在增长速度更快；但是违背比较优势的发展战略则会使技术进步的实际速度低于潜在速度，使劳均收入实际增长速度低于潜在速度。[①] 在目前的国际竞争格局中，中国应当守住产业价值链的中游，循序渐进地推进技术进步。如此而言，知识产权保护水平的提高也是一个渐进的过程，反映在专利等同范围的扩宽方面，不是一蹴而就。

综上所述，基于扶植模仿创新、繁荣技术创新市场以及遏制外来技术垄断等因素考量，中国当前的专利等同范围是适度紧缩的。随着技术进步的新层次、经济增长的新阶段、经济结构的新高度的到来，适当提高知识产权司法保护水平将是大势所趋。专利等同范围将适时扩宽，以保护技术优势企业为主旋律，拉大技术跨越步伐，提升中国的科技实力和经济素质。

小　结

本章考察了专利等同原则在中国的发展，以及对应时期的技术进步轨迹，指出中国技术进步水平与知识产权国际共同规则的紧张关系。将等同原则与技术进步的互动性命题运用于国家层面和产业层面的分析，评述技术进步地区差异中的"亲专利"司法政策，指出同质时期日本知识产权司法政策对于中国的借鉴意义，展望等同原则在中国专利法中的发展走向。

---

① 林毅夫，刘培林. 经济发展战略对劳均资本积累和技术进步的影响［J］. 中国社会科学，2003（4）：19 - 44.

参考文献

一、中文著作

（一）中文专著

[1] 鲍琳洁. 德国的技术经济 ［M］. 北京：科学技术文献出版社，1992.

[2] 彼得·德霍斯. 知识财产法哲学 ［M］. 周林，译. 北京：商务印书馆，2008.

[3] 陈凌. 德国劳动力市场与就业政策研究 ［M］. 北京：中国劳动社会保障出版社，2000.

[4] 陈书静. 诺斯经济哲学思想研究 ［M］. 上海：上海人民出版社，2008.

[5] 程永顺. 工业产权难点、热点研究 ［M］. 北京：人民法院出版社，1997.

[6] 崔国斌. 专利法原理与案例 ［M］. 北京：北京大学出版社，2012.

[7] 崔健. 外国直接投资与发展中国家经济安全 ［M］. 北京：中国社会科学出版社，2004.

[8] 道格拉斯·诺斯. 制度、制度变迁与经济绩效 ［M］. 杭行，译. 北京：生活·读书·新知三联书店，2008.

[9] 道格拉斯·诺斯. 经济史中的结构与变迁 ［M］. 陈郁，罗华平，等译. 上海：上海人民出版社，1994.

[10] E. 博登海默. 法理学：法律哲学与法律方法 ［M］. 邓正来，译. 北京：中国政法大学出版社，2004.

［11］凡勃伦．有闲阶级论——关于制度的经济研究［M］．蔡受百，译．北京：商务印书馆，1964.

［12］范长军．德国专利法研究［M］．北京：科学出版社，2010.

［13］冯晓青．知识产权法哲学［M］．北京：中国人民公安大学出版社，2003.

［14］冯晓青．知识产权法利益平衡理论［M］．北京：中国政法大学出版社，2006.

［15］冯晓青．企业知识产权战略：第3版［M］．北京：知识产权出版社，2008.

［16］冯昭奎，林昶．当代日本报告［M］．北京：社会科学文献出版社，2011.

［17］高山行，江旭，范陈泽，等．企业专利竞赛理论及策略［M］．北京：科学出版社，2005.

［18］黄少安．制度经济学［M］．北京：高等教育出版社，2008.

［19］和育东．美国专利侵权救济［M］．北京：法律出版社，2009.

［20］姜均露．经济增长中科技进步作用测算：理论与实践［M］．北京：中国计划出版社，1998.

［21］金海军．知识产权私权论［M］．北京：中国人民大学出版社，2004.

［22］经济日报工商部，法国苏伊士里昂水务集团．新经济革命［M］．北京：经济日版出版社，2000.

［23］劳伦斯·莱斯格．免费文化［M］．王师，译．北京：中信出版社，2009.

［24］雷家骕，程源，杨湘玉．技术经济学的基础理论与方法［M］．北京：高等教育出版社，2005.

［25］理查德·A. 波斯纳．法律的经济分析［M］．蒋兆康，译．北京：中国大百科全书出版社，1997.

［26］李怀祖．管理研究方法论［M］．西安：西安交通大学出版社，2000.

［27］李会明．产权效率论［M］．上海：立信会计出版社，1995.

［28］李扬．知识产权的合理性、危机及其未来模式［M］．北京：法律出版社，2003.

［29］梁慧星．法学学位论文的写作方法［M］．北京：法律出版社，2002.

［30］林重庚，迈克尔·斯宾塞．中国经济中长期发展和转型——国际视角的思考与建议［M］．余江，等译．北京：中信出版社，2011.

［31］林秀芹，等．促进技术创新的法律机制研究［M］．北京：高等教育出版社，2010.

［32］罗伯特·P.墨杰斯，彼特·S.迈乃尔，马克·A.莱姆利，等．新技术时代的知识产权法［M］．齐筠，张清，彭霞，等译．北京：中国政法大学出版社，2003.

［33］洛克．政府论：下篇［M］．瞿菊农，叶启芳，译．北京：商务印书馆，1983.

［34］罗荣渠．现代化新论——世界与中国的现代化进程［M］．北京：商务印书馆，2009.

［35］MARTIN J ADELMAN，RANDALL R REDER，GORDON P KLANCNIK.美国专利法［M］．郑胜利，刘江彬，译．北京：知识产权出版社，2011.

［36］曼瑟尔·奥尔森．集体行动的逻辑［M］．上海：上海人民出版社，2006.

［37］孟曙光．德国科学技术概况［M］．北京：科学技术文献出版社，2005.

［38］齐爱民，朱谢群．知识产权法新论［M］．北京：北京大学出版社，2008.

［39］曲三强．现代知识产权法［M］．北京：北京大学出版社，2009.

［40］R.科斯，A.阿尔钦，D.诺斯，等．财产权利与制度变迁——产权学派与新制度学派译文集［M］．上海：上海三联出版社，上海人民出版社，1994.

［41］世界知识产权组织．世界知识产权组织知识产权指南：政策、法律及应用［M］．北京大学国际知识产权研究中心，译．北京：知识产权出版社，2012.

［42］世界知识产权组织．知识纵横谈［M］．张寅虎，等译．北京：世界知识出版社，1992.

［43］施振荣．再造宏碁：开创、成长与挑战［M］．北京：中信出版社，2005.

［44］施锡铨．博弈论［M］．上海：上海财经大学出版社，2000.

［45］陶鑫良，袁真富．知识产权法总论［M］．北京：知识产权出版社，2005.

［46］田村善之．日本知识产权法［M］．周超，李雨峰，李希同，译．北京：知识产权出版社，2011.

［47］田村善之．日本现代知识产权法理论［M］．李扬，等译．北

京：法律出版社，2010.

［48］王泽鉴．民法总则［M］．北京：中国政法大学出版社，2001.

［49］威廉·M. 兰德斯，理查德·A. 波斯纳．知识产权法的经济结构［M］．金海军，译．北京：北京大学出版社，2005.

［50］吴汉东．知识产权法学［M］．北京：北京大学出版社，2005.

［51］吴汉东．知识产权制度基础理论研究［M］．北京：知识产权出版社，2009.

［52］吴汉东，等．知识产权基本问题研究［M］．北京：中国人民大学出版社，2005.

［53］吴晓波．激荡三十年 中国企业 1978—2008［M］．北京：中信出版社，浙江人民出版社，2008.

［54］闫文军．专利权的保护范围：权利要求解释和等同原则适用［M］．北京：法律出版社，2007.

［55］杨利华．美国专利法史研究［M］．北京：中国政法大学出版社，2012.

［56］伊利齐·考夫．专利制度经济学［M］．柯瑞豪，译．北京：北京大学出版社，2005.

［57］尹翔硕．技术进步与新经济［M］．北京：人民出版社，2002.

［58］尹新天．专利权的保护［M］．北京：知识产权出版社，2005.

［59］约翰·霍兰．隐秩序——适应性造就复杂性［M］．周晓牧，韩晖，译．上海：上海科技教育出版社，1994.

［60］约瑟夫·阿洛伊斯·熊彼特．经济发展理论——财富创新的秘密［M］．杜贞旭，郑丽萍，刘昱岗，译．北京：中国商业出版社，2009.

［61］约瑟夫·E. 斯蒂格利茨，卡尔·E. 沃尔什．经济学：第 3 版［M］．黄险峰，张帆，译．北京：中国人民大学出版社，2005.

［62］张楚等．知识产权行政保护与司法保护绩效研究［M］．北京：中国政法大学出版社，2013.

［63］张玲．日本专利法的历史考察及制度分析［M］．北京：人民出版社，2010.

［64］赵晶媛．技术创新管理［M］．北京：机械工业出版社，2010.

［65］曾一昕，邱力生，刘华，等．知识产权保护制度的经济学分析——软件知识产权精要［M］．北京：中国社会科学出版社，2008.

［66］甄炳禧．美国新经济［M］．北京：首都经济贸易大学出版社，2001.

［67］郑成思．知识产权案例评析［M］．北京：法律出版社，1994.

［68］中国科技发展战略研究小组．中国区域创新能力报告 2010

［M］．北京：科学出版社，2011．

（二）中文文章

［1］北京市高级人民法院出台《专利侵权判定指南》［N］．中国知识产权报，2013 - 10 - 16．

［2］蔡昉．中国经济增长如何转向全要素生产率驱动型［J］．中国社会科学，2013（1）．

［3］蔡伟毅，陈学识．国际知识溢出与中国技术进步［J］．数量经济技术经济研究，2010（6）．

［4］陈漓高，齐俊妍．技术进步与经济波动——以美国为例的分析［J］．世界经济，2004（4）．

［5］陈鹏，郑翼村．"微笑曲线"理论对我国产业结构高度化的启示［J］．市场论坛，2006（11）．

［6］从立先．《跨太平洋伙伴关系协议》知识产权谈判对我国的影响及其应对策略［C］//"知识产权与创新驱动发展"论坛暨中国知识产权法学研究会 2013 年年会论文集，2013．

［7］崔国斌．专利技术的等同比较［J］．北大知识产权评论，2002（1）．

［8］杜鹃．专利保护水平模型及相关实证研究［D］．成都：西南交通大学，2009．

［9］冯晓青．技术创新、知识产权战略模式的互动关系探析［C］//"知识产权与创新驱动发展"论坛暨中国知识产权法学研究会 2013 年年会论文集，2013．

［10］冯晓青．知识产权法的公平正义价值取向［J］．电子知识产权，2006（7）．

［11］葛晶．技术进步与美国"新经济"［D］．长春：吉林大学，2005．

［12］郭庆旺，贾俊雪．中国全要素生产率的估算：1979—2004［J］．经济研究，2005（6）．

［13］韩蕊．美国专利制度的历史演进及其对技术创新的影响［D］．上海：华东师范大学，2006．

［14］何恒远．技术与制度的互动研究——经济增长的一个理论视角及个案检验［D］．湘潭：湘潭大学，2003．

［15］何晓平．论专利侵权判定中的逆等同原则［J］．知识产权，2011（1）．

［16］胡玉明．观念改变历史轨迹［N］．中国注册会计师，2004

（1）．

　　［17］加强专利权保护，促进自主创新和科技进步——最高人民法院知识产权庭负责人就《关于审理侵犯专利权纠纷案件应用法律若干问题的解释》答记者问［N］．人民法院报，2009－12－29．

　　［18］雷艳珍，杨玉新．美国专利法中的现有技术抗辩［J］．电子知识产权，2010（3）．

　　［19］黎楚文．论知识产权的本质——基于法律史和宪政哲学的考察［C］//广州2010年12月第二届全国知识产权理论问题研讨会（笔会）．多学科关注下的知识产权论文集．

　　［20］李晓鸣．大西安创新区域建设之科技法律治理研究［C］//"知识产权与创新驱动发展"论坛暨中国知识产权法学研究会2013年年会论文集，2013．

　　［21］李雨峰．枪口下的法律—近代中国版权法的产生［M］//知识产权研究：第15卷．中国方正出版社，2004．

　　［22］黎运智．论专利禁止反悔说的独立性［C］//北京大学英杰交流中心．中国高校知识产权研究会第七届常务理事会暨第十四届年会论文集，2008．

　　［23］林毅夫．经济发展战略对劳均资本积累和技术进步的影响［J］．中国社会科学，2003（4）．

　　［24］凌斌．界权成本、洛克世界与法律经济学的视角转换［J］．北大法律评论，2012（1）．

　　［25］刘洁．论博登海默的正义观［J］．理论界，2006（9）．

　　［26］刘强，赵晓洁．德国国家技术创新系统运行机制［J］．德国研究，2003（4）．

　　［27］刘铁光，王晓君．知识产权公共政策性的证成与中国的策略选择［J］．江西社会科学，2012（1）．

　　［28］刘杨钺．美国世纪的终结——技术优势与美国霸权合法性［J］．世纪经济与政治论坛，2010（2）．

　　［29］路光前．"微笑曲线"与文化产业发展的经济分析［J］．西北大学学报（哲学社会科学版），2010（6）．

　　［30］马丹丹．中国全要素生产率的测算及影响因素分析［D］．杭州：浙江工商大学，2012．

　　［31］马尔科姆·卢瑟福．经济学中的制度［M］//老制度主义与新制度主义．北京：中国社会科学出版社，1999．

　　［32］苗壮．科斯定理及其应用：上［N］．法制日报，2007－10－28．

　　［33］纳尔逊．美国支持技术进步的制度［M］//多西．技术进步与

经济理论，北京：经济科学出版社，1992.

[34] 任保平，张如意. 技术创新最优市场结构的理论争论及其评价 [J]. 西北大学学报（哲学社会科学版），2010（1）.

[35] 舒元，才国伟. 我国省际技术进步及其空间扩散分析 [J]. 经济研究，2007（6）.

[36] 宋时达. 中日经济高速增长期全要素生产率比较分析 [D]. 长春：吉林大学，2012.

[37] 苏运来. 知识产权战略对区域经济发展的影响 [C] // "知识产权与创新驱动发展"论坛暨中国知识产权法学研究会 2013 年年会论文集，2013.

[38] 陶长琪，齐亚伟. 中国全要素生产率的空间差异及其成因分析 [J]. 数量经济技术经济研究，2010（1）.

[39] 王寿林. 现代化两种类型的比较及启示 [J]. 理论与现代化，1998（1）.

[40] 王瑞泽. 制度变迁下的中国经济增长研究 [D]. 北京：首都经济贸易大学，2006.

[41] 王舒. 寻找最佳保护度 [J]. 国际贸易，1996（8）.

[42] 王巍. 技术进步对美国经济增长贡献的测算与分析 [D]. 大连：大连理工大学，2011.

[43] 王晓松. 新制度经济学视野中的中国技术进步研究 [D]. 长春：东北师范大学，2003.

[44] 王争. 专利制度的经济学研究：一个综述 [A]，2005 年中国法经济学论坛会论文集. Electonic Publishing House.

[45] 魏平. 美国软件产业及人才培养的现状 [J]. 教育发展研究，2001（4）.

[46] 魏玮. 等同原则在专利侵权诉讼中的适用与利益平衡 [J]. 法律适用，2005（3）.

[47] 魏槐. 中国 1949—2009 年专利制度演进研究 [D]. 北京：北京工商大学，2009.

[48] 吴汉东. 科技、经济、法律协调机制中的知识产权法 [J]. 法学研究，2001（6）.

[49] 吴玉和，王刚. 等同原则在中国 [J]. 中国专利商标，2007（1）.

[50] 徐瑄. 财产权及其交互性对价——马克思和科斯发现了什么 [J]. 暨南学报（哲学社会科学版），2013（1）.

[51] 徐瑄. 视阈融合下的知识产权诠释 [J]. 中国社会科学，2011

（5）.

［52］徐瑄. 知识产权的正当性——论知识产权法中的对价与衡平 ［J］. 中国社会科学, 2003 （4）.

［53］徐瑄. 知识产权对价论的理论框架——知识产权法为人类共同知识活动激励机制提供激励条件 ［J］. 南京大学法律评论, 2009 （1）.

［54］徐瑄. 专利权垄断性的法哲学分析 ［J］. 中国法学, 2002 （4）.

［55］阳光辉. 科技创新市场的国家干预法律机制研究 ［D］. 成都: 西南政法大学, 2009.

［56］杨萌, 郑志柱. 专利间接侵权与专利侵权判定原则 ［J］. 知识产权, 2011 （4）.

［57］杨志敏. 专利侵权诉讼中"公有技术抗辩"适用之探讨——中、德、日三国判例、学说的比较研究 ［M］// 专利法研究. 北京: 知识产权出版社, 2003.

［58］姚建军, 赵轶姝. 间接侵犯专利权行为司法认定 ［J］. 中国发明与专利, 2008 （3）.

［59］易继明. 编制和实施国家知识产权战略的时代背景 ［J］. 科技与法律, 2013 （4）.

［60］俞翰政. 等同原则与创造性若干问题的思考 ［J］. 专利法研究, 2006.

［61］余建形, 徐维祥, 楼杏丹. "微笑曲线"和高技术产业发展 ［J］. 经济问题探索, 2005 （9）.

［62］于蕾. "微笑曲线"与中国经济增长困境 ［J］. 广东财经职业学院学报, 2007 （3）.

［63］袁庆明. 技术创新与制度创新的关系理论评析 ［J］. 中州学刊, 2002 （1）.

［64］袁秀挺, 王翠平. 等同侵权的司法实践: 原则、限制和案例——"专利等同侵权的司法认定"研讨会综述 ［J］. 知识产权, 2013 （8）.

［65］袁真富, 郑舒姝, 徐洋. 《反假冒贸易协定》的主要特点及其现实影响 ［J］. 电子知识产权, 2011 （8）.

［66］岳芳敏. 技术创新能力形成机制及广东的对策 ［J］. 岭南学刊, 2008 （6）.

［67］詹爱岚. 全球创新竞赛视域下的中国专利激增动因及创新力研究启示 ［C］// "知识产权与创新驱动发展"论坛暨中国知识产权法学研究会 2013 年年会论文集, 2013.

［68］郑志柱．论著作权侵权的判定路径［J］．华南理工大学学报（社会科学版），2012（5）．

［69］张平．论知识产权制度的"产业政策原则"［J］．北京大学学报（哲学社会科学版），2012（3）．

［70］张小林．论专利法中的"本领域普通技术人员"［J］．科技与法律，2011（6）．

［71］张夏准．踢掉梯子：新自由主义怎样改写了经济史［N］．经济学消息报，2005－05－27．

［72］张猛．知识产权国际保护的体制转换及其推进策略［J］．知识产权，2012（10）．

［73］张乃根．美国专利侵权的等同原则——案例分析及其比较［J］．比较法研究，1995（2）．

［74］赵志耘，杨朝峰．中国全要素生产率的测算与解释：1979—2009年［J］．财经问题研究，2011（9）．

［75］周彩云．中国区域经济增长的全要素生产率变化研究［D］．兰州：兰州大学，2010．

［76］最高人民法院：知识产权案件年度报告（2012）［N］．人民法院报，2013－04－25．

二、外文著作

（一）外文专著

［1］ALISON FIRTH. Introduction, prehistory and development of intellectual property system［J］. London：Sweet & Maxwell，1997.

［2］CHRISTOPHER MAY，SUSAN K SELL. Intellectual property rights：a critical history［M］. Boulder & London：Lynne Rienner Publishers，2006.

［3］HIROYUKI ODAGIRI，AKIRA GOTO，ATSUSHI SUNAMI, et al. Intellectual property rights, development, and catch－up, an intenational comparative study［M］. Oxford University Press，2010.

［4］Integrating Intellectual Property Rights and Development Policy：Report of the Commission on Intellectual Property Rights, Commission on Intellectual Property Rights［M/OL］. 2003（3），http：//www. iprcommission. org.

［5］JAN VOJACEK，DRING. A Survey of the Principal National Patent Systems［M］. London，1936.

［6］MATTHEW FISHER. Fundamentals of Patent Law, Interpretation and

Scope of Protection [M]. Oxford and Portland, Oregon, 2007.

[7] Newman. P. Statement Presented to the FTC & DOJ in Hearings on Competition & Intellectual Property Law and Policy in the Knoledge – Based E-conomy [M/OL]. (2014 – 09 – 01). http: // www. ftc. gov.

[8] PETER DRAHOS, JOHN BRAITHWAITE. Information Feudalism: Who owns the knowledge economy? [M]. London: Earthscan Publication, 2002.

[9] PETER S MENELL, LYNN H PASAHOW, JAMES POOLEY, et al. Patent case management judicial guide, Federal Judical Center 2010 [M]. LexisNexis.

[10] ROBERT C KAHRL. Patent Claim Construction [M]. Aspen Publishers, 2003.

[11] LI Y. International and Comparative Intellectual Property: Law, Policy and Practive [M]. LexisNexis, 2005.

（二）外文论文

[1] BRUCE M WEXLER. Building the Doctrine of Equivalents—Preclusion by Prior Art [J]. Ann. Surv. Am. L., 1991.

[2] FRANC LEDERER. Problems in Litigation of Claims and Supporting Descripion : the View of a German Patentanwalt [M] //Patent Claim Drafting and Interpretation, 1982.

[3] FRITZ MACHLUP, EDITH PENROSE. The Patent Controversy in the Nineteenth Century [J]. Journal of Economic History, 1950.

[4] HEINZ WINKLER. The Scope of Patent Protection [J]. Past Present and Future, IIC Vol. 10, No. 2, 1979: 296.

[5] JESUS FELIPE. Total Factor Productivity Growth in East Asia: A Critical Survey [R] //EDRC Report Series, Asian Development Bank , Manila, Philippines, 1997.

[6] KENNETH W. DAM. The Economic Underpinnings of Patent Law [J]. The Journal of Legal Studies, 1994 .

[7] KIM. J , MARSCHKE. G. Accounting for the Rerent Surge inU. S. Patenting: Changes in R&D Expenditues, Paten Yields, and the High Tech Sector [J]. Economices of Innovation and New Technology, Vol. 13, Issue 6, 2004.

[8] LOUIS KUIJS. China through 2020 – A Macroeconomic Scenario [R]. World Bank China Research Working Paper. No. 9, 2009.

［9］ PAUL KRUGMAN. The Myth of Asia' s Miracle . ［J］ . Foreign fairs, Vol. 73 , No. 6 , 1994.

［10］ ROBERT SOLOW. Technical Change and the aggregate production function ［J］ . Review of economics and Statics , Vol. 39 , 1957.

［11］ TAKENAKA. Interpreting Patent Claim, theU. S. , Germany and Japan, IIC Studies ［J］ . Vol. 17.

［12］ YORK HERMANN ISAY. Wesen und Auslegung des Patentanspruchs ［J］ . Mitteilungen der Duetschen Patentanwalte , 1909.

后记 在"思"与"爱"之间

　　本书是在 2014 年博士学位论文基础上修改而成的。在徐瑄教授的哲学视野中，"对价理论"有如一把万能钥匙，用于解决大到"如何建设一个伟大的国家"，小如"财产权的交互性""知识产权的权利本质"等诸多问题。"子非鱼，焉知鱼之乐。"由于哲学的博大精深，很多研究生甚至无法进入徐教授的法哲学世界。作为她的开门弟子之一，我从专利等同原则这扇"多层下位"的小门出发向她的哲学巅峰靠拢，本书算是成果，但显然未及精华。

　　回想当年写完博士学位论文，答辩通过之后，一直不敢再去翻看它，一种"侥幸过关"的逃难感隐埋在心灵深处，让人难以启齿。直到在吴雨辉博士的直接关怀下有幸能予出版，在出版之前不得不再度细看。再次翻开本书之时，有一种神圣感，伴随着一种畏惧感，害怕不堪卒读。

　　我向来对近年来学界论文的生命力持观察态度，包括对自己的文章。当下，美国已退出 TPP，我国的社会经济发展已进入"新时代"，知识产权法院体系已出现了"3＋n"的良好态势，知识产权司法理念已由"加强保护、分门别类、宽严适度"12 字口诀调整为"司法主导、严格保护、分类施策、比例协调"16 字真经，北京高院的《知识产权专利侵权判定指南》已再次修订，专利侵权等同案例更是日新月异，凡此种种，文中所用素材正在随着岁月远去。由于出版时间仓促，本书尚未根据最新资讯进行补充，幸运的是，通过素材证成的规律似乎尚未过时，其存在价值超越了被研究的历史阶段。此外，书中表现出来的研究思路、资料收集，以及表达范式、对研究局限的认识，让我再次感到暨南园深厚的学术浸淫，欣慰自己对得起四年间近乎残害身体的半工半读。正如徐瑄老师所言，读博的回报在十年之后。

人生十鉴曰：大喜易失言，大怒易失礼……大思易失爱，大欲易失命。做大文章需要超乎常规的、持续的、深入的理性思考。犹如奥数之于中学生如思维的"体操"，此文之于我则近乎思维的极限。不断被强化的理性思维使我落下了不思考，甚至不深入思考就难受的"后遗症"；此话的另一面是感性的缺失，此所谓大思易失爱也。然而，生活是丰富多彩的，思维理性，尤其是学术的思维理性并不能适用于生活，甚至职场的全部，它需要足够的感性，否则生活就失去了趣味。用"衡平对价"分析工具说，理性没有了作为对价的感性，生活、事业有失去了平衡的危险。如此而言，但愿深陷于"大思"的学问从事者，不要因此失去"爱"。

2018 年 4 月 26 日于香雪园